Averroes

Las ambiciones de un intelectual musulmán

Dominique Urvoy

Averroes

Las ambiciones de un intelectual musulmán

Traducción de Delfina Serrano Ruano

Alianza editorial
El libro de bolsillo

Título original: *Averroès. Les ambitions d'un intellectuel musilman*

Primera edición: 1998
Segunda edición: 2024

Ilustración de cubierta: Monumento a Averroes, obra de Pablo Yusti Conejo, 1967. Córdoba. © Album / Sheila Terry / Science Photo Library
Selección de imagen: Carlos Caranci Sáez

PAPEL DE FIBRA
CERTIFICADA

Calle Valentín Beato, 21
28037 Madrid
www.alianzaeditorial.es

ISBN: 978-84-1148-672-9
Depósito legal: M. 4.669-2024
Printed in Spain

Si quiere recibir información periódica sobre las novedades de Alianza Editorial, envíe un correo electrónico a la dirección: alianzaeditorial@anaya.es

Índice

Prefacio

Una figura mítica y desconocida 13
De la biografía como empresa arquitectónica 16

1. Los Banū Rušd, protagonistas de la historia de al-Ándalus

El linaje de los Banū Rušd.. 20
La fundación.. 22
El abuelo... 23
El jurisconsulto y el teólogo.................................. 30
El eslabón débil: el padre de Averroes 36
Ibn Tūmart y el fin de los almorávides..................... 37
Nacimiento del movimiento almohade................. 38
Nacimiento de Averroes, en la confluencia de dos épocas 41

2. Educación y orientaciones religiosas

Permanencia del sistema de educación andalusí 44
Carácter específico de la enseñanza andalusí........ 46
La formación de Averroes.. 47
Literatura y lengua.. 48
Religión y derecho... 49
Un contexto político agitado...................................... 52

Los almorávides, representación del declive 53
La «obra abierta» de al-Gazālī 55
Creciente oposición al maestro por parte de los andalusíes 57
Ibn Tūmart frente a la herencia de al-Gazālī 60
Hacia una «recuperación» de al-Gazālī 66
Difusión de la doctrina almohade 70
Averroes, el almohadismo y la filosofía 71

3. El conocimiento de la naturaleza como elevación hacia Dios

Jerarquía de las ciencias profanas 76
Aparición de las ciencias de la naturaleza 77
Averroes, ¿espíritu universal? 79
Medicina y médicos 82
Escalafón de enseñanzas y tratamientos 84
Maestros e inspiradores de Averroes 88
¿Conoció Averroes a Ibn Bāŷŷa? 89

4. Una personalidad comprometida pero discreta

Inabarcable Averroes 96
Barba y turbante 96
Un hombre modesto y discreto 98
Un patriota andalusí 100
La negación del anteislam 101

5. Principios pluridisciplinares en un contexto agitado

Ibn Ṭufayl, colega y mentor 109
La presentación al príncipe 110
Abū Yaᶜqūb, príncipe ilustrado 113
Averroes y la obra jurídica de al-Gazālī 115
Fuentes del derecho en el *Mustaṣfà* 116
Particularidad del *Compendio* de Averroes 119
Penetrar los secretos de la naturaleza 121
La herencia de Avicena 123
Imposición del modelo aristotélico 125

Un primer aristotelismo sin audacia 126
«Las cosas necesarias para vivir…»: astronomía y medicina 128
La astronomía 129
El encuentro con Avenzoar 131
La reforma del *Colliget* 135
Límites y virtudes del *Colliget* 136

6. El esfuerzo de conciliación práctica entre ley religiosa y sabiduría

La *Bidāya*, gran obra jurídica de Averroes 141
El recurso a las diferentes escuelas 143
La influencia del pensamiento almohade 145
Los límites de la racionalización de las costumbres 147
Entre Córdoba y Sevilla 151
Córdoba puesta bajo tutela 151
Una pacificación difícil 153
Recuperación doctrinal almohade 155
Averroes, cadí y polígrafo 157
Retorno a Córdoba 158

7. El esfuerzo de conciliación teórica entre ley religiosa y sabiduría

Averroes y su tiempo: entre dos generaciones 164
El rechazo del misticismo 166
Los escritos de madurez 168
«El torrente se ha desbordado inundando los pueblos…» 169
¿Qué es la filosofía? 173
Por un «*kalām* filosofico» 174
«Los hombres de una ciencia profunda» 177
Un reformador circunspecto 181

8. Una autoridad equívoca

Averroes, historiador y actor de la vida pública 188
Reforma contra revolución 189

Averroes, ¿belicista y feminista? 191
La investidura de al-Manṣūr 193
El ciclo de los grandes comentarios 198
Un aristotelismo ferviente pero matizado 200
Descubrimiento del criterio de coherencia 202
Tentativas de conciliación 204
Los discípulos de Averroes 207
El mito del pueblo de ᶜĀd 209
Herederos médicos y filósofos 211
La ficción de Ibn ᶜArabī 212
El legado jurídico 215
El testimonio de Ibn Ŷubayr 217

9. Tiempo de adversidades
Éxitos militares y persecución de los descarriados ... 221
La victoria de Alarcos 223
La hostilidad de los cordobeses 224
El ataque de los mālikíes 226
El exilio y la desautorización 228
La desgracia de los filósofos 230
El abandono de la «vía recta» 233
Del perdón a la recuperación del favor 237
¿Una desgracia injustificada? 238
El regazo aristotélico 240
Muerte del imán y muerte del califa 242

Epílogo 245

Apéndices
Glosario de nombres y términos 253
Notas 269
Mapas 285
Cronología 286
Bibliografía esencial 292
Índice de los principales personajes mencionados 300

Uxori dilectissimae

Advertencia

Para la mayor parte de los personajes y términos específicos se dan referencias en el texto. Sin embargo, algunos de ellos remiten a un panorama demasiado amplio como para poder darles en la narración el desarrollo que merecen; por ello, han sido objeto de una nota en el glosario situado al final del libro.

Prefacio

Una figura mítica y desconocida

Pocos autores han visto su personalidad tan ignorada en beneficio de sus escritos como Averroes. Sin duda, el papel de comentador de los autores griegos, que él desempeñó con convicción, ha influido en este sentido. En el mundo árabe, los escasos escritores antiguos que le citan como pensador sólo le conocían –con una excepción muy notable[1]– en ese terreno.. En el mundo occidental, por el contrario, su renombre como filósofo es tal, que se creó el neologismo «averroístas» para designar no solamente a aquellos que reconocen seguirle, sino también a los autores que se contentan con servirse de él. En este último caso, sin embargo, la consecuencia no ha sido distinta: la de que el personaje haya sido relegado a un pasado indeterminado.

En efecto, durante mucho tiempo, Averroes y Aristóteles fueron clasificados con la misma etiqueta de «antiguos», sin tener en cuenta ni los dieciséis siglos que separan el siglo IV a. C. del XII d. C., ni la gran diferencia existente entre la civilización de la Grecia antigua y la de la España musulmana (llamada al-Ándalus en árabe). Por otra parte, tal confusión no ha desaparecido totalmente. La imagen de un Averroes «redescubridor de Aristóteles» que cultivan periodistas y cineastas da la impresión de una brusca compresión del tiempo, donde las distancias cronológicas y culturales quedan como encerradas entre paréntesis por esta exhumación de un texto olvidado. Ahora bien, eso no tiene sentido, pues Aristóteles era ya muy conocido por los árabes en el siglo VIII y se había convertido rápidamente en «el primer maestro» de una escuela que, bajo la denominación de *falsafa*, no hacía más que retomar, arabizándolo, el nombre griego de *philosophia*. Averroes no «redescubrió» a Aristóteles, sino que lo enfocó de forma completamente diferente a como lo habían hecho sus predecesores.

Es, por tanto, el espíritu particular con que nuestro autor andalusí consideró a los pensadores griegos lo que debe llamar la atención; lo que nos remite a sus opciones intelectuales, a sus motivaciones ideológicas y a lo que, en el contexto de su tiempo, pudo influir sobre ellas.

Pero no es solamente contra el espíritu antihistórico de la Edad Media y de los inicios de la Época Moderna contra lo que hay que reaccionar. El siglo XIX, que situó la disciplina de la Historia en el centro de sus preocupaciones, no se encuentra por ello exento de errores graves. En esa época, en efecto, al mismo tiempo que se reemplazó el término «averroísta» por otro neologismo, el de «averroísmo», que supone la existencia de una unidad de perspectiva entre todos los considerados averroístas –lo cual se halla lejos de estar probado–, se confinó a nuestro autor árabe en un debate, presentado como un combate, entre filosofía y religión. En la primera versión de su tesis, *Averroès et l'averroïsme*, publicada en 1852, Ernest Renan, sin conocer más que las obras aristotélicas de Averroes, basó su análisis en un *corpus* limitado, constituido por textos tradicionalmente estudiados en Occidente. Por esto, el «averroísmo», movimiento propio de las universidades europeas de la Baja Edad Media y del Renacimiento, constituyó, más que su epónimo –el pensador árabe–, el objeto de su interés, y Renan se vio tentado de proyectar sobre la civilización de este último los juicios que formuló sobre la historia intelectual de Occidente.

Poco después, el arabista alemán Müller publicó los textos teológicos personales de Averroes, y otro semitista, Munk, aportó las indicaciones históricas que permitieron proyectar nueva luz sobre los escritos de Averroes. En la segunda versión de su libro, Renan mencionó esos trabajos, pero no modificó en nada sus conclusiones iniciales.

Más tarde, se llevó a cabo un enorme trabajo de publicación de textos en lengua original –en la medida de lo posible–, o al menos en traducciones fiables, y de trabajos con perspectiva histórica, pese a lo cual la figura de Averroes sigue siendo objeto de discusiones y reivindicaciones partidistas. Aún hoy subsisten defensores del Averroes comentador que se lamentan de que se haya concedido demasiada importancia a los textos teológicos de este autor, e islamólogos que sólo examinan estos últimos y que se preguntan cándidamente si «Averroes era verdaderamente musulmán», por no hablar de las múltiples afiliaciones que tienen lugar en el seno de tal o cual clan ideológico del islam contemporáneo.

De la biografía como empresa arquitectónica

«La biografía es como un andamiaje levantado para la construcción de un monumento. Una vez culminado éste, se retira el andamiaje y solamente queda lo que es interesante; a saber, la obra», decía Georges Dumézil. Más que un andamiaje destinado a ser suprimido, ¿no se sitúa la biografía entre los parámetros que el arquitecto debe tener en cuenta: objetivo del encargo, consistencia de los materiales disponibles, resistencia del suelo, capacidad del propio arquitecto, etc.? Tenerlos en cuenta no suple la contemplación del edificio, sino que permite comprender la naturaleza y la organización del mismo.

Es a la biografía intelectual a la que han sido consagradas las páginas que siguen. La vida misma de Averroes sólo se conoce por fragmentos, y lo que se sabe no resulta en modo alguno pintoresco. Por otra parte, sería ilusorio creer que un autor musulmán ha de ser necesariamente «exótico». Las peripecias de su vida no fueron en absoluto novelescas ni invitan a la evasión soñadora. Las referencias sobre las que llamaremos la atención se hallan desprovistas de todo carácter romántico. No puede hablarse de Averroes como Washington Irving o Chateaubriand hablaron de las últimas dinastías de la Granada islámica.

En nuestro caso, hemos pretendido enriquecer las escasas indicaciones de los biógrafos y de los cronistas con todos los complementos exteriores de los que disponíamos: la descripción de la época, de las vicisitudes políticas y de las tensiones ideológicas, de las características de los medios sociales, profesionales o políticos en los que evolucionó nuestro personaje; en fin, de los movimientos de ideas a los que se adhirió o que, por el contrario, combatió. Para ello, de vez en cuando tendremos necesariamente que retroceder en el tiempo, pues en el islam el peso del pasado, y más exactamente de los orígenes, es mucho mayor que en Occidente.

Por todas estas razones he elegido denominar a Averroes un intelectual musulmán. Por supuesto, el término «intelectual» es una noción occidental, forjada recientemente, ya que su acepción sociológica aparece con el *affaire* Dreyfus. Pero por su «contenido combativo» tiene la ventaja de definir no tanto una categoría existente cuanto un grupo que aspira a hacerse reconocer. En un libro célebre, Jacques Le Goff parecía pensar que la Edad Media latina había concedido ya un estatuto social al intelectual. Si él escogió este término, decía, «no era el resultado de una elección arbitraria. Entre tantos nombres: sabios, doctos, clérigos, pensadores [la terminología del mundo del pensamiento siempre ha sido vaga], el término intelectual designa un medio de contornos bien delimitados: el de los maestros de las escuelas. Se anunció en la Alta Edad Media, se desarrolló en las escuelas urbanas del siglo XII y se extendió a partir del XIII en las universidades, englobando a aquellos que tienen el oficio de pensar y de enseñar su pensamiento»[2]. Pero reconoció enseguida que fue *a posteriori* cuando esta clase se distinguió y cuando los que pertenecían a ella tuvieron dificultades para ponerse de acuerdo en una denominación que fijara claramente su orientación. De forma significativa, Le Goff se detiene en el término elegido por el primer gran «averroísta», Siger de Brabante, *philosophus*, que el historiador declaró preferir al de «clérigo», generalmente admitido entonces, pero no obstante «equivocado». ¿No es cierto que llegó a afirmar que «fue en el medio averroísta de la Facultad de Artes [de París] donde se elaboró el ideal más riguroso del intelectual?»[3].

Si los averroístas latinos, que constituyen la mejor ilustración del intelectual, difícilmente son reconocidos como tales, la dificultad se incrementa aún más si nos referimos al entorno musulmán de Averroes. Incluso la lengua árabe moderna no dispone de un vocablo para designar exactamente al intelectual. En el mejor de los casos, se habla de la clase cultivada *(al-ṭabaqa al-muṯaqqafa)*. Pero si se quiere pasar del adjetivo al sustantivo se retoma la fórmula de la lengua clásica: el letrado *(adīb)*. Ahora bien, tal expresión no conviene a nuestro autor, que experimentó por ella la misma aversión que Siger de Brabante por «clérigo». A menudo, Averroes, para referirse colectivamente a la categoría de la gente cultivada, de la que esperaba un esfuerzo filosófico, empleó el término corriente de sabio (*ḥukamā*, sing. *ḥakīm*), que sería el más próximo al *philosophus* de Siger. Pero eso no le parecía suficientemente explícito y, según los contextos, recurrió a otros vocablos.

La fórmula más próxima a «sabios» sería «gente de la prueba» *(ahl al-burhān)*. Sin embargo, sigue siendo ambigua, pues puede designar tanto a los que son capaces de buscar la prueba a través de la argumentación, a lo cual aspiraba Averroes, como a los que pretenden disponer de la prueba absoluta, establecida por el Corán (XII, 24) en la «manifestación» de Dios, lo cual designaría entonces a sus enemigos teológicos. Asimismo, buscó otras expresiones, pero fue como salir de Málaga para entrar en Malagón; sólo en la obra conocida como su manifiesto doctrinal, *El discurso decisivo sobre el acuerdo entre la religión y la filosofía*, vemos aparecer varios términos que tienen todos el inconveniente de haberse cargado, a lo largo de la historia del islam, de un sentido religioso, incluso místico, cuando no sectario: la «gente de la verdad» *(ahl al-ḥaqq)*, «el que sabe» *(al-cārif)*, el «gnóstico» *(al-cārif bi-Llāh)*...[4].

Averroes cayó, por tanto, en la trampa del lenguaje y sus convenciones. Sus esfuerzos por definir al grupo de personas que, a la vez, saben de una cierta ciencia, de orden divino, pero que proceden por argumentación, pecan de fórmula ambigua y estereotipada, no satisfaciéndole ni a él ni a sus interlocutores. De todas formas, tales esfuerzos fueron innegables y, en la medida en que prepararon una aportación cultural considerable para la modernidad, nos corresponde tratar de sacarlos a la luz.

1. Los Banū Rušd, protagonistas de la historia de al-Ándalus

«Parentesco» [raḥim] *deriva de «Clemente»* [Raḥmān][1].

El linaje de los Banū Rušd

Averroes no es uno de esos pensadores que surgen de repente, actúan apartados en una esfera influyente pero aislada, y desaparecen como los meteoros. Disponemos de escasa información sobre su vida, pero conocemos el apego que tenía por su familia y por su país natal así como su voluntad de trabajar en él.

La forma «Averroes», en uso en Occidente desde la Edad Media, es el resultado de un proceso de transformaciones, por pronunciaciones aproximativas, del árabe *Ibn Rušd*, término de magnificencia que designa al «hijo de la rectitud». Las etapas intermedias, sin duda, estuvieron marcadas por los siguientes fenómenos lingüísticos: la *u* a menudo es pronunciada «o» en el conjunto del mundo árabe e *ibn* a veces se pronunciaba «aben» en al-Ándalus. Hay una atracción natural de la nasal «n» por la vibrante «r», dando un desdoblamiento de ésta en «rr»; por otra parte, hay que tener en cuenta la pronunciación española que tiende a identificar la «b» con la «v» y la «s» con la «š»[2]. Finalmente, en las lenguas latinas, la consonante fuerte situada de forma suplementaria al final de palabra es frecuentemente omitida, sin perjuicio de que pase a reforzar a la que le precede inmediatamente. Tendríamos, por tanto, una secuencia del tipo: Ibn Rušd-Aben Rošd-Aberroš-Averroes. Pero esta evolución, en realidad, no fue lineal, ya que todavía encontramos –de la pluma del traductor latino Hermann de Carintia– la forma *Ibn Rosdin*.

Como quiera que sea, claramente se trata de simples juegos fónicos y no podríamos invocar, como a veces sucede en nuestros días en el mundo árabe, una intención deliberada de enmascarar la forma auténtica del nombre. Éste no es ni mucho menos un caso aislado y había costumbre, hasta hace poco, de adaptar los nombres extranjeros a la lengua nacional: Niccolò Machiavelli es conocido en Francia como Nicolas Machiavel, y de todos es sabido que Richelieu llamaba al duque de Buckingham «Monsieur de Bouquingan». En cambio, nadie ha ignorado nunca que Averroes era árabe, incluso cuando los clérigos utilizaban el latín *averroista* para referirse a un adepto o por lo menos a una persona que utilizaba sus escritos.

Paradójicamente, el conflicto surgió en el seno del mundo árabe. A la familia de los Banū (pl. de Ibn) Rušd nunca les afectó la jactancia, tan frecuente entonces, de hacer remontar sus orígenes a una de las tribus árabes que ocuparon la Península Ibérica a partir del 711; cuando Averroes se vio en dificultades, sus enemigos recurrieron a la oscuridad de su genealogía para insinuar que era de origen judío. Esto resultaba tanto más fácil cuanto que, según las evoluciones lingüísticas indicadas anteriormente, era posible aproximar su nombre a la forma «Bennaroš»; es decir, «hijo del campesino», muy común entre los judíos marroquíes.

La fundación

El linaje de los Banū Rušd es conocido a partir del bisabuelo de nuestro filósofo, Aḥmad b. Aḥmad b. Muḥammad b. Aḥmad b. ^{c}Abd Allāh b. Rušd. Este *nasab* (genealogía incluida en la denominación) indica que la familia ya era musulmana desde al menos tres generaciones atrás, ya que los nombres Muḥammad y Aḥmad son propiamente islámicos. ^{c}Abd Allāh, por el contrario, no lo es, aunque tampoco se trata de un nombre típico de una comunidad religiosa en particular. Por otra parte, si en esta familia la frecuencia de la referencia a los dos nombres del Profeta del islam es digna de ser señalada, se observará que no aparecen necesariamente en alternancia regular, como suele ser el caso.

De este primer representante conocido de la familia de los Banū Rušd no se sabe casi nada, excepto que aún vivía en 1089. Vivió, por tanto, en la época insegura de los «reinos de taifas». Con esta expresión se designa el período intermedio del siglo XI en el que se experimentó la fragmentación de al-Ándalus, tras la caída del califato en 1031, que tuvo lugar después de veinte años de conflictos, especialmente en Córdoba, entonces capital de la taifa homónima

No parece que Aḥmad b. Rušd abandonara dicha ciudad más que momentáneamente. Conoció, por tanto, la experiencia llevada a cabo allí, consistente en una especie de república oligárquica, experiencia única en al-Ándalus, pero de corta duración. En efecto, en esta semi-república se llevó a cabo en primer lugar una política de apaciguamiento interior y exterior, después de los graves disturbios de la crisis del califato, ya que por su extensión y su prestigio tradicional, la taifa de Córdoba tenía mucho que ganar en mantener, cuanto fuera posible, el antiguo orden. Pero la sucesión de dirigentes tomó un rumbo monárquico que debilitó el régimen y, en 1069, la ciudad fue conquistada por el rey de Sevilla, al-Mutaᶜmid. Sin embargo, este último, que ha pasado a la posteridad más como poeta que como político, a pesar del poder temporal que logró alcanzar, se convirtió en el blanco preferido de un movimiento ideológico-político de carácter reformador, el de los almorávides. Se trataba de bereberes que, procedentes de los confines de Senegal, conquistaron el Magreb occidental y parte del central y fueron llamados por los ulemas andalusíes en auxilio de la Península Ibérica, con la esperanza de atajar el avance creciente de los reinos cristianos del norte. Para esos puritanos almorávides estaba claro que un príncipe sin otra mira que lo mundano, y que se había visto favorecido por la suerte, representaba un grave riesgo de ruina para el islam en la Península Ibérica.

El abuelo

En este contexto de tensión por restaurar un Estado musulmán fuerte nació en Córdoba –finales de 1058–, ciudad en la que también se formó, Abū l-Walīd Muḥammad b. Aḥmad

b. Rušd; es decir, el hijo de aquel Aḥmad ya nombrado. Se convertirá en el representante más célebre de esta familia en su tiempo, hasta el punto de que sus contemporáneos lo llaman «el cadí» (por excelencia, ya que muchos de sus parientes también lo fueron), pero igualmente «el más antiguo» o «el abuelo *[al-ŷadd]*», para distinguirlo de nuestro Averroes, que será su exacto homónimo y al que se llama «el nieto *[al-ḥafīẓ]*», incluso «el más joven».

El primer Abū l-Walīd llevó a cabo sus estudios sin salir de al-Ándalus, algo que no es de extrañar pues pertenecía a una generación que perdió el interés por viajar a Oriente «en busca del saber». A través de este dato se percibe la práctica de los estudiantes en ciencias religiosas islámicas –entre otras– de ir de maestro en maestro para recibir una enseñanza esencialmente oral. En los primeros siglos de la España musulmana, cuando el país carecía aún de una vida cultural propia, se tendió a viajar hacia los grandes centros del Oriente Medio para recibir esta «transmisión» del saber. Incluso más tarde, los habitantes de la región periférica del mundo musulmán, que era al-Ándalus, se vieron tentados por lo que ellos consideraban un retorno a las fuentes. Pero en la época de nuestro Abū l-Walīd generalmente se pensaba que los maestros autóctonos eran suficientes, mientras que el viaje a Oriente entrañaba enormes peligros.

El abuelo de Averroes tuvo como primer maestro en derecho musulmán, en su ciudad natal, a un personaje de mediana importancia, Abū Ŷaᶜfar Ibn Rizq, pero a continuación completó su formación con otros maestros. Entre ellos, destaquemos a al-Gassānī y a Ibn Sirāŷ, quienes rematan el edificio de la enseñanza islámica de la época en la región occidental de al-Ándalus. Efectivamente, tras el período de desórdenes, un nuevo sistema jerárquico informal se había introducido por el simple juego de la demanda de los estudiantes que favorecía a tal o cual maestro. A diferencia, sin embargo, del sistema anterior a la crisis, éste reposaba sobre una especie de división de la España musulmana en dos: una parte occidental, de nuevo centrada en Córdoba, mientras que el Levante se erige en un polo distinto.

Los testigos alaban sus virtudes (ayunaba todos los viernes, incluidos aquellos en que se encontraba de viaje) y sobre todo el valor de sus enseñanzas. De todos modos, aunque se le pueden contar notables discípulos en número bastante elevado, no se encuentra en el pelotón de cabeza entre los maestros de su tiempo y, en lo referente a la cantidad de alumnos, aparece en la undécima posición. Señalemos que el gran cadí de Sevilla, Abū Bakr Ibn al-ᶜArabī –del que volveremos a hablar– ocupa el primer lugar, siendo citado casi seis veces más que él[3].

De hecho, es sobre todo como personaje oficial por lo que se distingue. Innegablemente, optó sin reservas por el poder almorávide que había desembarcado en la Península Ibérica a partir de 1086, a pesar de las reticencias que ello suscitó aquí desde el principio. Los ulemas querían la ayuda exterior, pero habrían preferido que fuera árabe. En un primer momento su elección recayó sobre los Banū Hilāl, pero el anuncio de los estragos que provocaron en Ifrīqiya (actual Túnez) les condujo a conformarse con los bereberes, cuya toma de poder en el Magreb se acompañaba de un evidente restablecimiento del orden. No sin vacilaciones, sin embargo, pues vivo estaba aún el recuerdo de las guarniciones del mismo origen en tiempos del califato, de sus revueltas y de las catástrofes que llevaron consigo. Por otra parte, los almorávides, en un primer momento, debieron de fomentar esta inquietud al tratar a al-Ándalus como tierra de conquista.

Ello no impidió a Abū l-Walīd b. Rušd aceptar del sultán ^{c}Alī b. Yūsuf b. Tāšufīn el cargo de «cadí de la comunidad» de la provincia cordobesa en 1117. Los almorávides confundieron esta institución con lo que en Oriente se designaba «cadí de cadíes» o juez supremo. Progresivamente, los dos términos se hicieron intercambiables, aunque remitían, antes del siglo XI, a funciones distintas. Ello corresponde al esfuerzo de centralización requerido por la nueva dinastía, en lo cual imitaba al califato ^{c}abbāsí de Bagdad, a quien había prestado abiertamente juramento de fidelidad, consagrando así la ruptura con la voluntad de aislamiento de la dinastía andalusí, que, hasta 1031, había pretendido mantener la legitimidad de los omeyas de Damasco, destruida a mediados del siglo VIII por sus rivales iraquíes. No obstante, los almorávides no lograron hacer realidad un sistema tan centralizado como su modelo oriental, puesto que, en lugar de abarcar todo el territorio musulmán para ser después delegada en cadíes subalternos, la judicatura suprema sólo englobaba a una región administrativa, mientras que al-Ándalus contaba con tres.

La persona que ejercía este cargo podía –en la unidad territorial para la que disponía de delegación de poder– nombrar jueces, controlarlos, incluso destituirlos. El aspecto político se acentúa por el hecho de que fuera el gobernador de una región quien proponía al poder central el candidato a un puesto que había quedado vacante. Pero no tenía más remedio que confirmar a los jueces subalternos colocados por su predecesor, al menos en tanto no existiera por su parte una falta específica. Hay diferentes opiniones respecto a si debía darse o no publicidad a las razones que podían haber conducido a la destitución: Ibn Rušd estaba a favor del secreto; Ibn Ḥamdīn, representante de una especie de dinastía cadial rival, y menos fiel al poder almorávide, lo discutía.

A la cabeza pues de una jerarquía de magistrados, imanes de mezquita y predicadores, el cadí supremo podía ser consultado sobre temas muy diversos. Nuestro personaje nos ha dejado un buen número de estas consultas jurídicas (fetuas) que durante mucho tiempo sentaron jurisprudencia. Entre los muchos temas que trató, algunos son significativos de sus posiciones, aunque sólo fueran las esperadas. Es así que se reprochó a los almorávides el hábito, adquirido en el desierto mauritano, de velarse mientras que las mujeres –pervivencia del matriarcado bereber– no lo hacían. Semejante crítica, que nos puede parecer menor, jugó un importante papel psicológico entre las masas e incluso fue retomada ulteriormente para derribar a esta dinastía. Ibn Rušd no habla del velo de las mujeres sino únicamente del de los hombres, que él justifica como «un signo distintivo de los defensores de la fe que ellos habían sido desde su aparición, y afirmación de su número, muy a pesar de los infieles»[4].

Esta fórmula recuerda que Ibn Rušd se vinculó a la dinastía gobernante porque ésta tomó el poder con el doble lema de restablecer la legalidad musulmana y abolir los impuestos no canónicos. En primer término hay que entender la legalidad del rito jurídico mālikí. Se trata de una de las cuatro grandes escuelas jurídicas del islam sunní, que se caracteriza por su voluntad de fidelidad a la tradición de Medina, «la ciudad del Profeta», por oposición al carácter, juzgado arbitrario, de las decisiones de los otros juristas, y especialmente de los de la escuela iraquí de Abū Ḥanīfa (el ḥanafismo), que favorecía la «opinión personal». Y una de las formas más insoportables de arbitrariedad es la que se manifiesta a través de los impuestos que no tienen justificación, ni en el Libro de Dios ni en los actos del Profeta.

Pero tal vinculación de nuestro jurista a los señores del momento podía chocar con la debida a sus súbditos, y eso fue lo que sucedió muy a principios de 1120. Dos versiones aparecen en las fuentes. Según una de ellas, durante la fiesta de los sacrificios, un miliciano negro almorávide quiso apoderarse por la fuerza de una mujer, a lo cual siguió un enfrentamiento entre sus conciudadanos y los servidores del emir. Los ulemas y los magistrados consiguieron calmar los ánimos, exigiendo al emir que condenara al culpable. Ante su negativa, la ciudad al completo, elite incluida, atacó al gobernador y lo expulsó, así como a sus tropas, saqueando la fortaleza y las casas de los dirigentes. Según otra versión, la revuelta habría estado motivada por la anulación injustificada de la venta de los bienes de ciertas familias. Como persistiera la desobediencia, el sultán reaccionó al año siguiente poniendo sitio a la ciudad. Una delegación encabezada por Ibn Rušd defendió la postura de los sublevados, pero se vio obligada a aceptar someterse, a costa de pagar los daños causados.

Como consecuencia de este incidente, Abū l-Walīd b. Rušd dimitió. Para unos, lo habría hecho con el fin de consagrarse a sus escritos. Para otros, el soberano le habría sancionado por dedicar más tiempo a estos últimos que a su función de cadí. Le sustituyó su antiguo condiscípulo, Abūl-Qāsim Ibn Ḥamdīn, al cual él mismo había sucedido anteriormente en el cargo.

No perdió por ello su prestigio como jurista y siguió escribiendo y atendiendo a las consultas. Es encargado de dirigir la oración en la gran mezquita, pronuncia el sermón de la oración de los viernes; es decir, el sermón que expresa la doctrina oficial, y forma parte del órgano consultivo *(šūrà)*. De él se dice que tenía buen carácter y que se mostraba atento para con las necesidades de los demás.

Asimismo, siguió indirectamente ligado a la política. En efecto, el príncipe, que había aceptado –u ordenado– su retirada, compensó la pérdida así causada en su entorno personal con el nombramiento como gobernador de un miembro de una de las principales familias bereberes. Diez años más tarde, el emir fue aún más lejos al entregar ese cargo a su propio hijo. De esta manera, el proceso conducirá, en 1137, al retorno de los Banū Rušd al cargo de cadí supremo en la persona de Abū l-Qāsim, hijo de Abū l-Walīd.

Mantenida, e incluso reforzada en la sombra, esta autoridad moral se traduce en una nueva intervención de Abū l-Walīd b. Rušd, intervención capital desde el punto de vista de la política exterior e interior. En 1125, el rey de Aragón, Alfonso I el Batallador, es llamado en auxilio de los cristianos de al-Ándalus. Ciertamente, estos, a quienes tradicionalmente se ha designado como «mozárabes», es decir, «los que se pretenden árabes», habían sufrido, desde la llegada de los almorávides, persecuciones constantes, mientras que anteriormente eso sólo había ocurrido esporádicamente. La fecha crucial es, sin duda, el año

1099, cuando el poder hizo destruir un iglesia próxima a Granada, a la cual los fieles atribuían un significado especial. Entre vejaciones y conflictos se llegó a la expedición del poderoso rey vecino, quien llevó a cabo una incursión tan impresionante como carente de resultado notable, a no ser el de poner en peligro a sus aliados locales. Abū l-Walīd b. Rušd, ya bien entrado en años, juzgó la situación lo suficientemente preocupante como para emprender un viaje a Marrakech, capital del imperio. Allí recomendó la expulsión de los cristianos, medida que el gobernador ratificó ordenando que fueran deportados a Meknes y a Salé, donde fueron absorbidos por la población musulmana, al igual que lo fueron las víctimas de otras cuatro deportaciones ulteriores.

Igualmente, Ibn Rušd, con ocasión de su mencionado viaje, habría sido uno de los que aconsejaron la construcción de una muralla para proteger la ciudad [de Marrakech] contra la ascensión creciente de una revuelta mucho más grave: la de los bereberes almohades, a los cuales habremos de referirnos nuevamente.

El jurisconsulto y el teólogo

Al leer sus fetuas o dictámenes jurídicos y al constatar el papel desempeñado por él en el mundo jurídico de entonces, nos vemos tentados de considerar a Ibn Rušd simplemente como un alfaquí entre otros tantos, más erudito y escuchado, ciertamente, pero rara vez más abierto; sensible al detalle, pero sin visión de conjunto. Y si completamos este cuadro a través del examen de sus obras, en un principio nos invade la misma sensación. Su obra principal consiste en una «exposición *[bayān]*» de respuestas a casos especiales emitidas por los primeros doctores del mālikismo, respuestas compiladas en el siglo IX por el andalusí al-ᶜUtbī[5]. Si bien interesa al historiador por la multitud de detalles concretos que proporciona, no da pruebas de esfuerzo alguno por elevarse hacia una visión sintética; no hay ni coordinación de cuestiones ni búsqueda de principios generales. La obra se completa con tratados sobre temas particulares, especialmente sobre la ciencia del derecho de sucesiones y por extractos de libros de otros autores. Un solo capítulo podría haber hecho referencia a una temática más fundamental, pero, por el contrario, parece que este libro, aún inédito, no consiste más que en observaciones generales sobre la belleza de la ciencia (el *ᶜilm* coránico), de la transmisión de la tradición y de la religión.

Todo ello no sólo no parece reflejar simplemente fidelidad a la más pura tradición mālikí de al-Ándalus, lo cual se correspondería con la imagen caricaturesca que habitualmente se ofrece de los almorávides, a quienes se tacha de haberse orientado hacia una excesiva intransigencia jurídica, sino que a través de ciertos aspectos se ve a Ibn Rušd reforzar la ideología de estos. Es el caso, entre otros, de la cuestión de la actitud a adoptar frente a los no musulmanes, y más precisamente en relación con la guerra santa *(ŷihād)*. Su posición respecto a los mozárabes sublevados, de la que antes hemos hablado, no tiene en cuenta las vejaciones sufridas por estos y sólo se refiere al pretendido «pacto de protección» que se supone suscribieron los cristianos para continuar subsistiendo bajo el poder islámico y para no ser aniquilados. Una fetua muestra a Ibn Rušd compartiendo la inquietud general respecto a las conversiones de cristianos al islam, conversiones que podían ser únicamente de cara al exterior. En cuanto a la guerra santa, que fue el «sello de calidad» de los almorávides, le parecía a Ibn Rušd, incluso después de la victoria de estos últimos, un deber no simplemente colectivo en el que bastara un grupo de voluntarios para redimir al resto de la comunidad, sino un deber individual que obligaba a cada persona legalmente capaz, lo cual suponía que al-Ándalus fuera considerada en permanente estado de amenaza. Esto eclipsa incluso la peregrinación a La Meca, que Ibn Rušd, al igual que muchos de sus contemporáneos, la juzgaba como un viaje lleno de riesgos que exponían al hombre a demasiadas penalidades, tanto por parte de autoridades locales como de posibles bandidos, siendo, de forma general, demasiado peligroso de realizar.

No obstante, conviene matizar. Los biógrafos lo presentan como un reconocido especialista en la metodología jurídica y en el estudio de las diversas soluciones avanzadas por las grandes escuelas de derecho *(ijtilāf)*. Sin embargo, los adversarios de los almorávides les acusaban de no interesarse más que por los problemas particulares, por los casos especiales *(furūᶜ)*, sin elevarse a la consideración de los principios en que se basan las decisiones jurídicas y, por tanto, a los fundamentos *(uṣūl)* metodológicos. Pero tal acusación, si era admisible, sólo iba dirigida contra el Magreb y no contra la parte andalusí de las posesiones almorávides. En efecto, el estudio de la metodología del derecho se impuso en la Península Ibérica desde mediados del siglo XI y personajes que ocupaban puestos eminentes bajo el poder almorávide, como

Abū Bakr Ibn al-ᶜArabī, se distinguieron en él sin verse en dificultades por esa razón. La imagen de Abū l-Walīd Ibn Rušd que nos proporcionan los biógrafos no le opone a la ideología almorávide.

Pero se puede ir más lejos. Otra fetua muestra a nuestro cadí rechazando el testimonio de un adepto de la escuela jurídica literalista (ẓāhirí). Esta escuela no era reconocida entre los cuatro grandes ritos del islam sunní, pero gozó de un cierto prestigio en al-Ándalus, donde reemplazó a la escuela ḥanbalí, la de constitución más tardía de entre los cuatro ritos dominantes y que constituye una reacción de tipo tradicionalista frente a los esfuerzos de racionalización del método de elaboración del derecho. Aunque Ibn Rušd reconoce que aquel al que recusa es «un hombre de bien»[6], mantiene su exclusión porque su rito no admite el razonamiento analógico *(qiyās)*, procedimiento elaborado a partir del siglo IX para dar cuenta de los casos que no podían resolverse ni recurriendo a un pasaje coránico explícito ni a una tradición profética ni a un consenso de la comunidad musulmana, o de una parte de la misma. Aspira, por tanto, a reducir un caso desconocido a un caso cuya solución viene dada por una de las otras tres fuentes. Rechazar esta extensión de la elaboración del derecho, le parece a Ibn Rušd una «innovación censurable», lo cual significa que consideraba que la admisión de esa forma de argumentación por parte del mālikismo corresponde a la esencia misma del islam, y que ignoraba –o fingía ignorar– que había surgido hacía apenas un siglo.

Otro punto digno de ser reseñado es su actitud frente a la teología ašᶜarí. Fue la forma del *kalām*, o defensa apologética de la revelación coránica, la que se impuso en el siglo x en Oriente y la que empezó a abrirse paso en al-Ándalus en el siglo siguiente. Admitía ciertos procedimientos racionales, y especialmente el razonamiento analógico aplicado a los problemas teológicos, pero permanecía profundamente ligado a la tradición, razón por la cual se convirtió en la forma dominante de teología en el islam.

El *kalām* ašᶜarī fue conocido por Ibn Rušd, al menos de forma fragmentaria, a través de su maestro al-Gassānī, el cual, como hemos visto, gozaba de una gran autoridad moral. A petición del sultán ᶜAlī, nuestro personaje emitió una fetua concerniente no sólo a los grandes doctores orientales de la escuela sino a su principal representante andalusí, al-Bāŷī, en la que decía: «Los sabios nombrados son imanes perfectos y bien dirigidos, a quienes hay que procurar imitar, ya que se han consagrado a hacer triunfar la ley [religiosa]. Ellos han reducido a la nada las prerrogativas de los portadores de la duda y de la perdición, han aportado el esclarecimiento de los problemas, han expuesto claramente las creencias religiosas a las que hay que someterse. Por su conocimiento de los fundamentos de las religiones, estos son sabios gracias a la veracidad de su conocimiento de Dios Grande y Todopoderoso, de lo que es necesario, de lo que es injusto y de lo que debe ser desterrado. "Ya que no hay aprehensión de las consecuencias sin conocimiento de los principios" [...]. Sólo un imbécil ignorante o un innovador, dudando de la Verdad y vacilante, pensaría que aquéllos se hallan en el extravío y en la ignorancia»[7].

El texto anterior es importante hasta el punto de que su autor lo reitera en los mismos términos en otra ocasión. Y cuando se ve forzado a decir que los ašᶜaríes son mālikíes y a la inversa, no se contenta con invocar el caso de Bāqillānī, que pertenece a las dos escuelas simultáneamente, sino que añade la siguiente profesión pluralista de fe: «la gente de la una mantiene posturas divergentes con respecto a los fundamentos de las religiones y a lo que es necesario creer en relación a los atributos [divinos] o a la interpretación de las enseñanzas del Corán, de la sunna y de las tradiciones que plantean problemas. Los imanes ašᶜaríes no mantienen discrepancias elementales en sus propósitos sobre los fundamentos de las religiones y su aprehensión particular de las doctrinas de los jurisconsultos relativas a los estatutos legales, cuyo conocimiento es necesario por lo que se refiere a las diversas modalidades prácticas del culto que se debe rendir a Dios. Incluso si hay divergencias entre ellos sobre algunas, sus doctrinas se distinguen en eso; en que todas, a pesar de sus discrepancias, han sido construidas basándose en los fundamentos de las religiones cuyo conocimiento caracteriza a los imanes ašᶜaríes y a quienes, después, hicieron referencia a ellos»[8].

En suma, en Ibn Rušd el abuelo encontramos dos aspectos algo contradictorios. El primero y el más visible aporta una imagen bastante caricaturesca del jurisconsulto musulmán, compilando las soluciones tradicionales sobre los problemas considerados caso por caso. Pero tras ella se perfila una apertura a reflexiones sobre los «fundamentos», tanto de los del derecho como de los de la religión; es decir, la teología. Aunque algunas de sus posiciones serán contradichas por las de su nieto, Averroes, su actitud general prepara, de alguna manera, la posibilidad misma de estas últimas.

El eslabón débil: el padre de Averroes

Entre ambos destacados Ibn Rušd, abuelo y nieto, hay que mencionar al hijo del primero y padre del segundo: Abū l-Qāsim Aḥmad. Se trata de una personalidad mucho menos importante, pero no despreciable, en tanto que muestra cómo, más allá de las individualidades, se mantiene la importancia de las familias.

Nació en 1094, cuando la parte occidental de la Península Ibérica termina por acatar la autoridad de los almorávides, quedando la parte oriental por someterse más tarde. Él, también, recibió una formación como jurista y como tradicionista. Una cadena de transmisores, proporcionada por el biógrafo al-Anṣārī, lo enlaza con Abū Dāwūd (siglo IX), autor de una de las seis colecciones canónicas de hadices, y lo presenta como una autoridad reconocida en la materia.

Igualmente, hay que señalar su papel en la magistratura. Ésta era en aquel momento objeto de verdaderos conflictos dinásticos. Básicamente, tres familias se disputan el puesto de cadí supremo: los Banū Aṣbag, los Banū Ḥamdīn y los Banū Rušd. Desde la conquista de Córdoba por parte de los almorávides entre 1091 y 1111, son los primeros quienes ocupan el cargo. Después, Abū ᶜAbd Allāh Ibn Ḥamdīn lo hará durante tres años y se lo dejará a su hijo Abū l-Qāsim, el cual se mantiene otros tres años, pero debe apartarse ante Abū l-Walīd Ibn Rušd. Vuelve al cargo en 1120, y se mantiene en él hasta su muerte en 1126. Siguen ocho años, durante los cuales el cadiazgo es ocupado por un personaje ajeno a las tres familias, que muere trágicamente. Abū Ŷaᶜfar Ibn Ḥamdīn retoma entonces el título de juez de la comunidad que había llevado su padre. Entretanto, el sultán almorávide interviene en 1137 y rompe este intermedio de dieciséis años, que le había sido impuesto por el pueblo de Córdoba, y reinstala –en la persona de Abū l-Qāsim– a un Ibn Rušd en el puesto.

No se mantiene en él mucho tiempo. Tras un breve lapso en el que parece que tuvo que ceder el cargo a un miembro de la familia de los Banū Aṣbag, el pueblo de Córdoba, en 1145-1146, aprovecha la circunstancia de que el gobernador abandona la ciudad a fin de luchar contra los rebeldes, para sublevarse contra él y, seguramente, contra el cadí a él vinculado. Según un testimonio claramente partidista, «la diferencia y la oposición existente entre Abū l-Qāsim b. Rušd y los Banū Ḥamdīn puso fin a la existencia de Córdoba como lugar protegido y privilegiado, abriendo el camino hacia la ruina [de la ciudad] provocaba por uno de los Banū Ḥamdīn»[9].

Ibn Tūmart y el fin de los almorávides

En efecto, en aquel momento el poder almorávide se estaba desplomando. Ya en 1120, cuando la sublevación de los cordobeses, había comenzado en el sur del Magreb otra sedición mucho más peligrosa: la de Ibn Tūmart.

Nativo del Sūs, donde nació hacia 1080-1081, sus orígenes son poco conocidos. Su nombre remite al apodo bereber de su padre que significa «claridad» o «felicidad». Muy pronto, inclinado hacia el estudio y la meditación, abandona su país, alrededor de 1106-1108, primero con destino a Córdoba, donde estudia con el primer Ibn Ḥamdīn; después se traslada a Oriente, donde pasa diez años. Se le atribuyen maestros principalmente ašᶜaríes en teología y šāfiᶜíes en derecho. Este último punto es digno de ser subrayado, pues el šāfiᶜismo constituye un esfuerzo de síntesis entre el ḥanafismo y el mālikismo que trata de codificar el aspecto creativo del primero a través de la formulación de las reglas del razonamiento analógico, y de comprobar la autenticidad de las tradiciones del segundo, a través de la exigencia de exponer la cadena histórica de los garantes. Una leyenda lo presenta como discípulo de al-Gazālī o Algacel, el cual es a la vez el principal representante del pensamiento religioso sunní y el mejor testigo de la síntesis entre ašᶜarismo y šāfiᶜismo. Él habría encargado al joven magrebí que le vengara de las afrentas que en aquella época sufrió su obra en el Occidente islámico.

Ibn Tūmart vuelve entonces a su país, donde se distingue primero como un firme adepto del deber coránico según el cual hay que «ordenar el bien y prohibir el mal». Ante el fracaso de su acción, abandona Marrakech, en 1121, y reagrupa en el Atlas a las tribus Maṣmūda, a las que pertenecía. El movimiento crece y se encamina hacia la subversión total.

Nacimiento del movimiento almohade

Su jefe se hizo reconocer como *mahdī;* es decir, literalmente «guía», título perteneciente a la escatología musulmana, pero que remite generalmente a un período próximo al final de los tiempos y que raramente ha sido reivindicado por un individuo histórico. Ibn Tūmart presentó su acción como la defensa del verdadero monoteísmo y dio a sus discípulos el nombre de «unitarios» (*al-muwaḥḥidūn*, que en español dará almohades), aplicando a los almorávides el apodo –sin duda injustificado– de «antropomorfistas». Reunió en torno suyo varias tribus, fijó su centro de operaciones en Tinmallal y organizó sus tropas, a veces al precio de sangrientas depuraciones. En 1130 lanzó un fracasado ataque contra Marrakech, y aunque él mismo murió poco tiempo después, su empresa fue relanzada por su sucesor, ᶜAbd al-Mu'min, que adoptó el título de califa. Este término, que significa «lugarteniente», se utiliza normalmente para designar a un jefe único de la comunidad musulmana, al menos sunní, considerado como vicario del Profeta. Aquí se trataba de un sustituto del *mahdī*, y su autoridad concernía sólo a la comunidad reformada, a la cual el resto de los musulmanes estaba conminada a unirse. ᶜAbd al-Mu'min tuvo el acierto de controlar primero las montañas y de rodear luego al poder almorávide en el centro del Magreb, reduciéndolo así hasta su agotamiento en 1147.

En al-Ándalus la revuelta almohade del Magreb se vio intensificada por movimientos internos. Los místicos Ibn al-ᶜArīf en la región de Almería, Abū Bakr al-Mayūrqī en la de Granada, Ibn Barraŷān en la de Sevilla e Ibn Qasī en el Algarve estaban en el origen de expectativas de tipo mesiánico que no podían más que inquietar al poder. En tanto que el primero se contentó con prestar juramento de fidelidad a Ibn Barraŷān, sin llegar a la rebelión abierta, este último se hizo proclamar imán por ciento treinta pueblos de su región. Convocados ambos a Marrakech, en 1141, el uno logró disculparse y, aunque murió pronto, llegó a ser librado de sus cadenas, pero el otro fue ejecutado y su cuerpo salvado casi por azar de acabar en el vertedero de la ciudad. Abū Bakr al-Mayūrqī, por su parte, consiguió darse a la fuga antes de ser detenido.

En cuanto a Ibn Qasī, también pudo evitar el encarcelamiento y organizar, desde su retiro, a sus discípulos, llamados *murīdūn* o «novicios», en un verdadero ejército. En esto, se apartó del modelo institucional de otras cofradías místicas andalusíes y, dejando a un lado las características completamente diferentes de sus teologías respectivas, es comparable a Ibn Tūmart. Veremos cómo el paralelismo no se detiene ahí.

En primer lugar, Ibn Qasī llevó a cabo diversos golpes de mano. Luego, tras conquistar Mértola en 1144, estableció allí el centro de un territorio cuya independencia proclamó. Mientras que amenazaba Sevilla, el gobernador almorávide de Córdoba se dirigió a su encuentro, lo cual –como hemos visto– permitió a la ciudad rebelarse de nuevo y reponer al frente de ella al más joven Ibn Ḥamdīn, que reemplazó así, por segunda vez, a un Ibn Rušd. Momentáneamente obligado, por un contraataque, a refugiarse en una fortaleza de las cercanías, Ibn Ḥamdīn se aprovechó de una nueva sublevación en la ciudad para recuperar el poder. Llegó a adoptar el título de «príncipe de los musulmanes», que había sido concedido a los almorávides por el califa ᶜabbasí, y el *laqab* (sobrenombre, aquí honorífico) de «vencedor en el nombre de Dios» *(al-Manṣūr bi-Llāh)*.

El movimiento de Ibn Qasī favoreció, por tanto, el acceso a la independencia de Córdoba, sin llegar a sacar provecho de ello. Las pretensiones al liderazgo de su jefe conocieron igualmente suertes diversas. Envió cartas y emisarios a todas las regiones de al-Ándalus para hacerse reconocer como «imán supremo» y, según una moneda de la región de Murcia fechada en enero-febrero de 1146, llegó a ser proclamado *mahdī*. Pero al parecer sin futuro. Amenazado por las disensiones internas, Ibn Qasī se volvió hacia los almohades, facilitándoles la entrada en al-Ándalus.

En efecto, con los almorávides prácticamente vencidos en el Magreb, sus adversarios decidieron aniquilarles en al-Ándalus. En el transcurso del verano de 1147 desembarcaron al mando de Ibn Qasī que había prestado juramento de fidelidad al nuevo régimen. La región más occidental, feudo de los *murīdūn*, fue la primera en ser ocupada; luego, al año siguiente, Sevilla. Ibn Qasī, que se convirtió al cristianismo para acercarse a los portugueses, se revolvió entonces contra sus nuevos señores. Pero la población no le siguió y murió asesinado en 1151.

Nacimiento de Averroes, en la confluencia de dos épocas

En este contexto extremadamente turbulento nació y creció Abū l-Walīd Muḥammad b. Aḥmad «el nieto», nuestro Averroes. A pesar de ello, nada nos autoriza a proyectar sobre él, en un reflejo de un hombre del siglo XX, nuestro pavor ante tanto «ruido y furor». Él habló poco de aquellos acontecimientos y, cuando lo hizo, mostró un considerable distanciamiento que nos recuerda la serenidad de Descartes al atravesar por entre los disturbios de principios del siglo XVII. Sólo profundizando en los escritos del filósofo musulmán pueden percibirse ecos, pero casi nunca inmediatos y la mayoría de las veces intelectualizados, de sus peripecias.

Averroes vino al mundo en Córdoba, sólo un mes antes de la desaparición de su célebre abuelo, en 1126. De su infancia no sabemos absolutamente nada. Ningún detalle personal permite distinguir a este hijo de notable, llamado a continuar la tradición familiar como ulema.

Su juventud está marcada por los reveses almorávides. Reveses frente a los cristianos, primero: derrota de Cullera, cerca de Valencia, en 1129; repetidas incursiones de Alfonso VII de Castilla contra Sevilla y el oeste de al-Ándalus (1129, 1133 y 1139), sólo compensadas parcialmente por contraofensivas, como la llevada a cabo contra Aceca, cerca de Toledo, en 1130, o la de Fraga, contra Aragón, en 1134. En efecto, desde 1136, primero en Badajoz y luego aún más cerca de Córdoba, en El Vacar, los musulmanes tienen que luchar, incluso de manera victoriosa y con logros parciales en la frontera norte. Reveses además frente a las revueltas internas: la de Ibn Ḥamdīn en Córdoba, pero también sublevaciones dirigidas por otros ulemas en Málaga, Valencia, Murcia y Orihuela.

Si la rebelión de los místicos *murīdūn* se torna en favor de los almohades, en la región de Murcia es un señor de la guerra local quien logra imponer su autoridad: Ibn Mardanīš toma el poder allí en 1147 y no capitulará ante los almohades hasta 1172. Esto revela asimismo que la conquista almohade de la Península no fue suficiente para reunificar al-Ándalus de inmediato. Aparte de la resistencia de Ibn Mardanīš y la del gobernador de las Baleares, que, manteniendo la invocación a los almorávides, permanecerá en el poder hasta 1202, el territorio musulmán se ve definitivamente reducido por la toma de Lisboa, al oeste, en 1147, y por la de Tortosa, en el noreste, en 1148. A ello se añaden pérdidas momentáneas, como la de Almería en 1147.

El cadí Ibn Ḥamdīn, prudente, se había contado entre aquellos que enviaron emisarios a ᶜAbd al-Mu'min, cuando éste tomó Marrakech en 1146. Pero no le prestó juramento de fidelidad como Ibn Qasī. Sólo pretendía ganar tiempo, pero fue asediado en 1149 por Alfonso VII de Castilla, y únicamente la ayuda almohade forzó al rey cristiano a marcharse. La población de Córdoba envió entonces un embajador al nuevo califa almohade para participarle su sumisión.

Cualesquiera que fuesen los sentimientos del joven Averroes hasta entonces y la presión de los lazos que unían a sus parientes con los almorávides, la fecha de 1149 y la obligación que recayó entonces sobre los cordobeses de adherirse explícitamente a la doctrina almohade marcaron una etapa decisiva en su vida. En lo sucesivo, el joven de veintitrés años inscribiría su trayectoria en el nuevo marco que se le brindaba.

2. Educación y orientaciones religiosas

Una comunidad que se dirige gracias a la verdad y que, por ella, se halla en lo justo[1].

En esta atmósfera apocalíptica del segundo cuarto del siglo XII en la Península Ibérica, sólo se mantienen estables el sistema de educación de al-Ándalus y los ulemas que lo integraban. Durante los primeros veinte años de la vida de Averroes el poder almorávide no sólo permaneció nominalmente, sino que la generación que había ocupado los principales cargos, tanto antes como ahora, no desaparecerá hasta los años 1175-1180. Es el caso del mismo Abū l-Qāsim Ibn Rušd, que no morirá hasta 1168. En el transcurso de la juventud de Averroes confluyeron, por tanto, una esfera política extremadamente agitada y una esfera cultural casi inmóvil, al menos en apariencia.

Permanencia del sistema de educación andalusí

El sistema docente de la madrasa, que apenas alcanzaba los tres cuartos de siglo de antigüedad en Oriente, todavía no había llegado a al-Ándalus. Quien quería instruirse debía pagar a maestros particulares que, normalmente, impartían sus lecciones en las mezquitas. Sólo algunas fundaciones pías financiaban escuelas elementales reservadas a los pobres, y algunos individuos se consagraban voluntariamente a la enseñanza, fuera por devoción o como penitencia. Tanto en un caso como en el otro, esto no afectaba al vástago de una dinastía de magistrados.

Por otra parte, estas enseñanzas no se impartían de forma totalmente diseminada. J. Ribera, a principios del siglo XX, apuntó la siguiente observación, que merece ser comparada con la de Jacques Le Goff a propósito de los intelectuales en la Europa cristiana: «Los hombres que se habían distinguido por sus estudios, aquellos cuyas virtudes les habían dado prestigio a los ojos de la gente, terminaron por unirse para alcanzar los fines que tenían en común y lograron formar, si no un cuerpo cerrado, bien delimitado y fijo, al menos un organismo tan fuerte que el poder político se vió obligado a utilizarlo»[2], lo cual es cierto sobre todo si se aplica a las dos últimas generaciones que podrían calificarse como «almorávides», ya que actuaron bajo dicho régimen. Aquélla a la que perteneció Abū l-Walīd el abuelo parece haber estado especialmente bien integrada, constituyendo la recepción dispensada por los estudiantes a las enseñanzas de los diversos maestros una jerarquización espontánea de las mismas. En efecto, lo esencial de la actividad intelectual de la época se realizó dentro de un pequeño grupo de autoridades, de las cuales únicamente seis eran de primera categoría, y no más de diecisiete de menor importancia.

Carácter específico de la enseñanza andalusí

El sistema de educación en al-Ándalus era el mismo que en el resto del mundo islámico, pero se caracterizaba por una mejor organización en el nivel primario. Sin duda, el aprendizaje de la lengua árabe se organizaba a partir del Corán, que el alumno debía aprender de memoria. Los andalusíes, sin embargo, le añadían una selección de poesías y de ejemplos en prosa de composiciones epistolares, así como elementos de gramática. Abū Bakr Ibn al-ᶜArabī defendía ardientemente esta práctica, en particular contra la costumbre magrebí de no aprender más que el Corán. Dejó constancia de que la lengua árabe había evolucionado mucho desde la revelación y recomendó empezar por aprender poesía, a fin de evitar los errores lingüísticos –que el mundo profano puede sufrir pero no el Libro sagrado– y empaparse de esos versos que son los «archivos de los árabes»[3].

Asimismo, no se separaba, como se hacía en Oriente, el aprendizaje de la caligrafía del conjunto de los estudios. Desde muy pequeños, los niños se acostumbraban a trazar los signos, lo que hizo que al-Ándalus diera pocos buenos calígrafos, pero muchas más personas cultivadas que sabían escribir bien, que el resto del mundo árabe. Esto explica también que el grafismo andalusí evolucionara poco, ya que no fue obra de un pequeño grupo de estetas que pudieran haberse visto tentados por la creación, y se hallaba marcado por un cierto arcaísmo.

Los estudios preliminares permitían de esta manera la asimilación de los rudimentos de la lengua, de la religión y del cálculo. De ahí el alumno pasaba a las ciencias religiosas: tradiciones (hadiz), aprendidas de memoria; lecturas coránicas, es decir, la memorización de algunas variantes autorizadas en la vocalización (el árabe, como todas las lenguas semíticas, no marca normalmente las vocales y corresponde al lector restituirlas para dar sentido al texto) y a veces en las palabras comunes del Libro revelado; el derecho, en el que «se recitaba según tal o cual», lo que significa que el escrito no era más que un coadyuvante, siendo el maestro ante todo un transmisor que sancionaba la capacidad de retener los textos y de desglosarlos en referencias prácticas. Al mismo tiempo, se profundizaba en las disciplinas literarias: gramática, lexicografía, bellas letras (*adab*; es decir, el arte de presentar cualquier tema de forma ornamentada), poesía, historia (consistente sobre todo en colecciones de anécdotas), genealogía, etc.

La aproximación a las ciencias y a la filosofía no era considerada ilícita por todos, pero incluso aquellos que le eran favorables estimaban que, generalmente, no debía tener lugar más que tras una buena formación religiosa.

La formación de Averroes

Los autores de diccionarios biográficos se complacen en detallar a los maestros de Averroes en las materias tradicionales, lo cual muestra hasta qué punto había profundizado en ellas. Hay en ello, sin duda, cierta ostentación de su parte, que contrasta de forma chocante con los escasísimos datos que nos proporcionan –cuando lo hacen– sobre su formación científica y filosófica. Pero esto no hay que achacarlo solamente a una visión conservadora de las cosas. Indiscutiblemente, Averroes fue, en gran medida, el producto perfecto de la educación clásica de su tiempo.

Literatura y lengua

Primero en las materias literarias, que son las que se olvidan más fácilmente. Se nos dice que Averroes aprendió de memoria las antologías poéticas *(dīwān)* de al-Mutannabī y de Abū Tammām, los dos principales poetas que representaban, tras los «modernos», la recuperación, en contextos nuevos, de los motivos y esquemas tradicionales beduinos. Averroes gustará mucho de citarlos en sus cursos, y lo hará «de la forma más bella»[4]. Éstas son, de hecho, las dos referencias preferidas, junto a los autores anteislámicos y omeyas, que utilizará al comentar la *Poética* de Aristóteles. Allí, Averroes se hará eco, en pleno siglo XII, de las disputas orientales habidas doscientos años antes, en las que los adeptos del clasicismo se oponían con argumentos filosóficos a los modernistas imbuidos de libertad de inspiración. Ibn al-Muᶜtazz es el único autor, entre los que cita, susceptible de ser calificado como modernista. Por otra parte, nuestro pensador es contemporáneo de un movimiento literario destinado a alcanzar una fortuna inmensa: la fórmula de origen puramente andalusí de la poesía estrófica llamada *muwaššaḥ* y su prolongación popular, el *zaŷal*. Ahora bien, esto no dejó ninguna huella en la obra de Averroes, a pesar de que el principal representante de este último género, Ibn Quzmān, le compuso un panegírico. En cuanto a esta poesía popular, sólo fue tratada superficialmente por nuestro filósofo en el comentario citado.

Al igual que muchos de los hombres doctos de su época, Averroes compuso algunos versos. A través de Ibn Saʿīd al-Magribī, cronista del siglo XIII, nos han llegado algunas muestras de esta producción[5]. Un manuscrito de la Biblioteca General de Rabat se presenta como una colección de sus poemas, clasificados por orden alfabético de la rima. Pero ha permanecido inédito, al igual que dos piezas didácticas: una *urŷūza* (poema en metro *raŷaz*) sobre los cinco pilares del islam y una *qaṣīda* sobre la doctrina mālikí[6].

Finalmente, en las listas antiguas de sus obras se le atribuyen dos tratados sobre la lengua árabe: *Lo que es necesario en gramática* y *Tratado de la palabra y del nombre derivado*. No se tiene conocimiento de la existencia de ejemplar alguno de estas obras, lo cual ha hecho pensar a algunos estudiosos que podría existir una confusión por parte de los bibliógrafos con las obras de lógica. Pero, dejando aparte el hecho de que eso siga siendo una hipótesis, en la obra autentificada de Averroes se encuentran numerosas marcas de una innegable capacidad en materia de lenguaje. Citemos solamente el célebre *Discurso decisivo*, algunos de cuyos pasajes consisten en análisis filológicos, donde la lingüística permite resolver ciertos problemas filosóficos.

Religión y derecho

Sobre todo en materia religiosa Averroes mostró la educación que había recibido. Estudió el hadiz y la jurisprudencia o *fiqh* con su padre, y la misma cadena de transmisores en la que éste aparecía implicado le engloba a él, lo que le proporciona una autoridad comparable en la materia. Bajo la dirección paterna aprendió de memoria la obra fundamental del mālikismo, el *Muwaṭṭa'* de Mālik. Su abuelo jugó igualmente un papel importante en su formación, reemplazado por Abū Marwān Ibn Masarra, discípulo y amigo del primero a quien llamaba su «maestro» *(šayj)*. En su gran tratado de derecho, la *Bidāyā,* Averroes le designará así, abiertamente, «mi abuelo *[ŷaddī]*», como una de las autoridades a las que hace referencia. Jamás hará hincapié en sus eventuales controversias. Es más, llegará incluso a excusarle de lo que él consideraba un error por su parte, invocando la presión exterior. Así sucede, por ejemplo, en el examen de los delitos de sangre: el abuelo había exigido que la ley del talión no se aplicara cuando fuera dirigida a un niño que no hubiera alcanzado aún la mayoría de edad, pero tuvo que ceder ante la presión de la protesta general suscitada al respecto.

Sus otros maestros, entre los cuales los más importantes fueron Ibn Baškuwāl y el cadí ᶜIyāḍ, lo relacionan de forma compleja con el movimiento de ideas que había comenzado a abrirse camino ya bajo los almorávides, y del que da testimonio la actitud ambigua, incluso contradictoria, de su abuelo. A través de Ibn Baškuwāl, se vinculó a la corriente de Abū Bakr Ibn al-ᶜArabī, uno de los principales discípulos andalusíes de al-Gazālī. Pero, a través del cadí ᶜIyāḍ, recibió la influencia de Abū ᶜAbd Allāh Ibn Ḥamdīn, a la vez maestro de Ibn Tūmart y principal adversario de la difusión de la obra de al-Gazālī. En cambio, el propio ᶜIyāḍ jugó un papel importante en la rebelión de la ciudad de Ceuta contra el nuevo poder almohade. Según un biógrafo tardío, incluso habría sido ejecutado en Marrakech por su oposición a la doctrina del *mahdī* almohade.

Los repertorios biográficos repiten que Averroes recibió el permiso para enseñar *(iŷāza)* sus obras del gran jurista mālikí de Ifrīqiya, al-Māzarī. Tal afirmación es sorprendente, ya que nuestro filósofo tenía sólo dieciséis años a la muerte de éste. Es verdad que la *iŷāza* era a veces concedida muy a la ligera; se cuenta una anécdota según la cual, para honrar a su huésped, un célebre jurista había dado la suya a un bebé del mismo. Pero tal concesión supone una presencia directa del adolescente Averroes en Ifrīqiya, respecto a lo cual no contamos con confirmación alguna ni tampoco tenemos constancia de que al-Māzarī, ya anciano, hubiera viajado a al-Ándalus.

Tres hechos pueden explicar esta relación fabricada por la *vox populi*. ᶜIyāḍ pudo haber servido como intermediario ya que fue discípulo de al-Māzarī y maestro de Averroes. Por otra parte, al-Māzarī era partidario de una mayor flexibilidad en la obligación de seguir ciegamente los precedentes jurídicos *[taqlīd]*, ya que sentía simpatía por el šāfiᶜismo, sin llegar por eso a aplicarlo en sus escritos. El método comparativo que Averroes convertirá en el eje de su gran tratado de derecho pudo parecer a los contemporáneos una prolongación de este esfuerzo de ampliación de la perspectiva. Finalmente, al-Māzarī se distinguió por su oposición a la difusión de los libros de al-Gazālī, llegando a componer una refutación de la gran obra de este último, la *Revivificación de las ciencias religiosas*. En ella denunciaba los préstamos tomados al sufismo y a la filosofía, lo cual la aproximaba a los textos andalusíes que veremos más tarde y cuya posible influencia en el joven Averroes no se puede descartar *a priori*.

Todo esto muestra que bajo la estabilidad social del cuerpo de los ulemas se manifestaban tensiones, crujidos, que explican a la vez la insatisfacción de Averroes ante la orientación ideológica predominante en al-Ándalus durante su juventud, y su opción decisiva en favor de una reforma que, ante todo, se concibe como el resultado del uso de la razón. Tanto más cuanto que, nos dice su biógrafo más próximo a él en el tiempo, Ibn al-Abbār, se sentía más inclinado hacia el conocimiento *(dirāya)* que hacia la simple transmisión *(riwāya)*.

Pero para comprender esta nueva orientación, hay que retroceder y situar a nuestro joven letrado musulmán en un contexto más amplio. En efecto, las tomas de posición de Averroes no se pueden apreciar en su justo valor, y especialmente la que mantuvo frente a la principal autoridad espiritual de su época, al-Gazālī, si se le aísla de todo el complejo conjunto que se manifestó en el Occidente musulmán durante el final del siglo XI y casi todo el siglo XII. Las vicisitudes políticas que hemos visto en el capítulo precedente se duplicaron entonces en fuertes remolinos ideológicos.

Un contexto político agitado

La historia entera del islam andalusí estuvo marcada por lo que M. Fierro ha llamado un «sentimiento de precariedad»[7]. Antes incluso de que el territorio cayera en manos de los cristianos, un buen número de ulemas abandonaron el país para instalarse en el Magreb y en algunos casos en Oriente[8]. Desde principios del siglo IX, se habían difundido ciertas tradiciones que predecían este exilio de los musulmanes hacia el norte de África. Dichas tradiciones, sin duda nacidas en Oriente, fueron retomadas explícitamente en al-Ándalus en la época de las taifas. En efecto, la unidad del país bajo los omeyas, reforzada por el establecimiento del califato, ocultó durante un tiempo tal inquietud. Pero su fragmentación en multitud de pequeños Estados, durante el siglo XI, mostró la desaparición del ideal islámico de una «comunidad de creyentes unidos [...] cuya parte visible sería el califa»[9]. De ahí el uso del término *fitna* (tentación, sedición) para designar esta crisis.

Los almorávides, representación del declive

Indiscutiblemente, el poder almorávide encarnaba el espíritu de un restablecimiento de la unidad, y eso es, sin duda, lo que explica la adhesión a él de los primeros Banū Rušd. Pero el poder se desgasta, y el prestigio del ejemplo palidece. El ataque contra el poder almorávide no provino tanto de los ulemas, ya que la sumisión que les manifestaron los sucesivos emires les pareció suficiente como testimonio de pureza del islam. Surgió entre los filósofos, que hicieron intervenir al primer jefe en consideraciones morales, retomando así la vieja reclamación musulmana contra los imanes «injustos». Ya medio siglo antes de Averroes, el filósofo de Zaragoza Ibn Bāŷŷa o Avempace había denunciado el gusto por el lujo de sus contemporáneos almorávides, lo cual les hacía regresar a los defectos de sus predecesores, diciendo: «Esto es muy frecuente en los días en que escribimos el presente tratado pero era aún más frecuente aquí en la conducta de los reyes de taifas»[10].

En una obra que escribirá mucho más tarde, el comentario a la *República* de Platón, el propio Averroes hará suyos unos análisis que, no hay duda, renovaban los sentimientos de su juventud. En la sucesión de emires almorávides, él veía una buena ilustración del proceso de degradación de los regímenes políticos tal como lo describía el pensador griego: «Al principio, imitaban la constitución basada en la ley, esto bajo el primero de entre ellos. Después, bajo su hijo, eso evolucionó en un régimen timocrático ya que se mezcló con el amor por el dinero. Más tarde, bajo su nieto, se convirtió en un régimen hedonista, con todas las características de los hedonistas, que terminó por perecer en su época. La razón es que el régimen que se le opuso entonces [el de los almohades] se parecía al régimen basado en la ley»[11]. Averroes justifica de la misma manera la revuelta de Córdoba contra el gobernador almorávide Ibn Gāniya afirmando que éste encarnaba el tránsito de la democracia a la tiranía[12].

Los filósofos se mantuvieron al margen de la cuestión de la legitimidad de la toma de poder por parte de los almorávides por medio de fetuas locales que condenaban a los reyes de taifas y, más tarde, de fetuas emitidas en Oriente por grandes personajes de la talla de al-Ṭurṭūšī y de al-Gazālī, que afirmaban la necesidad de reconstituir el modelo ideal del islam. En efecto, el texto de al-Ṭurṭūšī, por ejemplo, ya formulaba explícitamente, con respecto al primer miembro de la dinastía, la acusación del gusto por el lujo que Ibn Bāŷŷa y Averroes reservarán a sus sucesores. Una vez logrados estos apoyos, no quedaba otra cosa que la investidura, otorgada por el califa ᶜabbāsí con –en todo el mundo islámico– la reputación de haber suscitado «la satisfacción de los doctores de la ley», sin distinción de escuela[13].

En el fondo, todo el mundo empleaba el mismo lenguaje, el de la virtud, dando al mismo tiempo preferencia a puntos de vista diferentes. Los ulemas condenaron el amor por los placeres mundanos, pero consideraron que el respeto del orden que ellos encarnaban primaba por encima de todo. Otros, por el contrario, distinguían el ideal musulmán del orden clerical y anteponían la pureza de la trayectoria personal. Entre estos dos polos, era posible una gran variedad de reacciones que se manifestó particularmente a propósito de la recepción en Occidente de la obra de al-Gazālī, que será el principal autor frente al cual Averroes tendrá que definir sus propias posiciones.

La «obra abierta» de al-Gazālī

La obra de al-Gazālī es proteiforme en sí misma. Su fondo constante es el cumplimiento integral de la ley islámica, a lo cual puede añadirse tal o cual elemento, según las necesidades: aquí, teología apologética *(kalām)*; allí, filosofía; más allá, sufismo. Sólo son eliminadas las formas extremas, metafísica y física griegas por una parte, esoterismo iranio por otra, que aparecen como inintegrables en la ley religiosa *(šarīca)*. En el interior de este vasto perímetro, así delimitado, sólo jerarquización, con vistas a una conciliación sincrética entre legalismo jurídico, razonamiento teológico y «gustación» mística.

Como bien mostró H. Laoust, en segundo término, esta visión de las cosas es política: «Esta interiorización y esta individualización de la fe, cuya rectitud sólo a Dios corresponde apreciar y de cuya elección nadie está cualificado para imponer los términos, tienen como condiciones y como límites no sólo el respeto hacia las formas exteriores y, por así decirlo, sociales de la Ley, sino también hacia las autoridades establecidas y la paz comunitaria»[14]. Así, al-Gazālī, sin jamás innovar verdaderamente, se esforzó por avalar los principales desarrollos intelectuales y espirituales de su civilización. Y el criterio de importante, en su opinión, era cuantitativo: se trataba de otorgar el sello islámico a todo lo que fuera sostenido por una corriente social un tanto masiva, modificándolo ligeramente si era necesario para darle un aspecto sunní, como es el caso del bāṭinismo (esoterismo).

Ciertamente, fue esta forma de «tener manga ancha» la que proporcionó a al-Gazālī la enorme autoridad de la que, en consecuencia, gozó en el mundo islámico. Pero incluso en su época, su sincretismo suscitó numerosas oposiciones. Con cierta rapidez, éstas fueron atribuidas a la estrechez de espíritu de los juristas, que el autor denunció abiertamente. De hecho, estos últimos no le prestaron atención por haberse abierto a formas de ascetismo, incluso de mística. En al-Ándalus, desde finales del siglo x, el jurista asceta Ibn Abū Zamanīn ejerció su influencia sobre personajes muy importantes de la época. Su esfuerzo de interiorización se manifestó principalmente en el pequeño tratado que consagró a la guerra santa, tema que, en el seno de un acto ritual, es el que mejor pone de relieve las cuestiones de sinceridad y de pureza del alma. Más tarde, el andalusí al-Ṭurṭūšī, que se había instalado en Alejandría pero que tenía numerosos discípulos en la Península, admitió las formas moderadas de sufismo, y se le atribuye la imposición del manto simbólico de los sufíes (la *jirqa*) a Abū Madyan, que se convertirá en el principal representante de la forma popular de este movimiento en el norte de África. Con todo, fue en el interior mismo de la mística desde donde pretendió denunciar a su contemporáneo al-Gazālī, afirmando: «Cuando compuso la *Revivificación de las ciencias religiosas*, él intentó tratar las ciencias de los estados místicos y de las alegorías de los sufíes, pero no estaba familiarizado con ellas ni bien informado con respecto a ellas, lo cual le hizo fracasar totalmente y llenar su obra de suposiciones gratuitas». «Los que caminan por la vía de la mística se han expuesto a numerosos perjuicios, debido a los escritos de este hombre de Tūs, ya que él se asimila a los sufíes sin penetrar en sus doctrinas, a las que mezcla con las doctrinas de los filósofos, de manera que confunde a la gente en esta materia»[15]. Finalmente, y como hemos visto anteriormente, el tunecino al-Māzarī discutía, por su parte, la propensión del doctor oriental a la amalgama.

Creciente oposición al maestro por parte de los andalusíes

En al-Ándalus, la oposición se acentuó aún más. Si el régimen almorávide aceptó, cuando fue instaurado, el apoyo de al-Gazālī, pronto pudo comprobar que la autoridad de éste podía ser utilizada en su contra, por la dificultad misma de una obra que se pretendía conciliadora y que, de hecho, era una especie de «bargueño», de mueble con múltiples cajones donde cada uno coge lo que le conviene.

En 1109 tuvo lugar un auto de fe de la *Revivificación de las ciencias religiosas*, el libro más célebre de al-Gazālī, ante la puerta de la gran mezquita de Córdoba. Tal acción, ordenada por el sultán o por su representante, había sido solicitada por el cadí Abū ᶜAbd Allāh Ibn Ḥamdīn, autor, por otra parte, de una refutación (perdida) de al-Gazālī. El suceso no suscitó más protesta que la de los ulemas de Almería, cuya iniciativa preparó indirectamente los movimientos político-religiosos de Ibn Barraŷān y de Ibn Qasī. Poco tiempo después de la crisis –ya evocada– de 1141, el sultán envió, en noviembre de 1143, una carta a las autoridades de la región de Valencia, recordando los deberes del musulmán, y en particular el de la guerra santa, considerado aquí también como un deber personal, y defendiendo la ortodoxia contra los libros heréticos, «y especialmente los de Abū Ḥāmid al-Gazālī. Había que seguir sus rastros y quemarlos todos, llevar a cabo averiguaciones para ello y exigir el juramento a cualquiera que fuera sospechoso de guardarlos»[16].

Si hay un personaje cuya falta de reacción resulta sorprendente, ése es Abū Bakr Ibn al-ᶜArabī. De vuelta de un largo viaje por Oriente, donde había sido discípulo principalmente de al-Gazālī, se instaló en Sevilla en 1101-1102, donde su enseñanza obtuvo un enorme éxito. Asumió incluso el cargo de cadí supremo de la ciudad, en 1134, y lo mantuvo hasta la sumisión de ésta a los almohades. Ahora bien, en sus escritos, Ibn al-ᶜArabī no oculta la admiración por su maestro, al-Gazālī: «Cuando esta luz me iluminó y me manifestó lo que me ocultaban las tinieblas, yo me dije: he realizado todas mis esperanzas. Finalmente, gracias a Dios, he alcanzado el objetivo de los *sālikūn* [los que siguen la vía mística] y de los que buscan la ciencia indubitable»[17]. Y si pensamos que esta exclamación entusiasta, que se encuentra en una colección de reglas para la interpretación alegórica del Corán, sólo iba destinada a los iniciados, no hay que despreciar su gran tratado de *kalām* y fundamentos del derecho en el que, desde el segundo capítulo, recuerda expresamente su encuentro en Bagdad con al-Gazālī, en 1097, precisando que éste se hallaba entonces comprometido con la vía de los sufíes desde hacía casi cinco años, y que estudió con él su *Revivificación de las ciencias religiosas*[18].

Su silencio, cuando tienen lugar las condenas, ¿se justifica en que no estaba de acuerdo con él en todo? «Yo tenía el mayor de los respetos por él –dice–, sin estar por ello completamente satisfecho con él; tuve ocasión de corregirle en lo que yo creía que debía hacerlo. Pero me mostraba muy respetuoso en su presencia respecto a aquello que no planteaba ningún problema»[19]. En particular, parece que siguió a al-Ṭurṭūšī al reprochar a su maestro el haber mezclado sufismo y *falsafa*: «Nuestro profesor Abū Ḥāmid al-Gazālī se introdujo en el vientre de los filósofos; cuando quiso salir, no pudo hacerlo»[20].

Mientras que Ibn al-ᶜArabī se contentó con mantenerse a la expectativa –lo cual es significativo, si tenemos en cuenta que su audiencia era considerable–, otros llegaron hasta la refutación abierta. El ejemplo de Muḥammad b. Jalaf de Elvira (1064-1142/3), compilador de las *Anécdotas y textos de refutación a al-Gazālī*[21], es interesante. Representa, en efecto, todos los avances ideológicos que al-Ándalus aceptó oficialmente en su época: en tanto se trataba de un mālikí escrupuloso, que explicaba los pasajes oscuros del

Muwaṭṭa' de su maestro, se interesaba también por las tradiciones proféticas, a las cuales aplicaba el mismo tratamiento, por los fundamentos tanto del derecho como de la religión, y finalmente por la mística antigua, la de Muḥāsibī. Su obra aparece como una defensa del aš^carismo estricto, hasta Ŷuwaynī, el maestro de al-Gazālī en la materia.

Todo ello muestra la extrema complejidad del problema alrededor de al-Gazālī en al-Ándalus y explica las aparentes vacilaciones de Averroes, que tan pronto erigía a al-Gazālī en autoridad como se le oponía, cuando no le utilizaba como garante involuntario de sus propios análisis.

Desde el único punto de vista de los ulemas, se podía reprochar a al-Gazālī el haberse excedido y haber complicado la vida al creyente. Estas reticencias iban desde la simple reserva sobre ciertos puntos de su obra, a poner en tela de juicio su eclecticismo, oposición que podía a su vez tomar múltiples formas, dependiendo de si hablaba en calidad de jurista, teólogo e incluso de asceta. La aproximación efectuada por el poder era más rudimentaria. En el individualismo de al-Gazālī las autoridades almorávides captaban un factor de discordia, especialmente en un momento en que los musulmanes andalusíes parecían refugiarse tras la búsqueda de estados espirituales privilegiados, de cara a un poder cada día creciente de los reinos cristianos del norte.

Ibn Tūmart frente a la herencia de al-Gazālī

Con la entrada en liza del movimiento almohade, la situación se volvió aún más compleja. Ibn Tūmart había estudiado inicialmente con Abū ^cAbd Allāh Ibn Ḥamdīn, después con al-Māzarī y finalmente con al-Ṭurṭūšī de camino hacia Oriente. Allí se le atribuyen diversos maestros, de los cuales algunos ya habían muerto ¡antes incluso de su llegada! ¿En verdad el futuro *mahdī* almohade siguió las enseñanzas de al-Gazālī? No coincidiendo sus desplazamientos, esta hipótesis suscita numerosas incógnitas de orden cronológico y geográfico. De hecho, incluso si hubiera sido así, es difícil imaginar una total adhesión. Hemos visto que tal fue el caso de Ibn al-ᶜArabī, discípulo entusiasta, no obstante. Con más razón en el caso de alguien como Ibn Tūmart que, en el transcurso de sus etapas sucesivas en Córdoba, Mahdiyya y Alejandría, se había formado con maestros que le habrían prevenido contra la ascendente celebridad de al-Gazālī.

Los inicios de la acción de Ibn Tūmart se hallan consagrados exclusivamente a la censura de las costumbres, que él ejerció con una rara violencia, incluso hasta contra quienes ejercían el poder. El movimiento almohade comenzó, por tanto, con una simple demagogia moralizante respecto a los almorávides, quienes se vieron a su vez acusados de todos los males de los cuales debían haber librado a al-Ándalus: corrupción, libertinaje, opresión y abusos fiscales.

Entonces nada hacía presagiar un desarrollo intelectual del movimiento almohade. Fue un personaje que, junto a Ibn Bāŷŷa, había realmente fundado la *falsafa* en al-Ándalus, Mālik b. Wuhayb, llamado «el filósofo de Occidente» aunque sólo fue un vulgarizador, quien ejerció como el principal oponente, ante el sultán, del reformador almohade y quien aconsejó ejecutarlo, o al menos encarcelarlo. Pero un alfaquí bereber rival de Ibn Wuhayb obtuvo la liberación de Ibn Tūmart.

Pero en su refugio montañés, captado por la secta naciente, se diseñó una nueva orientación ideológica. Los diversos textos escritos por aquel Ibn Tūmart que tomó el título de «guía» *(mahdī)* fueron compilados después de su muerte, en lo que vendría a titularse, bien por sus primeras palabras *Aᶜazzu mā yuṭlab* (lo más precioso a ser buscado), bien simplemente el *Libro de Ibn Tūmart*[22]. La autenticidad de sus diferentes partes no está asegurada, pero el tono general del repertorio marca claramente las aspiraciones del movimiento. A guisa de introducción figura una exposición general sobre ciencia-verdad e ignorancia-duda-opinión, que se considera resume una disputa mantenida por Ibn Tūmart o desde Marrakech, antes de su expulsión, o más tarde en Agmat, en el momento de su huida. Lo esencial del volumen es de orden jurídico, regula las cuestiones de los fundamentos del derecho y propone soluciones que no se confundan no solamente con el mālikismo, que es el principal adversario, sino incluso con el ẓāhirismo, con el cual ha sido indebidamente relacionado[23]. Capítulos especiales tratan de la oración, de la pureza, etc. Tres fragmentos bastante breves, sobre los cuales volveremos, fueron insertados en este conjunto y cubren la teología. Para terminar, fueron añadidos diversos opúsculos que tratan del título de *mahdī* (texto dispuesto justo después de los de la teología, pero cuyo tema no interviene en ellos), de los defectos de los almorávides, del fraude, etc. El último capítulo, sobre la guerra santa, es de Abū Yaᶜqūb Yūsuf b. ᶜAbd al-Mu'min, el segundo califa o sucesor del *mahdī*.

En el ámbito del derecho, Ibn Tūmart se opuso a al-Gazālī al no admitir el esfuerzo individual de interpretación *(iŷtihād)*. En ello veía toda fuente de errores y divisiones.

Para él, «la razón no tenía lugar en la Ley»[24], fórmula que hay que interpretar como excluyente de la razón constituyente, pero no de la razón organizadora, ya que toda su obra consiste en una puesta en orden semejante, esencialmente al mostrar la interdependencia de los fundamentos jurídicos y de los casos derivados. El principio lógico de base es que no podríamos obtener de una misma fuente consecuencias contradictorias, ni una misma consecuencia de dos fuentes contrarias.

¡Ambos autores, así como los mālikíes, están de acuerdo en la idea de que más vale arriesgarse a equivocarse, al actuar según la estimación personal, que abstenerse! Pero la jurisprudencia o *fiqh* almohade demandaba apoyarse en analogías absolutamente seguras. Este rigor inquietará a los cronistas orientales, que lo calificarán de «escuela del pensamiento *[ma̱dhab al-fikr]*». Fue enseñado en Túnez hasta el siglo XIV, pero jamás tuvo un reconocimiento colectivo. Asimismo, los conflictos entre el poder almohade y los magistrados mālikíes fueron circunstanciales, sin que el primero pretendiera erradicar la doctrina tradicionalmente admitida, que continuó rigiendo en la práctica.

Fue en los textos teológicos en los que verdaderamente se apoyó la inquisición almohade. Más adelante veremos el uso que se hizo de ellos. Pero primero hay que recordar su contenido. Al leerlos, la sensación de rigor que se experimenta ante los textos jurídicos se ve aún reforzada. Tenemos una elocuente demostración de ello al comparar la «profesión de fe» almohade, que es el texto más desarrollado –no siendo los otros más que simples recordatorios para la masa–, con la que se encuentra en la *Revivificación de las ciencias religiosas* de al-Gazālī[25]. En concreto, nos estamos refiriendo a un fragmento que es retomado varias veces en su obra[26] y en el que el autor oriental aborda el tema desde aspectos diversos, entre los cuales Ibn Tūmart haría una selección. Al-Gazālī multiplica los preliminares y, al abordar el credo, afirma primero que es la palabra divina su fuente principal, ya que «no hay expresión explícita después de la de Dios»[27]. Sólo una vez que dicha palabra divina ha sido expuesta es cuando añade que, en tales condiciones, «podemos prescindir de proporcionar la prueba», pero que, «siguiendo la explicación y la imitación de los especialistas de la especulación»[28], accede a argumentar.

Por el contrario, Ibn Tūmart, inmediatamente después de enunciar la cadena de las condiciones que ascienden de la devoción a la revelación, por medio especialmente del conocimiento, afirma bruscamente: «Es por la necesidad de la razón que el hombre conoce la existencia del creador»[29]. Esta fórmula, que, de alguna manera, rompe con la cadena enunciada, se hace eco de otro pasaje del libro en el que, en oposición al derecho, integralmente positivo, la teología es presentada como surgida a partir de la pura razón: «El método del *tawḥīd* [teoría de la unicidad divina, base del dogma almohade] es la razón *[ᶜaql]*, lo mismo que el *tanzīh* [doctrina de los atributos divinos], sin que tanto en el uno como en el otro haya medio de servirse de la transmisión de tradiciones *[tawātur]*»[30].

Al-Gazālī actúa como un puro ašᶜarí. Al tiempo que reconoce que la naturaleza *(fiṭra)* del hombre le lleva «naturalmente» a reconocer a su creador, añade que hace falta el impulso suplementario de la revelación. La razón interviene *a posteriori* para constatar que no se puede distinguir al Dios de los profetas del Dios creador del mundo.

Cuando invoca «la naturaleza del hombre y el testimonio del Corán», ambos son inseparables porque, para él, se refuerzan mutuamente. Ibn Tūmart, por su parte, se aproxima a la primera escuela teológica del islam, el mu^{c}tazilismo, escuela partidaria del uso del razonamiento lógico contra la cual se formó, como reacción, el aš^{c}arismo. Él afirma la automaticidad de la conclusión de la existencia de un creador, ahorrándose la descripción coránica del orden del mundo. Del libro sagrado recupera la fórmula de la imposibilidad de una duda a propósito de un creador de las cosas (Corán, XIV, 10) para analizarla en términos de necesidad lógica. Asimismo, su trayectoria no es empírica sino trascendental. Desde el punto de vista dogmático, el *mahdī* se ve conducido a insistir en una teología negativa y en la predestinación del hombre, y a reservar para la plebe los datos escatalógicos tradicionales.

Al tozudo racionalismo de Ibn Tūmart, que afirma su postura de forma tajante, en textos densos, sin consideraciones anejas, y que extrae, despiadadamente, las consecuencias de sus premisas, se opone así la prudencia de al-Gazālī, que, queriendo mantener unidas vía tradicional y argumentación racional, multiplica las reservas a fin de favorecer la conciliación.

En estas condiciones, la unanimidad de los cronistas, que hicieron de Ibn Tūmart un discípulo de al-Gazālī, no deja de sorprender. Por otra parte, Averroes, cercano toda su vida a las principales autoridades almohades, fue también un adversario feroz de al-Gazālī, en tanto que teólogo, y del aš^{c}arismo. La clave de esta diferencia de punto de vista se sitúa, sin duda, en el ambiente moral de la época, ambiente que N. Barbour calificó acertadamente de «guerra psicológica»[31]. Los cronistas, que no son especialmente competentes en historia de las ideas, no hicieron más que recuperar fórmulas ya divulgadas; sólo un filósofo de formación como Averroes podía ser consciente de su vanidad.

Hacia una «recuperación» de al-Gazālī

El almohadismo estuvo lejos de conseguir la aprobación general en al-Ándalus. El mundo de los ulemas se encontraba particularmente ligado al orden almorávide, que le había prestado una atención hasta entonces inigualada, al tiempo que mantenía grandes posibilidades de apertura hacia la metodología del derecho, hacia el *kalām* e incluso hacia un sufismo moderado. En el marco del pesimismo general de los musulmanes de la Península Ibérica, la dispersión, y hasta la traición, de los reyes de taifas frente al peligro cristiano constituyó, por el contrario, un «sello de calidad» islámico para aquellos que les derrocaron.

Los almorávides y sus partidarios conservarán siempre este sello, como lo muestran la fetua de Ibn Rušd «el abuelo» *(al-ŷadd)* sobre el uso del velo por parte de los hombres, y la carta del emir a los cadíes de Valencia, dos textos a los cuales ya hemos hecho referencia. Frente a esto, Ibn Tūmart pone de manifiesto hechos con los cuales la población debía conformarse y, acusando a la dinastía gobernante de «antropomorfismo» teológico, proclama que la guerra santa debería ser dirigida más contra ella que contra los cristianos. Este tipo de argumento podía tener audiencia en el sur magrebí: sin duda el nivel intelectual de los ulemas era allí bastante bajo, y el peligro cristiano se hallaba lejos. Pero en al-Ándalus no era lo mismo. La presión de los reinos del norte se hacía sentir cada día y no podía acusarse a los ulemas de tener una concepción material de Dios.

No pudiendo obtener una fetua justificativa de su acción, como las emitidas a favor de los almorávides tanto en Occidente como en Oriente, los almohades se valieron de justificaciones que debieron hacer mella en la masa, sin inquietarse por sus debilidades argumentativas. Criticaban el uso del velo por parte de los hombres, que contrastaba con la cara descubierta de las mujeres en público, especialmente miembros de la nobleza, y de una forma general denunciaban la arrogancia y la conducta escandalosa de esta aristocracia en la que las mujeres habían adquirido una importancia inadmisible. Este tipo de argumento tenía la ventaja de satisfacer tanto a la envidia mezquina de los pequeños hacia los grandes, como al moralismo de los intelectuales. Averroes se esforzará en llevar a cabo un primer esbozo de esta unión sagrada entre la masa ignorante y los hombres que poseían la verdadera ciencia contra el mundo de los ulemas.

Asimismo, todo ello desembocó en un ataque contra el cuerpo de los ulemas. Y como estos habían manifestado su total adhesión al régimen almorávide a través de la oposición a al-Gazālī, era tentador recuperar al autor oriental como símbolo de lucha. De ahí surgieron una serie de temas fabricados para la ocasión y cuya parcialidad hemos visto: se achacó a los ulemas el no interesarse más que por la casuística, siendo su apertura a la reflexión sobre los fundamentos del derecho y de la religión silenciada e incluso negada. A continuación resultó fácil acusarles de actuar por interés:

Hipócritas, habéis adquirido vuestra reputación cual lobo
que se desliza en las tinieblas de la noche.
Gracias a la escuela de Mālik domináis el mundo y os
habéis repartido la riqueza gracias a Ibn al-Qāsim.
Habéis cabalgado alazanes grises con Ašhab, y el mundo
se ha teñido para vosotros del color de Ašhab[32]
(el poeta recurre a un juego de palabras con los nombres
de tres discípulos de Mālik que provienen de raíces que
significan «repartir», «ser gris» y «teñirse»).

Los siguientes versos van dirigidos especialmente a Ibn Ḥamdīn, culpable de la primera oposición contra al-Gazālī:

¡Oh Daŷŷāl! [un anticristo de la escatología musulmana]
es el momento de tu aparición,
¡Oh sol!, brilla en Occidente; Ibn Ḥamdīn quiere que se le
vaya a solicitar
pero sus dones están más alejados que las estrellas.
Si se le pide dictamen, se frota el trasero
para asegurar su pretensión de remontarse a Taglīb[33].

Algunos relatos populares llegaron incluso a hacer testificar al acusado contra sí mismo: «algún tiempo después del auto de fe contra las obras de al-Gazālī, Ibn Ḥamdīn vio a al-Gazālī en sueños sujetando con las manos una cadena con la cual tiraba de un cerdo. Ibn Ḥamdīn relata que saludó a al-Gazālī y que le preguntó por el cerdo. Al-Gazālī respondió que el cerdo era Ibn Ḥamdīn y que permenecería en su poder en tanto no le mostrara por qué se había hecho merecedor de su maldición»[34].

Así, los medios antialmorávides llevaron a cabo la recuperación del doctor oriental, según el principio simplista de que «los enemigos de nuestros enemigos son nuestros amigos». Las grandes autoridades del período almorávide fueron requeridas para sostener un encuentro entre al-Gazālī y el futuro *mahdī*. En vano: cuando los almohades tomaron Sevilla, en 1147, el califa preguntó a Abū Bakr Ibn al-ᶜArabī, miembro importante de la delegación de sumisión, si coincidió con Ibn Tūmart cuando frecuentaba a su maestro en Bagdad; el gran cadí salió por la tangente: «no lo vi entre sus allegados, únicamente oí decir que él debía verle»[35].

La cosa no quedó ahí. Los cronistas fabricaron encuentros, incluso imaginaron que el célebre maestro acababa de enterarse de la deshonra de sus obras y pidió a su discípulo magrebí que le vengara. El prudente ulema sevillano Ibn al-ᶜArabī fue incorporado, así, a una empresa ideológica que no dudaba en falsificar la realidad: tras haber sufrido persecución por parte de los almohades –en efecto, fue encarcelado como consecuencia de una rebelión de los sevillanos y murió poco después–, fue presentado como una víctima de los oscurantistas almorávides, adversarios de al-Gazālī y de sus discípulos: «Esta amenaza adquirió tintes indescriptibles. El más célebre de los afectados por esta revolución *[ṯawra]* fue Abū Bakr Ibn al-ᶜArabī, ya que se quemó en su fuego; posteriormente Dios lo amparó, después de grandes cosas»[36].

Estas palabras proceden de un filósofo, Ibn Ṭumlūs, quizá un discípulo de Averroes, aunque no llegara a citarle como tal. Si en ellas se expresa como un partidario ciego, su manera de recuperar a continuación desde el punto de vista intelectual tanto al *mahdī* como al doctor oriental, no carecía de habilidad: «no había pasado mucho tiempo cuando Dios envió al imām *mahdī* [de los almohades] y explicó a la gente a través de él algo que les dejó perplejos. Él incitó a la gente a la lectura de los libros de al-Gazālī, y hemos sabido, a partir de su doctrina, que estaba de acuerdo con éste [doctor oriental]»[37]. En sus escritos, medio siglo después del cambio de régimen, Ibn Ṭumlūs proyectaba la recuperación de la autoridad sunní por parte de los almohades sobre un verdadero plan de enseñanza. Ahora bien, hemos visto que las lecturas en cuestión ya se habían efectuado en al-Ándalus, mientras que tendríamos grandes dificultades para encontrar textos de Ibn Tūmart en los que se hiciera la mínima alusión a un autor reciente, cualquiera que fuera.

Difusión de la doctrina almohade

Lo que es seguro, por el contrario, es que Ibn Tūmart impuso a sus discípulos el aprendizaje de sus propios escritos. Con tal fin había redactado sus profesiones de fe y sus guías espirituales, tanto en árabe como en bereber. «Él les obligaba a recitar de memoria un capítulo de sus doctrinas todos los días. Quien no se las sabía era azotado una y dos veces y, si persistía en su ignorancia, se le daba muerte. Sus sermones y exhortaciones, que eran continuos, debían ser escuchados por todos y el que no asistía era igualmente castigado, hasta la pena máxima»[38].

Con formas más moderadas, y sobre todo más jerarquizadas en función del grado de capacidad intelectual de los individuos, esta obligación doctrinal constituye el fondo de la empresa de conquista almohade. Todavía en 1161, una carta del ministro del primer califa a sus partidarios de Bugía manifiesta explícitamente tal política: «(El califa) ordena a los que comprenden y hablan la lengua árabe leer el *tawḥīd* [o declaración del dogma almohade] en dicha lengua, desde el principio hasta su última palabra sobre los milagros [= la «profesión de fe» propiamente dicha[39]], memorizarla, comprenderla, ser asiduo a su lectura y serle fiel. Ordena que los estudiantes de las ciudades y similares lean las profesiones de fe, las memoricen y se vinculen a ellas por la vía de la comprensión, de la admonición y de la reflexión. (El califa) exhorta a las gentes del pueblo y a quienes están en las casas a leer la profesión de fe que comienza por "ten conocimiento –que Dios nos dirija por el buen camino así como a ti..." [= el segundo guía espiritual][40], a su memorización y a su comprensión. En esta obligación se engloban los hombres, las mujeres, los hombres libres, los esclavos y toda persona legalmente capaz, ya que ninguna acción les será reconocida ni palabra alguna les será admitida sin el conocimiento del *tawḥīd*. [Al que no obedezca] hay que aplicarle la sentencia del Libro y su sangre, sin duda, debe ser derramada»[41].

Averroes, el almohadismo y la filosofía

La obligación de recitar, dependiendo de su formación, sea la profesión de fe, sea una u otra de las guías espirituales, fue llamada por los cronistas «pronunciar el *tawḥīd*» y señalada por ellos como un gesto de reconocimiento del poder almohade por parte de cualquiera que se sometiera a él. Por tanto, parece seguro que el joven Averroes la llevó a cabo al rendirse Córdoba a los almohades. La expresión siguió siendo válida al menos hasta 1169, ya que el historiador Ibn Ṣāḥib al-Ṣalāt la empleó para el señor «rebelde» de Jaén, Ibn Hamušk, compañero de Ibn Mardanīš: «prometió a Dios obligarse a la obediencia del poder supremo y entrar en la ley del *tawḥīd* según la unión más completa, y confesó que Dios le había guiado hacia la doctrina recta y la compañía de la gente del *tawḥīd*»[42].

Aunque es cierto que a Averroes no le satisfacía esta adhesión forzada, la llevó a cabo con entusiasmo. Las listas de sus trabajos, en efecto, hacen mención a dos obras con títulos bien elocuentes: un *Comentario sobre la profesión de fe del imām mahdī* y un *Tratado sobre las modalidades de su entrada en el estado supremo, de su aprendizaje en él y de las virtudes de la ciencia del mahdī.* Estos textos, desgraciadamente, se han perdido. Nos habrían enseñado mucho sobre la forma exacta en la que nuestro filósofo percibía la doctrina almohade. En ausencia de ellos, nos vemos reducidos a las conjeturas. Mientras que existen algunas dificultades respecto al primer título, que quizá podría leerse también como «Comentario de la profesión de fe ḥamraní» o «de la profesión de fe ḥamdaní sobre los fundamentos», lo cual carece de toda significación en el estado actual de nuestros conocimientos, no existe ninguna con respecto al segundo, que es citado de forma idéntica por dos fuentes diferentes. En cuanto a la idea según la cual ambos títulos remitirían a la misma obra, es infundada, ya que la noción misma de *mahdī* no pertenece a la profesión de fe.

Se ha pensado en la posibilidad de que se trate de escritos de juventud, tanto más verosímil para el caso del texto que trata de la «ciencia del *mahdī*» cuanto que este tema, uno de los elementos impulsores de la revolución almohade –sin constituir por ello un dogma–, no juega ningún papel en las obras conocidas de Averroes. Se puede suponer que este fragmento sea uno de los más antiguos, remontándose quizá hasta la época en que Córdoba pasó al nuevo régimen[43]. Más tarde, el tema del *mahdī* será discutido con virulencia, no tanto por sí mismo como por la calificación de «impecabilidad» a la que se le asoció. Mientras que durante el gobierno de los dos primeros califas almohades esta acusación no se volvió a formular abiertamente, la actitud descarada del tercer califa parece remitir a un desinterés colectivo que desembocará en 1224 en la abolición oficial de tal creencia; la máxima «No hay otro *mahdī* que Jesús… [Ibn Tūmart] sólo fue designado *mahdī* porque teníais una convicción errónea sobre lo que es el *mahdī*»[44], será proclamada. Restablecido por un tiempo, este elemento de doctrina se mantendrá en Ifrīqiya hasta 1311, pero cayó pronto en desuso en el Magreb y al-Ándalus. Es muy posible que Averroes no hiciera más que anticiparse a este movimiento ineluctable.

No se tiene ninguna certeza respecto a la fecha de redacción del *Comentario sobre la profesión de fe*, credo en el que, en efecto, no se trata el tema espinoso del *mahdī*. Incluso fue considerado perfectamente ortodoxo por personas como el historiador oriental Ibn ᶜAšākir, contemporáneo de Averroes. En todo caso, los textos teológicos ulteriores del último coincidirán con la mayor parte de sus dogmas.

Hay en ello, sin embargo, una cierta distorsión. Ibn ᶜAšākir era un buen historiador, pero no especializado en el estudio de las ideas. Cuando juzgaba como perfectamente ašᶜarí el texto de Ibn Tūmart, entra en contradicción con otro analista, más docto en cuestiones de doctrina, que no es otro que Ibn Taymiyya. De éste, H. Laoust ha dicho que «encarnizado polemista, sin duda apasionado, y a veces exagerado en sus apreciaciones, era también un heresiógrafo extraordinariamente bien informado y a menudo con una gran perspicacia»[45]. Ahora bien, Ibn Taymiyya *opuso* el almohadismo al ašᶜarismo y, para la cuestión de Dios, comparó más al primero con la *falsafa*: «En cuanto a quienes se oponen a los profetas como los [pretendidos] filósofos y sus semejantes, describen a Dios por atributos negativos [...]. Sin embargo, esta doctrina es también la del autor de la *Muršida* [guía espiritual], tal como lo declaró explícitamente en un voluminoso libro en el que expuso su doctrina sobre este punto. En dicho libro, efectivamente, el autor de la *Muršida* afirmaba que Dios es el ser en sí mismo, como lo sostienen Ibn Sīnā [Avicena], Ibn Sabᶜīn y otros similares a ellos»[46].

Existe, por tanto, un parentesco espiritual entre la doctrina de Ibn Tūmart y la filosofía árabe de inspiración griega. Ello permite comprender las últimas palabras del *Discurso decisivo* de Averroes consagradas a las herejías, y en especial, a aquellas que tienen su causa en la práctica teológica: «Dios ha puesto fin a muchos de estos males, ignorancias y tendencias perniciosas gracias a tal poder vencedor. Con ello ha abierto el camino a numerosos beneficios, sobre todo para la clase de personas que se han comprometido en la vía del examen racional y que aspiran a conocer la verdad, ya que convocaron a la multitud al conocimiento de Dios –alabado sea– por una vía intermedia que se sitúa más allá del bajo nivel del conformismo imitativo, pero sin llegar a la controversia de los teólogos dialécticos; y mostraron a la elite la necesidad de comprometerse radicalmente en el examen racional de la Fuente de la Revelación»[47].

En suma, hay dos formas de percibir la actitud de Averroes frente a al-Gazālī. La primera es no ir más allá de su denuncia del sincretismo del doctor oriental. Eso es algo que seguirá haciendo, en el período de transición del siglo XIII al XIV, un escritor granadino que tratará a nuestro filósofo desde el mismo punto de vista que a al-Ṭurṭūšī[48]. Aunque acabamos de ver que esta denuncia se basa, en Averroes, en un argumento particular que es el del rigor intelectual, que sólo la práctica de la profesión de fe almohade pudo hacer apreciable, se puede ir más lejos y considerar no solamente la oposición de las formas del pensamiento, sino también de los contenidos. En este sentido, la opción almohade, según el testimonio de Ibn Taymiyya, fue igualmente decisiva y resultó una excelente preparación para la recepción de las obras de Ibn Bāŷŷa y, a través de él, del peripatetismo.

Con «preparación» únicamente queremos referirnos a un clima psicológico, no a una precedencia cronológica que nuestra total ignorancia de las fechas para este período de la vida de Averroes nos impide afirmar. La elección de la doctrina almohade es lo que permite comprender que, por primera vez en la historia de la *falsafa*, ésta desembocó en una obra de primer orden en las manos de un alfaquí, de un ulema heredero de una dinastía de magistrados y que se mantuvo en la misma vía. Si, por el contrario, queremos investigar en las razones que condujeron al individuo Averroes hacia la filosofía, es, al igual que para la mayor parte de sus semejantes, hacia la práctica científica a la que hay que dirigirse.

3. El conocimiento de la naturaleza como elevación hacia Dios

Averroes fue el primero, entre los miembros conocidos de su familia, en interesarse por lo que hoy en día llamamos «las ciencias». En su época, el saber por excelencia era el saber religioso [*ᶜilm*, saber por antonomasia]. Las disciplinas profanas, excepto las literarias, no fueron abordadas más que de forma tardía –cuando lo fueron, ya que suscitaban cierta desconfianza entre los ulemas–. Además, tales reticencias se manifestaron mucho más en el Occidente islámico que en el Oriente, donde numerosos teólogos, en especial muᶜtazilíes, mostraron su inclinación por las ciencias de la naturaleza, y si no tanto como especialistas, lo hicieron al menos por curiosidad.

Jerarquía de las ciencias profanas

La perspectiva andalusí aparece muy clara en el testamento espiritual de al-Bāŷī, una de las principales autoridades morales de la época de taifas. En dicho texto, redactado en 1081, es decir, menos de medio siglo antes del nacimiento de Averroes, el autor se extiende sobre todo en los deberes religiosos del musulmán. Como disciplina no araboislámica tradicional sólo cita la astronomía. Ésta, entonces inseparable en la mentalidad común, de la astrología, es calificada por él como «ciencia vulgar», y sólo la tolera si sirve para «el estudio de los astros desde un punto de vista científico»[1]. Aunque no lo dice explícitamente, podemos pensar que en realidad tenía en mente los diversos «signos» de los que habla el Corán, grabados en la naturaleza de la obra de Dios.

Aspirando, según la fórmula clásica, a englobar todo el saber, tanto humano como divino, la filosofía y su propedéutica que es la lógica son juzgadas con la mayor de las reservas: «Hay que leer poco de lógica y lo que escriben los filósofos, pues se basa en la infidelidad, la impiedad y el alejamiento de la ley religiosa. Sólo hay que leerlos para conocer su utilidad a fin de crear una legislación y únicamente a condición de servir a la religión. Lo que se encuentra en el Corán es suficiente»[2].

Aparición de las ciencias de la naturaleza

Con todo, Averroes no resulta en absoluto una excepción en su propio medio. Los repertorios biográficos apuntan a unos seis ulemas que se distinguieron en las ciencias de la naturaleza durante el siglo XI y casi una decena en el siglo XII; es decir, representan un quinto y después un tercio de los que practicaban estas disciplinas. Para las ciencias exactas, las cifras serían algo diferentes, pero las proporciones del mismo orden. Los otros eran, unos, especialistas puros, otros, gente que se dedicaba igualmente a materias literarias. Seguramente, en nuestra época, en la que, como ha señalado Michel Serres, hay más científicos vivos de los que nunca antes hubo en toda la historia de la humanidad, estas pequeñas cantidades podrían incitar a la risa. No por ello, sin embargo, dichas cifras son menos significativas, básicamente en dos sentidos.

Primero, en sí mismas. A pesar de las palabras de al-Bāŷī, los ulemas que se interesaban por el saber profano, que no fuera el literario, eran escasos pero no inexistentes, duplicándose su número entre los siglos XI y XII. A modo de ejemplo, señalemos que en el origen de la más célebre tradición familiar de la medicina en al-Ándalus, la de los Banū Zuhr, figuran dos hombres que se distinguieron no sólo en esta materia sino en *fiqh*, en el caso del primero (ᶜAbd al-Malik), y en hadiz en el caso del segundo (su hijo Abū l-ᶜAlā, padre a su vez del famoso Abū Marwān, con el que volveremos a encontrarnos entre los amigos de Averroes).

En cuanto al ascenso que estas cifras denotan, hay que apuntar que va unido a un cambio significativo de perspectiva. En principio se preferían las matemáticas y las ciencias exactas, en general, ya que las primeras podían aplicarse a las necesidades jurídicas, como la ciencia del derecho de partición de herencias. Podían igualmente ser asociadas a la formación de la «integridad del hombre», al igual que prolongaban los rudimentos de cálculo que formaban parte obligatoria de la enseñanza elemental. Como consecuencia, la medicina –principal representante de las ciencias de la naturaleza– era asociada bien a las matemáticas, bien a las disciplinas literarias. Después, el estado de ánimo cambió. Las matemáticas, que hasta entonces habían servido de trampolín para la especulación intelectual (sobre todo esotérica), perdieron fuerza y se limitaron a la aplicación práctica, como la contabilidad, o se convirtieron en el quehacer de individuos aislados. Por el contrario, las ciencias de la naturaleza se consolidaron en el siglo XII y su práctica se inscribió en sistemas de enseñanza, incluso de filiación familiar, que permitieron la constitución de verdaderas tradiciones científicas. La medicina continuó siendo con mucho la materia preferida, dejando muy poco espacio a la botánica y a la química, y tendiendo, por ello, a acaparar el espíritu especulativo.

El catálogo de las obras de Averroes es extremadamente variado y cubre aspectos a la vez específicamente árabes, como la poesía y la gramática, o islámicos, como el *fiqh*, mientras otros reposan sobre un saber «extranjero» (griego, pero también persa, incluso hindú), como la física, la botánica, la zoología, la astronomía y sobre todo la medicina y la filosofía. Entre estas últimas las únicas materias importantes que se le escapan son la música, que era entonces una ciencia (en la que se habían cultivado grandes filósofos como al-Kindī, Avicena y sobre todo al-Fārābī o Alfarabi en Oriente; y Abū l-Ṣalt y en especial Ibn Bāŷŷa en Occidente) y la química, no emancipada aún de la alquimia.

Averroes, ¿espíritu universal?

¿Cuándo abordó las ciencias profanas? A falta de conocer esta fecha y conforme al plan de educación general seguido en al-Ándalus, cabe decir que posiblemente no se consagró a ellas antes de su adolescencia, ni aún en su juventud. Ciertamente, podemos invocar unos estudios superiores particulares. Es así que el célebre cirujano cordobés del siglo x, Abū l-Qāsim al-Zahrawī, había propuesto, en la sexta parte del segundo libro de su gran tratado, un plan de educación relevante. Dada la psicología infantil, decía, el niño debería formarse primeramente en la casa paterna, ir después a la escuela coránica *(kuttāb)* para aprender allí, además del Libro sagrado y las bases de la religión islámica, la lectura, la escritura y la gramática. A continuación, otro maestro le enseñaría aritmética, geometría, astronomía y música. Vendría entonces la lógica, la filosofía y, ya en este estadio, la medicina. Tal esquema, que comporta evidentes reminiscencias de la educación antigua, indudablemente no fue aplicado, al menos en su totalidad, encontrándose demasiado alejado del modelo en vigor que ya vimos. La filosofía, de todas formas, era demasiado poco admitida como para constituir un preliminar del estudio, incluso profundo, de las ciencias. La reflexión filosófica era entonces más bien una salida posible –no necesaria– de la práctica científica.

Por otra parte, hay que señalar que Averroes se ocupó de determinadas disciplinas sólo de forma indirecta, bajo el aspecto de comentarios de autores antiguos, especialmente Aristóteles o Galeno. En esto, se contentó con aportar una orientación particular, marcada por la elección de autores-guías, tal como se solía hacer, ya que la civilización árabe clásica procedía con mucha frecuencia comentando un tratado anterior, ¡incluso comentando un comentario!

En una disciplina, no obstante, superó este estadio para llegar hasta la observación directa: en la astronomía. En la medida en que ésta implica la representación del sistema del mundo, nuestro autor profundizó en ella con la esperanza de llegar un día a una verdadera reforma de dicha ciencia. Fue en vano; Averroes no pasó de ser un aficionado ilustrado en la materia, capaz únicamente de observaciones y cálculos menores.

Pero, más que la diversidad de los centros de interés, lo que es notable en Averroes es que pudiera, en ciertos casos, rebasar la fase de la simple curiosidad para elevarse a la especialización y a la práctica profesional. Ciertamente, practicó *conjuntamente* el derecho musulmán *y* la medicina. Ahora bien, la gente no era benevolente con los aficionados, según muestra la siguiente anécdota: en Córdoba, a principios del siglo XI, una viuda afirmaba estar encinta desde hacía dos años. Los parientes del difunto se oponían a que tal embarazo pudiera modificar el reparto de la herencia. El cadí, perplejo, envió a ambas partes a un jurista que se las daba de médico. Éste, tras sermonear a la mujer, le sugirió que podía padecer la enfermedad de *rahā,* enfermedad del útero que provocaba embarazos nerviosos, ante lo cual la demandante le reprendió ásperamente, diciendo que no había sido consultado como médico sino como jurista. Y cuando el asunto, más tarde, volvió a serle planteado, tuvo que someterse a la opinión de las mujeres expertas[3].

Por otra parte, todavía a principios del siglo XII, los médicos más reputados de al-Ándalus eran los cristianos y los judíos. Según el testimonio del filósofo Abū l-Ṣalt, estos excedían con mucho a sus homólogos musulmanes. Es verdad que Abū l-Ṣalt escribió eso desde Egipto, adonde se había expatriado, y que sus palabras estaban algo tergiversadas por el rencor, pero bien parecen hacerse eco de un sentimiento general. En la misma época, esta preferencia del público por los médicos no musulmanes desemboca, en Fez, en una denuncia en regla contra un facultativo judío que «lleva un turbante, anillos, cabalga corceles, se sienta en su consulta sin ponerse el cinturón *[zunnār]* ni la marca distintiva *[giyār]* de los tributarios, rivalizando en elegancia con los notables musulmanes mejor situados»[4].

Medicina y médicos

Ambos ejemplos explican el hecho de que la profesión de médico no tenía entonces mucho que ver con la concepción normalizada que tenemos de ella hoy en día[5]. El título de médico no era concedido más que en escasas ocasiones, especialmente si se estaba ligado a un soberano. Ello suponía una adquisición de fama bien por una práctica informal personal, bien por la pertenencia a una dinastía profesional prestigiosa. La mayor parte de las veces, el médico era, de alguna manera, «capaz de suministrar tratamientos médicos». Es decir, que se establecía entre el solicitante y quien se ofrecía (o quien, como mínimo, respondía a la consulta) una especie de contrato, regateo incluido: «Cuidarás a fulano de tal síntoma y te daré tanto si tienes éxito». A veces se entregaba una señal reembolsable en caso de fracaso. Podían también producirse discusiones al final del tratamiento en cuanto al éxito del mismo o bien en cuanto al montante de los honorarios que hubieran sido fijados sólo de forma oral. Si el asunto llegaba al juez, éste exigiría el juramento de cada una de las partes, ¡pero a veces éstas juraban por cantidades tan diferentes!

La denominación de «médico» *(ṭabīb)* entrañaba una instrucción libresca y una habilidad reconocida; estaba reservada a las personas más cualificadas, sin exceptuar a las mujeres, llamadas *ṭabība*. En un nivel de aptitud media (no obstante real) desde el punto de vista teórico, y a pesar de una habilidad práctica incontestable, se utilizaba la forma atenuada de *mutaṭabbib*, que E. Lévi-Provençal consideraba como «una especie de oficial de sanidad». Se trataba sobre todo de personas que conocían las recetas y los procedimientos cuya eficacia estaba demostrada, pero que no habían sido garantizados por la medicina antigua. Asimismo, muchos de estos individuos eran también inspectores de mercados y fraudes *(muḥtasib)*, oficio que exigía el conocimiento de multitud de detalles concretos y de procedimientos empíricos. A este grupo pertenecían también los que practicaban sangrías. En cuanto a los curanderos y charlatanes, provenían de un mundo completamente diferente: denunciados por los especialistas, eran, sin embargo, reconocidos por numerosos juristas que exigían solamente que sus talismanes y sortilegios hubieran sido elaborados en el nombre de Dios e incluyeran pasajes del Corán. Las colecciones de tradiciones proféticas suelen incluir un capítulo «sobre medicina», en el que se compilaban las anécdotas sobre la manera en que el Profeta del islam cuidaba y aconsejaba a los enfermos de su entorno. Esta «medicina del Profeta» competía cada vez más con la medicina científica heredada de los griegos, y hay que atribuir un gran mérito a los ulemas como Averroes que siguieron ligados a esta última. Para eliminar a los aficionados peligrosos, en Oriente se propuso en los siglos IX y X someter a exámenes a los candidatos. En al-Ándalus, la idea parece haber sido rara vez llevada a la práctica.

Escalafón de enseñanzas y tratamientos

Mientras que en Oriente existieron, desde muy pronto, hospitales, algunos prestigiosos, en los cuales se dispensaban a la vez cuidados y enseñanza clínica, ninguno aparece atestiguado en la Península Ibérica antes del siglo XIV. Como mucho existían edificios públicos en los que se acogía a los enfermos; los estudiantes no tenían acceso a ellos y tenían que completar su formación fuera, a veces al otro lado del Mediterráneo.

En cambio, desde el siglo X florecieron, especialmente en Córdoba, célebres escuelas privadas; citemos la del gran Abūl-Qāsim al-Zahrawī, cuya *Cirugía*, traducida incluso a lenguas vernáculas como el occitano, hizo muy famoso en Europa el nombre de su autor, latinizado como Abulcasis. Pero el mismo Averroes dio testimonio de algo cuya tradición nadie mantuvo en su tiempo.

Asimismo, es probablemente a una tercera moda de enseñanza a la cual hay que ligar a nuestro joven letrado, apasionado por la ciencia: la de la tutela de un individuo o de un pequeño grupo de individuos por parte de un maestro. La tradición familiar, de la cual al-Ándalus nos dio varios ejemplos, era favorable a este sistema ya que permitía una mayor espontaneidad en las relaciones enseñante-enseñado. La transmisión del saber era incluso posible de un padre a su hija, como en el caso de Abū Marwān Ibn Zuhr y su hija Umm ᶜAmr, que cuidaría de las mujeres, hijos y esclavos de la nobleza almohade y que daría consejos para los tratamientos de los hombres.

Si en Oriente esta enseñanza suponía la existencia de manuales especialmente en forma de pregunta-respuesta, en al-Ándalus procedía sobre todo de discusiones y debates. Tras una primera formación teórica, el discípulo acompañaba al maestro en sus visitas médicas. Ciertos teóricos exigían al médico abrir una ficha para cada enfermo para indicar en ella los síntomas, el diagnóstico y la terapia. Esta ficha debía servir en caso de muerte del paciente y de denuncia por parte de su familia, para que fuera examinada por un médico competente, pero si tal práctica fue respetada, lo cual ignoramos, la ficha, sin duda, debió servir a los estudiantes. En principio, esta enseñanza se continuaba hasta que el alumno obtenía su «licencia para ejercer» *(iŷāza)*; pero todo el que se hacía llamar *ṭabīb* no lo era necesariamente, ya que dicho título dependía más de la fama que del diploma.

De forma general, el tratamiento de los enfermos era alopático: cada anomalía era tratada con la ayuda de un producto que reagrupaba las cualidades contrarias, de acuerdo con la teoría de Galeno. Éste postulaba que el paciente constituye un equilibrio particular entre las «cualidades» y los «humores» –sangre, bilis, etc.–, los cuales combinan de dos en dos criterios de calor y de sequedad. En consecuencia, la enfermedad proviene de un exceso de tal o cual humor; el médico elimina directamente su excedente cuando es posible (como a través de la sangría), o aplica al paciente una droga que presente las cualidades contrarias a las del humor en cuestión. Sobre esta base se incorporan multitud de consideraciones teniendo en cuenta la anatomía, el medio, etc. Algunos, como Abū l-Ṣalt en su carta de Egipto, propusieron otro tipo de tratamiento que daría preferencia a la comunicación con el enfermo en lugar del uso de medicamentos, pero apenas tuvieron eco.

El tratamiento con drogas, y de forma general la teoría de los humores que lo sustenta, ofrecen, en efecto, una ventaja particular a la cual nuestra época es apenas sensible, pero que antaño gozó de gran prestigio: a la satisfacción del cuerpo, obtenida por las curaciones que permite en la realidad este método de diagnóstico, se añade la satisfacción del espíritu, que piensa que un misterio de la naturaleza ha sido penetrado y domesticado por el hombre. La jerarquía entre *ṭabīb* y *mutaṭabbib* reposaba únicamente en este punto ya que ambos obtenían los mismos resultados prácticos. Pero el primero les añadía la aureola del saber. El médico no lograba el éxito solamente por suerte, sino porque conocía los aspectos ocultos de nuestro universo.

Aquí se opera una escisión en la mentalidad del público. La gente podía no considerar más que este poder oculto y recurrir entonces a los magos, fabricantes de talismanes, etc. Pero si se suponía que la naturaleza sigue un *orden* y que el poder del médico existe sólo en tanto que es capaz de captar su *razón*, la vía quedaba abierta para la investigación científica propiamente dicha, tal como al menos la hemos concebido hasta el siglo XX; es decir, organizada en torno a la idea de *leyes* de la naturaleza.

Sin embargo, la idea del orden no es islámica, ya que el Corán no conoce más que la «costumbre de Dios» *(sunnat Allāh)*; es decir, el hecho de que Dios, que a cada instante podría recrear un mundo completamente diferente del anterior, se imponga a Sí mismo seguir las mismas «regularidades» en el desarrollo de los hechos y de los acontecimientos, regularidades que Él no altera más que por el milagro. La idea del orden forma parte de la esencia del pensamiento griego. Es la significación primera de la palabra *cosmos* y, en consecuencia, cualquier estudio cosmológico, cualquier examen del mundo bajo la forma que sea remite a unas leyes. El *faylasūf*, el filósofo árabe de inspiración helénica, se limitaba a postular que la «costumbre de Dios» constituye la norma, y el milagro la excepción, y que, consecuentemente, sólo la regularidad merece ser tomada en consideración; ello podría constituir un argumento para el teólogo.

A través de eso, vemos diseñarse una perspectiva particular, consistente en enfocar la búsqueda de las constantes, después de su razón de ser, como una verdadera misión religiosa. El médico que establecía la clasificación de los síntomas, reuniéndolos en esquemas explicativos, penetraba parte del ámbito de lo «oculto» *[gayb]* que el Corán reserva a Dios. Eso representaba, evidentemente, un riesgo; asimismo, numerosos médicos se contentaban con obtener resultados prácticos, considerando la teoría como el mero soporte de su acción, o todo lo más como un lenguaje técnico cuyo carácter esotérico mantenía la disciplina del arcano, a la cual el mundo islámico se encontraba muy ligado. Pero otros hicieron hincapié en el valor de la teoría por sí misma. Ambos aspectos se encontraban en los maestros del joven Averroes.

Maestros e inspiradores de Averroes

No podemos explicarnos su interés por las ciencias a través de su formación tradicional. Su maestro en literatura, Abū Bakr Ibn Samaḥūn o Samaŷūn, enseñaba no sólo el Corán y gramática, sino además matemáticas, pero no sabemos si eso iba más allá de los rudimentos del cálculo, y esto último, ya lo hemos visto, no era del todo excepcional.

Aunque Averroes estudió diversas disciplinas, como astronomía, zoología, etc., los biógrafos andalusíes no hablan más que de sus estudios de medicina y citan a Abū Marwān b. Ŷurīŷul (arabización de Gudriol) de Valencia como su profesor. Dicho personaje, conocido también bajo el nombre de Ibn Qabburāt, había abandonado su ciudad natal para establecerse en Córdoba. A pesar de no parecer que fuera una figura sobresaliente, hay que señalar que fue discípulo del célebre médico, farmacólogo y sobre todo agrónomo Ibn Wāfid *(ca.* 1007-1074).

Para tratar de situar el espíritu de esta escala de la enseñanza que desembocó en Averroes, podemos partir del tratado de agronomía de Ibn Wāfid, la *Summa (Maŷmūᶜ),* cuya atribución no es totalmente indiscutible, pero que representa el punto esencial para enfocar su acción. Es un manual práctico en el que se multiplican los detalles, a veces pintorescos, aunque Ibn Wāfid no haga alusiones a sus propias experiencias, sobre las cuales, por otra parte, contamos con testimonios tales como la aclimatación de las plantas y quizá su fecundación artificial, lo que es más la obra de un botánico que de un experto agrícola. Además, fue el primero en al-Ándalus en estudiar las plantas por sí mismas y no para la farmacología. A pesar de que era médico, separó ambas cosas e incluyó la aplicación médica en otra obra que consagró a las drogas simples y en la que reunió una vasta documentación bibliográfica, al tiempo que mostraba una gran práctica en la aplicación de ciertos remedios particulares de su región natal, Toledo. Es muy probable que el *Libro de las experiencias* (perdido) de Ibn Bāŷŷa lo siguiera y completara.

Pero lo más importante es que la mencionada *Summa* de Ibn Wāfid constituyó una etapa importante en la formación científica de al-Ándalus. Se trata de una obra equilibrada en la que el orden de exposición es mucho más sistemático que en los agrónomos latinos, en los cuales, no obstante, se basa. La formación teórica de Ibn Wāfid era tan pujante como su aptitud experimental. Citó a autores clásicos y orientales, en pequeño número pero repetidos con frecuencia. A veces, incluso no veía la necesidad de mencionar a una autoridad concreta y atribuía una opinión a los «sabios» en general.

La línea Ibn Wāfid-Ibn Ŷurīyūl muestra, por tanto, los comienzos andalusíes de una obra científicamente organizada, favorable a la formación de un pensamiento globalizante. Sin embargo, no explica la aparición de un filósofo alimentado de textos clásicos.

¿Conoció Averroes a Ibn Bāŷŷa?

Algunos estudiosos han pensado que el joven Averroes habría conocido personalmente a Ibn Bāŷŷa. Nacido en Zaragoza, región más independiente de las grandes instituciones religiosas e impregnada, gracias a una mezcolanza de comunidades, de las ideas y textos venidos de Oriente,

Ibn Bāŷŷa había leído a al-Fārābī, alcanzando en su tiempo la talla de un filósofo confirmado. Pero Ibn Bāŷŷa murió, como muy tarde, cuando Averroes tenía trece años.

Nos hemos volcado en la anotación realizada por el único autor oriental –tardío– Ibn Abū ᶜUṣaybiᶜa (muerto en 1270), según la cual, «Averroes se dedicó a las ciencias *[taᶜlīm]* y a la medicina con Abū Ŷaᶜfar b. Hārūn, lo frecuentó durante mucho tiempo y aprendió de él mucho de las ciencias filosóficas *[al-culūm al-ḥikmīyya]*»[6]. Pero esta frase, en su aridez, plantea muchos problemas.

Ibn Hārūn no es un desconocido. Originario de Trujillo, se había especializado en oftalmología. Es señalado como autoridad tanto en farmacología como en tradiciones proféticas, lo cual lo sitúa con Averroes en el mismo pequeño grupo de ulemas apasionados por el saber antiguo. Ibn Hārūn puede aparecer como un buen iniciador ya que, nos dice el historiador oriental, conocía a la perfección las ciencias filosóficas y era versado en las obras de Aristóteles y de los otros filósofos de la Antigüedad. Pero no sabemos ni de dónde le venía este gusto ni cuándo entró Averroes en contacto con él.

Respecto al segundo punto, Ibn Hārūn apareció en la escena pública tras ser nombrado médico del gobernador de Sevilla y futuro califa; es decir, después de 1149. Ello podría significar dos cosas: por una parte, incluso si –y es lo más verosímil– inició a Averroes en Aristóteles, fue bastante tarde (a partir de los veintitrés años), cuando nuestro joven intelectual se inclinó abiertamente hacia el pensador griego; por otra parte, se produjo dentro de la revolución político-religiosa encarnada por los almohades donde Averroes dio este paso decisivo.

El primer punto no lo sostiene ningún indicio preciso. Nos vemos limitados a las suposiciones: sea un conocimiento, a través de Ibn Hārūn, de la obra de Ibn Bāŷŷa, sea una trayectoria paralela a la suya. La primera hipótesis es plausible, incluso bajo la forma de un contacto personal. El pensador de Zaragoza debió, en efecto, huir de su ciudad, tomada por los cristianos en 1118, y refugiarse en el sur; se encontraba en Sevilla en 1136 y si Ibn Hārūn también se encontraba en esta ciudad, debió sin duda frecuentarlo allí. El paralelismo de sus trayectorias, por el contrario, es mucho más difícil de imaginar a la vista de las divergentes orientaciones de sus psicologías respectivas. Ibn Hārūn se dedicó tanto a la disciplina religiosa como a la ciencia de la naturaleza. Ibn Bāŷŷa no se interesó por la primera; era ante todo un matemático. Según su propio testimonio, comenzó sus estudios científicos superiores por la música y la astronomía; a continuación se inició en la lógica con la lectura de al-Fārābī, antes de consagrarse a la física o filosofía de la naturaleza.

Tanto en un caso como en el otro, no obstante, el punto de encuentro entre los dos es precisamente la física, la cual, por otra parte, jugaba un papel de pivote, ya que articulaba filosofía y práctica científica. En ella, efectivamente, se realizaba el proceso de la intelección, de la percepción conceptual de las cosas, actividad que constituye el carácter específico del hombre. Eso permitió a Ibn Bāŷŷa recuperar de forma radical el problema de la *falsafa* contra las críticas de al-Gazālī, quien había pretendido sustituirla por la experiencia mística.

El punto de partida de Ibn Bāŷŷa fue, al menos en su formulación, el mismo que el de al-Gazālī: el fin del hombre es la felicidad suprema. Pero mientras que el autor oriental, siguiendo a los sufíes, creía que sólo podía residir en la delectación, la «gustación» de Dios, el andalusí no creía que ello fuera posible y puso en tela de juicio al mismo al-Gazālī al afirmar: «Éstas son puras suposiciones y cosas que provocan las imitaciones de la verdad. Pues lo que se muestra claramente de su vida es que este hombre no ha alcanzado esa especie de [disfrute científico], ni siquiera otros más dignos que él y que ha confundido, o se ha confundido él mismo, con los fantasmas de la verdad. Esto, en efecto, se evidencia por el hecho incluso de que él haga del fin –la manifestación del mundo inteligible– una aserción y la delectación de las maravillas que el hombre ve en este mundo. Y da como ejemplo de ello las grandes ciudades: el hombre disfruta de llegar a ellas y de contemplar las manifestaciones de sus cualidades y las de sus barrios. Pero ¿cómo [puede ser así] en el caso del mundo inteligible…?»[7].

La mística sólo consigue una idea o «forma espiritual» individual; es decir, un simulacro de la verdad. Es por ignorancia por lo que cree alcanzar el conocimiento puro. De hecho, éste supone pasar por la sabiduría de las cosas, que a su vez procede de la razón.

Yendo más lejos que el propio Aristóteles, Ibn Bāŷŷa afirmó que había sustancias desprovistas de relación con la materia y que, no obstante, el intelecto humano podía percibirlas: «El que practica la ciencia de la naturaleza se eleva a continuación a otro grado donde contempla los inteligibles, [ya] no en tanto que inteligibles llamados materiales o espirituales, sino en tanto que los inteligibles son uno de los existentes del mundo. Supongamos que una cosa adquiere un inteligible cualquiera; su relación con el supuesto inteligible será la relación de este supuesto inteligible con su individuo, de manera que esta especie de inteligible se convertirá en un término medio para la relación. El hombre no se iguala a este inteligible del tercer grado más que a través de la inteligencia primera»[8].

Este conocimiento inmediato del más allá, que establece una unión del alma humana con el intelecto agente, emanación suprema, es posible aquí abajo y representa la perfección última del intelecto del hombre, la cual resulta más consumada que la perfección natural consistente en adquirir las facultades aproximándose a objetos determinados y es, por tanto, una perfección perecedera. Por el contrario, el logro de la unión del intelecto con el intelecto agente es verdaderamente de orden divino. La persona, entonces, ya no es tenida en cuenta, lo cual conduce a Ibn Bāŷŷa a afirmar que el intelecto humano constituye una unidad en la cual los individuos no hacen otra cosa que participar.

Tenemos ahí elementos de lo que más tarde será el pensamiento de Averroes. ¿Cómo tuvo conocimiento de ellos? No lo sabemos. Puede que Ibn Hārūn sirviera de medio de transmisión. Puede que este mismo o que Averroes hicieran uso de ellos con respecto a Ibn Bāŷŷa, al igual que éste pretendía haber actuado por su cuenta frente a al-Fārābī al afirmar que a partir de algunos de sus textos que llegaron a al-Ándalus dedujo el fin buscado, pero dichos textos no le aportaban el contenido de los pasos seguidos, y fue él, Ibn Bāŷŷa, quien tuvo que recuperarlos, a partir del texto de Aristóteles, y especialmente de la *Ética a Nicómaco*.

En la primera fase de su actividad filosófica, Averroes no solamente mostrará un buen conocimiento de los textos de

Ibn Bāŷŷa, sino que dará pruebas de una real dependencia de él. Por tanto, habría tenido que asimilarse a un pensamiento que los defensores de la visión tradicional, como el historiador de las letras Ibn Jāqān, calificaban entonces como abiertamente heréticas.

4. Una personalidad comprometida pero discreta

Ya adulto, Averroes dio testimonio de opciones bien marcadas. Heredero de una dinastía de magistrados, seguirá la misma vía, pero nada más; se apoyará en una corriente ya existente, numéricamente débil pero no obstante creciente, para extender su actividad intelectual, más allá de las ciencias religiosas y de las disciplinas árabes tradicionales, hacia las ciencias profanas y el conocimiento del mundo. Nieto e hijo de fieles servidores del régimen almorávide, pasó por encima de la veneración filial para tomar posiciones en favor del movimiento revolucionario que conquistó su país, al tiempo que, entre los veinte y veinticinco años, se encontraba en la edad de la exaltación ideológica. Así, la opción en favor de una renovación religiosa racionalizante reforzó el gusto por rebasar los estudios tradicionales sin renegar de ellos y garantizó el paso hacia la elaboración de un saber total.

Inabarcable Averroes

Pero ésas eran posturas intelectuales. El mismo personaje en gran parte se nos escapa. ¿Qué sabemos de su apariencia física? Casi nada; en el panegírico que el poeta Ibn Quzmān dedicó a un Averroes todavía joven decía que era «apuesto», pero ¿hasta qué punto no se trataba únicamente de una fórmula obligada? De la misma manera, según una leyenda, era gordo a pesar de que no hacía, se dice, más que una comida al día. Es solamente por su testimonio incidental, en su gran tratado médico, por lo que sabemos que padecía artritis crónica en las manos y en los pies, de resultas de un mal tratamiento de unas fiebres que conllevaban la inflamación de los miembros.

Barba y turbante

La mayor parte de los retratos de Averroes que circulan por la Europa cristiana muestran a un personaje barbudo y tocado con turbante. Esta representación estereotipada se ve reforzada por la postura de sumisión a menudo atribuida a Averroes, al que vemos a veces prosternado a los pies de santo Tomás de Aquino o de la Iglesia. Los atributos de la barba y el turbante, que los occidentales asignan a todo oriental, real o asimilado (como el judío), merecen algunas puntualizaciones. La barba era llevada por los hombres adultos, pero en ciertos casos podía ser arreglada e incluso parcialmente afeitada. Los «refinados» se la teñían de acuerdo con el ejemplo que a principios del siglo IX diera el célebre esteta Ziryāb. Pero llevar la barba sin cortar y descuidada era un signo de piedad. Así, paradójicamente, cuando los pintores de la Edad Media o del Renacimiento representaban a un Averroes muy barbudo, creyendo asimilarlo a Platón, del cual sólo la ropa lo distinguiría, subrayaban de hecho, involuntariamente, su carácter de buen musulmán.

El turbante no era solamente un tocado; era también un símbolo y un signo de prestigio. Al-Ándalus no llegó al punto al que llegarían los turcos más tarde, con los gigantescos turbantes que llevaban los notables, esculpidos hasta sobre la estela de sus tumbas, pero el país adoptó esta moda bajo la influencia bereber. El turbante, sin embargo, no destronó al casquete, generalmente utilizado antes. Si Averroes, en tanto que magistrado, pertenecía a la categoría social que se cubría la cabeza en cualquier actividad pública, incluida la calle, imaginarse a un hombre con turbante en su mesa de trabajo es un disparate.

De una manera general, sabemos que Averroes no se preocupaba mucho por su aspecto. Al revelar con satisfacción que un príncipe, cuando le fue presentado y una vez le hubo mostrado aquello de lo que era capaz, le recompensó con un traje de honor, es el gesto más que el objeto lo que le interesa. Un testigo de sus últimos años relatará que «llevaba ropas gastadas»[1] incluso en los períodos en que ocupó cargos relevantes.

Mientras que todo el mundo pondera su capacidad de trabajo, nosotros entrevemos otras características en la anécdota siguiente: «Se cuenta que no abandonó la reflexión ni la lectura desde que había llegado a la edad de la razón, excepto la noche en que murió su padre y la de su boda»[2]. Aunque el orden cronológico se encuentre aquí mal dispuesto, teniendo lugar el primer acontecimiento cuando Averroes tenía ya cuarenta y dos años, es lógico en el orden islámico insistir en el signo de piedad filial que constituye el sacrificio del estudio por la vigilia fúnebre ritual. Hemos visto que dicha piedad filial se prolongaba en una verdadera veneración por el abuelo al que, por otra parte, Averroes no conoció. En cuanto al matrimonio, si el testigo lo consideró secundario, hay que señalar que hablaba en singular. Puesto que el islam condena el celibato, Averroes se casó, probablemente hacia los veinte años. Pero no fue polígamo. Sabemos, además, que tuvo al menos dos hijos. El primogénito, Abū l-Qāsim Aḥmad, cuya fecha de nacimiento no conocemos, siguió la tradición familiar del cadiazgo. El otro, ᶜAbd Allāh, también nació en una fecha desconocida. Al igual que él mismo se formó con su padre, Averroes transmitió una parte de su saber a sus dos hijos, más, sin duda, al segundo, que siguió también la vía filosófica. El entendimiento entre ambos hombres pudo incluso llegar a una cierta colaboración.

Es posible que Averroes tuviera otros hijos, pero sólo un autor europeo del siglo XIII hablará de «los hijos» de Averroes en plural, sin aportar otra precisión. Ignoramos igualmente si Averroes tuvo hijas, aunque era natural no mencionarlas.

Un hombre modesto y discreto

¿Cómo fue juzgado tal personaje por sus contemporáneos? Las apreciaciones varían según el punto de vista del observador: el panegirista no aspira más que a adular y se mantiene en la vaguedad, tanto más cuanto que el hombre joven del que habló Ibn Quzmān todavía no había producido nada notable y se distingue públicamente sobre todo por su nacimiento:

> Es de aspiración elevada, pura.
> Cualquiera que carece de saber se dirige a él.
> Las virtudes de su padre son en él naturaleza[3].

Pero podemos encontrar este género de fórmula comodín en la frase introductoria de la reseña que le consagró el historiador oriental de la medicina Ibn Abū ᶜUṣaybiᶜa: «Era célebre por su virtud y estaba muy preocupado por aprender las ciencias»[4]. Asimismo, este escritor sintió la necesidad de completar el estereotipo con el testimonio de un colega de Averroes: «El cadí Abū Marwān al-Bāŷī me dijo: "El cadí Abū l-Walīd Ibn Rušd pronunciaba sentencias firmes y era un hombre inteligente [...]. Daba pruebas de fortaleza de espíritu"»[5].

Esta última puntualización muestra que los contemporáneos andalusíes fueron muy sensibles a la actividad del hombre público y a las cualidades de Averroes en esta esfera de su vida: «A pesar de su mérito, era el más modesto de los hombres y el más recogido [...]. Fue cadí de Córdoba [...] y su reputación magnificada; alcanzó un gran prestigio ante los príncipes, reputación de la cual no sacó partido para mejorar su situación ni para amasar dinero, antes bien la consagró a los intereses de la gente de su ciudad, en particular, y a lo que era útil a la gente de al-Ándalus, en general»[6]. La última frase del andalusí Ibn al-Abbār fue reproducida casi textualmente por el magrebí al-Anṣārī cuarenta años más tarde[7].

La virtud de la discreción es aún subrayada por Ibn Sabᶜīn, filósofo sufí que vivió en el norte de África, Egipto y La Meca, y que, no obstante su origen andalusí, le denigró violentamente como autor: «La mayor parte de sus composiciones proceden de la enseñanza de Aristóteles, unas veces comentándole y otras siguiendo sus obras. En sí mismo era de poca envergadura, de escasa comprensión, de pobre imaginación y sin intuición. De cualquier forma, fue un hombre excelente, discreto, equitativo y consciente de su debilidad»[8].

Personaje desinteresado y hombre modesto, estos son los rasgos que todos, incluidos sus adversarios doctrinales, le reconocieron. Son dos notables virtudes. La corrupción era entonces algo muy corriente. Y, a pesar de las exhortaciones del Corán, la jactancia, tan arraigada en la mentalidad árabe preislámica, permanecía omnipresente.

Un patriota andalusí

El arabista español M. Cruz Hernández ha insistido en numerosas ocasiones en lo que él llama el «andalusismo» de Averroes[9]. Ha señalado diversos textos suyos que revelan el entusiasmo que sentía por su país natal, su clima, sus habitantes ¡e incluso su cocina! Este patriotismo tiene seguramente un aspecto simpático, aunque no siempre de forma inequívoca. Tal sentimiento, en efecto, a veces podía empobrecerse y convertirse en un franco chovinismo, como cuando Averroes opuso las virtudes de Córdoba a las de Sevilla, que no es ni mucho menos un lugar lejano; vuelve a pasar, cuando una anécdota célebre le hizo considerar su ciudad un lugar privilegiado del saber, siendo su rival el de las distracciones, pero ¿qué decir del agua del Guadalquivir, que era mejor cuanto más cerca se hallaba de su fuente, o de los corderos cuya lana era más bonita? ¡Ni siquiera los más grandes espíritus están a salvo de ciertas mezquindades!

La negación del anteislam

Más allá de estas cuestiones menores, su patriotismo andalusí condujo a Averroes a plantear implícitamente ciertos problemas de fondo. Para comprenderlo hay que recordar que, más aún en el mundo islámico que fuera de él, la ficción según la cual, en materia de producción del espíritu, todo comenzó con la islamización era omnipresente en al-Ándalus. Desde luego, en la práctica, se sabía buscar el apoyo de los precedentes locales. Los historiadores de las ciencias mostraron hasta finales del siglo x, y en esferas muy próximas al poder musulmán, una verdadera «supervivencia de la ciencia isidoriana»; es decir, la que había sido sintetizada a principios del siglo vii por san Isidoro de Sevilla[10]. Pero, desde el período califal, la referencia árabe tendió a convertirse en exclusiva y los recuerdos del pasado autóctono se tornaron definitivamente inconfesables. Las razones que lo explican podrían ser políticas, como en el caso de Ibn Ŷulŷul (finales del siglo x), quien ignoró deliberadamente en sus *Categorías de médicos* a los que, en su época, ejercían fuera de la esfera califal y, por tanto, a los no musulmanes, judíos y cristianos[11]. Pero la mayor parte de las veces los móviles son muy difusos.

El historiador de las ideas Ṣāʿid de Toledo se convirtió, en el siglo XI, en el portavoz de esta ceguera voluntaria de sus contemporáneos. Tras haber mostrado que las regiones demasiado frías o demasiado calurosas no podían producir actividades del espíritu, añadió el caso de pueblos que, aunque pertenecían a regiones templadas, no habían producido nada en absoluto, según él, manifestando así la voluntad de Dios: «Los gallegos, los bereberes, habitantes todos de regiones del Occidente pertenecientes a esta categoría, son pueblos a los que Alá ha dotado particularmente de turbulencia y de ceguera»[12]. Y más tarde precisa: «… en la Antigüedad esta región [de la Península Ibérica] no sabía en absoluto lo que era la ciencia y los que la habitaban no conocían a nadie que hubiera adquirido renombre por su amor hacia el saber. Sin embargo, en diversos lugares de al-Ándalus se han encontrado inscripciones mágicas antiguas y hay unanimidad a la hora de admitir que se trata de la obra de los emperadores romanos. Esta provincia, efectivamente, formó durante mucho tiempo parte de su imperio. Al-Ándalus permaneció, por tanto, cerrada a la sabiduría hasta el momento en que fue conquistada por los musulmanes el mes de ramadán del año 92 [julio de 711]. De cualquier forma, incluso después de esta fecha, el país siguió indiferente a todas las ciencias, salvo a la del derecho y la lengua árabe, hasta el día en que el poder pasó definitivamente a manos de los omeyas, tras un largo periodo de disturbios. Entonces, los espíritus de elite se pusieron a estudiar activamente y dirigieron su atención hacia la búsqueda de la verdad»[13].

Sería fácil mostrar que el análisis precedente fue elaborado a partir del simple prejuicio y de la ceguera. En al-Ándalus se utilizaron considerablemente las producciones realizadas en la Península anteriores al islam, pero sin reconocerlo. Por ejemplo, disponemos todavía de una traducción, llevada a cabo conjuntamente por un cristiano y un musulmán, del historiador hispano-latino del siglo v Orosio, traducción cuya influencia es apreciable incluso en el oriental Masᶜūdī, sin que nadie la citara expresamente. Igualmente, la presencia de otro autor hispano-latino, el agrónomo del primer siglo después de Cristo, Columela, en los escritores andalusíes desde el siglo xi hasta el xiii, es innegable y sólo puede explicarse por la existencia de traducciones de una parte, al menos, de los doce libros de su *De re rustica*, incluso si estas traducciones no son mencionadas en ninguna parte y si no se han conservado. Finalmente, se ha podido observar en el pensador musulmán del siglo xi Ibn Ḥazm una división de la filosofía que él mismo reconoció como totalmente distinta a la que había sido adoptada en Oriente y que, aunque él no lo confesó en manera alguna, es un calco de la de san Isidoro de Sevilla.

Más aún, el problema de una persistencia de la producción intelectual hispana anteislámica se extiende más allá de la cuestión de las ciencias de origen greco-latino, hasta las disciplinas que parecen las más específicamente islámicas. Un especialista actual de al-Ándalus, M.ᶜA. Makkī, revela así que no solamente la forma del derecho islámico que dominó la Península Ibérica bajo el nombre de escuela mālikí debe mucho, en el nivel de las cuestiones particulares *(furūᶜ)*, a las costumbres de Córdoba, y que incluso es muy posible que sean las leyes visigóticas las que de esa manera se mantuvieran vivas entre los musulmanes, a través de algunos mozárabes, buenos conocedores de las dos culturas[14].

Ésas son, no obstante, observaciones realizadas por los investigadores modernos. En la Edad Media fue el estado de ánimo de Ṣāᶜid el que prevaleció, con su voluntad de no ver antecedentes de la producción andalusí sólo en Oriente, ya fueran puramente islámicos, o al menos en tanto hubieran islamizado la herencia griega. A principios del siglo XII se llegó a una situación extrema con el jurista Ibn ᶜAbdūn, que no contento con negar toda aportación extraislámica autóctona, pretendió convertir a los no musulmanes en verdaderos parásitos culturales: «... no se deben vender libros de ciencia ni a los judíos ni a los cristianos, salvo que tengan que ver con su propia ley; ciertamente ellos traducen los libros de ciencia y atribuyen su paternidad a sus correligionarios y a sus obispos, mientras que son obra de musulmanes»[15].

Hay que señalar que los orientales no eran tan exclusivistas y que en la misma época el historiador sirio Ibn ᶜAsākir llegó a apuntar que el conquistador de la Península Ibérica, Ṭāriq, había traído de sus campañas biblias y libros de alquimia y de ciencias naturales.

Pero el apego de Averroes por su Península natal, aunque se manifiesta en primer lugar a través de preferencias puntuales, fue más lejos y desembocó en una verdadera teoría de los medios cuyas conclusiones se oponen a las ideas recibidas. Para él, eran el clima y la situación de al-Ándalus los que favorecían como tales –y, por tanto, fuera de toda consideración histórica como la conquista musulmana– la actividad del espíritu. Ciertamente, podemos pensar justificadamente que su teoría es superficial en sí misma; pero es notable, en cuanto que invierte el análisis de Ṣāᶜid de Toledo y de la mayor parte de los autores árabes. En efecto, según el punto de vista de Averroes, los árabes no eran un pueblo privilegiado sino que, por el contrario, fue el contacto con el otro y especialmente en la Península Ibérica, lo que les hizo elevarse hacia la ciencia. Y eso valía también para los bereberes.

Algunos podrían verse tentados de extraer conclusiones sobre un origen no árabe de los Banū Rušd. Pero ello sería muy aventurado. Todo árabe no es necesariamente árabocentrista. Tal es el caso de Ibn Jaldūn; pertenecía innegablemente a una familia de la Arabia del sur y más precisamente de Ḥadramawt, establecida en al-Ándalus desde los inicios de la conquista. No por ello fue menos severo con su propia etnia.

En compensación, es de destacar que Averroes tuviera una conciencia muy nítida, aunque no explícitamente argumentada, del arraigo local de un cierto saber. Eso es tanto más notable cuanto que él, por otra parte, nunca tuvo duda de la superioridad de la religión islámica sobre toda otra religión. Asimismo, su patriotismo aparece más como una forma un tanto particular de *šuᶜūbiyya*, palabra que designa normalmente la reivindicación de los no árabes convertidos al islam de ser considerados igual que los árabes, y ello en nombre de la universalidad del islam. La cuestión fue vivamente debatida, en pro y en contra, en al-Ándalus durante los siglos XI y XII. Averroes no participó en ello, bien porque las especulaciones sobre los orígenes míticos de los pueblos no le interesaban –veremos sus dudas sobre un mito árabe no obstante acreditado en el Corán–, bien porque no quería enfrentarse a la dinastía almohade que, en su propaganda, no vacilaba en pretenderse de origen árabe. Pero sus notas de «patriotismo» muestran una ruptura con la visión corriente en su civilización de una Península Arábiga como centro del mundo y polo de toda referencia espiritual.

5. Principios pluridisciplinares en un contexto agitado

Ellos no consideraron la realeza de los cielos y de la tierra, ni tampoco la de cada una de las cosas creadas por Dios[1].

Sólo la verosimilitud nos ha conducido a suponer que los dos textos abiertamente almohades de Averroes fueron obras de juventud, sin que podamos probarlo. Un testimonio suyo muy alusivo dice que estuvo en Marrakech en 1153. No hay referencias a ningún desplazamiento importante fuera de Córdoba anteriormente; asimismo nos hemos preguntado por qué motivo fue a la capital magrebí. Algunos han creído poder establecer una relación con la creación, en esa época, de escuelas por parte del sultán. Averroes, a pesar de su juventud –sólo veintisiete años– ¡habría servido de experto en la materia!, algo que parece poco creíble. Igualmente se ha pensado que habría formado parte de la delegación de sumisión enviada por Córdoba y que se habría quedado algún tiempo en el Magreb. Pero la entrevista había tenido lugar dos años antes, en 1151, en Salé y no en Marrakech.

Su presencia en la capital ¿no habría sido más bien la consecuencia de una gran empresa de propaganda impulsada por el califa ᶜAbd al-Mu'min y que reposaba en la confrontación de los especialistas en la doctrina almohade con intelectuales convocados expresamente desde todas las partes del imperio?

El historiador al-Marrākušī nos habla, en efecto, de intelectuales, «y particularmente de los de las disciplinas especulativas», llamados todos *ṭalaba* (pl. de *ṭālib*: literalmente «estudiantes» o «tolbas») y que responden a dos categorías: unos, procedentes de la tribu bereber de los Maṣmūda, de la que el *mahdī* era originario, se vinculan a los almohades; otros, venidos de las ciudades, fueron convocados desde todas las regiones del imperio. Toda audiencia pública o privada del sultán suponía la presencia de los más importantes de entre ellos. Comenzaba con la presentación de una cuestión doctrinal[2], por parte del propio califa (en tiempos de ᶜAbd al-Mu'min y de sus dos sucesores) o por parte de alguien a quien él designaba a ese efecto. La redacción de, al menos, uno de los textos almohades por parte del joven Averroes habría podido ser el motivo de su convocatoria, sin descartar tampoco que pudiera haber sido su resultado. Lo cierto es que, como veremos más tarde, durante su primera visita a Marrakech, Averroes era todavía un desconocido para el poder.

Lo que sí parece seguro, por el contrario, es que el inicio de sus relaciones con la dinastía almohade se produjo por un sesgo de lo más sorprendente: el de la medicina. Ciertamente, fue un intercambio de cartas sobre esta materia la causa por la que se vinculó a Abū Bakr Ibn Ṭufayl.

Ibn Ṭufayl, colega y mentor

Se trataba de un individuo bastante enigmático. A diferencia de Averroes, no interesó a los diccionarios biográficos andalusíes y fue conocido en su país sólo gracias a los cronistas. Sin embargo, en él encontramos bien implantado ese aspecto del letrado andalusí tradicional, ya que a menudo era llamado «el cadí» y era famoso por su conocimiento del hadiz. Nacido en Guadix, a principios del siglo XII, allí pasó seguramente los primeros años de su vida antes de ir a formarse a Córdoba, puesto que el nombre de esta ciudad aparece a veces unido al suyo. Que se dijera que era «de Sevilla» se debe posiblemente a las temporadas que, por motivos profesionales, residió allí siendo ya un hombre maduro. Ejerció la medicina en Granada y llegó a ser secretario del gobernador de dicha provincia. En 1154 fue nombrado secretario del gobernador de Ceuta y de Tánger.

Su obra más célebre es la novela filosófica *Ḥayy ibn Yaqẓān* («El vivo, hijo del vigilante»), escrita tardíamente pero, sin duda, antes de 1179, ya que en ella se dice que, entre sus contemporáneos, ningún pensador había dado todavía prueba de sus aptitudes, mientras que a partir de esa fecha cuentan ya los escritos originales de Averroes. Al mencionado texto, de contenido filosófico pero con una forma literaria de gran calidad, hay que añadir un poema mnemotécnico sobre la medicina. Dicha pieza, que sólo se conoce a través de un manuscrito inédito aún, constituye, con casi ocho mil versos, la obra más extensa de su género en la literatura médica árabe. Tenemos otros poemas suyos de tema no especulativo entre los cuales se encuentra un poema propagandístico para el alistamiento en las tropas almohades, así como un ensayo en prosa rimada sobre el traslado del Corán del califa ᶜUṯmān a Córdoba. Un *Tratado del alma*, perdido, le es atribuido por al-Marrākušī.

Además de su obra escrita, reducida aunque compleja, hay que tener en cuenta su audiencia personal. Su discípulo al-Biṭrawŷī se valdrá de sus conocimientos y de sus hipótesis sobre astronomía. Su influencia sobre el poder no fue despreciable. Convertido en médico privado del sultán Abū Yaᶜqūb Yūsuf (en el poder de 1163 hasta 1184), es muy posible que se hubiera incorporado a sus *ṭalaba* o tolbas, pues la constitución de tal grupo se remontaba, ya lo hemos visto, al padre del mencionado sultán. Lo que es más, entre los *ṭalaba* del exterior, que representaban a las diversas ciudades del imperio y cuyo número variaba considerablemente según las circunstancias, Ibn Ṭufayl se contaba, sin lugar a dudas, entre los más eminentes. ¿No lo califica cierto cronista de visir, mientras que jamás fue ministro titular, aunque a menudo en el Occidente islámico el título designaba una calidad de consejero más que una función pública?

Ibn Ṭufayl dimitió de su cargo como médico privado del sultán en 1182, en beneficio precisamente de Averroes y murió tres años después. Había sobrevivido un año a su principal señor, Abū Yaᶜqūb. El sucesor de este último, Abū Yūsuf, asistió en persona a sus funerales.

La presentación al príncipe

Hay que tener en cuenta la situación privilegiada de Ibn Ṭufayl ante el poder para comprender el famosísimo relato, contado por el propio Averroes a uno de sus alumnos y transmitido por éste a al-Marrākušī: «Cuando llegué ante el Príncipe de los creyentes, Abū Yaᶜqūb, lo encontré en la única compañía de Abū Bakr Ibn Ṭufayl. Abū Bakr comenzó a elogiarme, hablando de mi familia y de mis ancestros, y tuvo a bien, por bondad, añadir a eso cosas que yo me hallaba lejos de merecer. El Príncipe de los creyentes, tras haberme preguntado antes mi nombre, el de mi padre y el de mi familia, me preguntó sin más preámbulos: "¿Cuál es la opinión de los filósofos respecto al cielo; lo creen eterno o creado?". Embargado por la confusión y el miedo, eludí la cuestión y negué haberme ocupado de la filosofía, ya que desconocía lo que Ibn Ṭufayl le había contado en este sentido. El Príncipe de los creyentes, habiéndose apercibido de mi pavor y de mi confusión, se volvió hacia Ibn Ṭufayl y se puso a hablar de la cuestión que me había planteado, recordando lo que habían dicho Aristóteles, Platón y todos los filósofos y citó al mismo tiempo los argumentos alegados contra ellos por los musulmanes. Observé en él una vasta erudición, que no habría sospechado incluso en ninguno de aquellos que se ocupan de esta materia y que le consagran todo su tiempo libre. Hizo todo esto para que yo me sintiera cómodo, de forma que terminé por hablar y él se enteró de todo lo que yo sabía sobre esta ciencia. Tras haberme marchado, recibí por orden suya un regalo de plata, una magnífica pelliza de honor y una montura»[3].

Sin precisar ni el lugar ni la fecha, el cronista encadena inmediatamente, siempre según el mismo testigo, lo siguiente: «Abū Bakr Ibn Ṭufayl me hizo llamar un día y me dijo: "Hoy he oído al Príncipe de los creyentes quejarse de la incertidumbre de la expresión de Aristóteles o de la de sus traductores. Ha evocado la oscuridad de sus propósitos y ha dicho: 'Si estos libros pudieran encontrar a alguien que los resumiera y que hiciera accesibles sus objetivos tras haberlos comprendido convenientemente, entonces su asimilación sería mucho más fácil para la gente'. Si dispones de fuerzas suficientes para ello, hazlo. Yo deseo que tú lo lleves a cabo, dado lo que sé de la calidad de tu espíritu, de la pureza de tu capacidad y de la fuerza de tu inclinación por el estudio. Lo que me impide hacerlo a mí no es otra cosa –como sabes– que mi avanzada edad, mi dedicación al servicio y el cuidado que he de consagrar a lo que es más importante que eso". Abū l-Walīd dijo: "Por tanto, eso es lo que me ha conducido a elaborar los resúmenes de los libros del sabio Aristóteles que he llevado a cabo"»[4].

Ambos pasajes plantean numerosos problemas de localización y de datación. Retengamos primero cuanto transmiten con seguridad. Averroes no era todavía conocido por el príncipe al que fue presentado y fue necesario que Ibn Ṭufayl lo «situara», tanto por su genealogía como por su carácter específico, que es su interés por la filosofía. Todavía, por tanto, no había escrito nada notable. Por otra parte, el trabajo de «resúmenes» de Aristóteles –que le valdrá la reputación de «comentador» por excelencia– nació del deseo expresado por la autoridad política.

Para el resto, la solución más satisfactoria parece derivarse de la observación realizada por N. Morata[5] según la cual, por fieles que sean las palabras, fueron pronunciadas tardíamente. Es decir, que el título de «Príncipe de los creyentes» puede muy bien haber sido proyectado retroactivamente por Averroes sobre Abū Yaᶜqūb, que entonces sólo sería gobernador de Sevilla, cargo que ocupó a partir de 1156. Se sabe, además, que este príncipe manifestó, al igual que su hermano, gobernador de Granada, un gran interés cultural, mientras que su padre, ᶜAbd al-Mu'min, se había limitado sobre todo al ámbito estrictamente religioso.

Abū Yaᶜqūb, príncipe ilustrado

El sultán Abū Yaᶜqūb mostraba un gran interés por la medicina, disciplina sobre la que estudió una obra teórica. Hemos visto que Ibn Hārūn, iniciador de Averroes en la sabiduría antigua, era su médico privado en Sevilla. Abū Marwān Ibn Zuhr –con el que volveremos a encontrarnos más adelante– formaba parte de su corte. Abū Yaᶜqūb manifiestó igualmente su interés por otras ciencias diversas y por la filosofía, y reunió, si era preciso incluso confiscando libros, una biblioteca considerable.

Es posible que Ibn Ṭufayl no esperara ser nombrado médico de quien debía convertirse en califa, en 1163, por figurar entre sus allegados. Dos personajes, como él y Averroes, apasionados a la vez por la ciencia y la especulación, pudieron encontrarse en Sevilla, el uno procedente de Granada o de Ceuta, el otro de Córdoba. Mientras que Granada brillaba entonces por el número de poetas atraídos a la corte, ni Ceuta ni Córdoba gozaban de tal privilegio; recordémoslo, Córdoba se hallaba entonces bajo el dominio de los discípulos incondicionales del *mahdī* almohade y de su primer califa.

Por otra parte, al-Marrākušī cuenta que Averroes se consagró a la obra de Aristóteles tras haber realizado una primera aproximación a la filosofía. Podemos, en consecuencia, fijar hacia 1160 al menos un primer giro, teniendo en cuenta las primeras obras de nuestro autor. Puesto que no hay evidencias de que los dos episodios transmitidos por al-Marrākušī se hayan seguido de cerca, la fecha del consejo dado por el sultán a Averroes para que se consagrara a la obra de Aristóteles sigue siendo imprecisa[6]. Al no poder pronunciarnos sobre la cronología real, mantengamos, al menos, la sucesión lógica. Cualquiera que sea la hipótesis elegida, es seguro que Averroes, sin ser muy conocido por el público, había ya producido algún fruto de inspiración propia.

Pero antes de ocuparnos de ellas, conviene dedicar unas palabras a la situación exterior. El contraste entre la gravedad de los acontecimientos y la capacidad de desvincularse de ellos, de la que dieron pruebas algunos autores, es en verdad sorprendente.

El califa ᶜAbd al-Mu'min, tras haber unificado el Magreb y tomado posesión de una gran parte de al-Ándalus, volvió sus miradas hacia el este. Mientras se encontraba ocupado en Ifrīqiya, Ibn Mardanīš y sus partidarios –que se habían mantenido independientes en Murcia– se aprovecharon de ello para atacar Córdoba. Durante los veranos de 1158, 1159 y 1160 los alrededores de la ciudad fueron devastados y la población se vio forzada a huir al campo. La ciudad resistió, sobre todo durante el terrible asedio de 1159, del cual se libró gracias a un subterfugio que desvió finalmente al asaltante contra Sevilla. Sólo el retorno de las tropas califales victoriosas, el año siguiente, conseguirá aflojar la presión.

Sin lugar a dudas se trataba de escaramuzas puntuales que ponían en juego a un número reducido de combatientes. Pero se creó un clima de inseguridad en el que la serenidad de algunos resultó tanto más notable. Especialmente la de Abū Yaᶜqūb, entonces joven gobernador de Sevilla. Del relato de la presentación de Averroes se trasluce una cierta malicia campechana por parte del príncipe que induce a reflexionar sobre su personalidad. Otra anécdota, en la que no intervino nuestro personaje, puede ser comparada con la anterior. Cuando llegó a Sevilla para tomar posesión de su cargo –tenía entonces dieciocho años– convocó a los poetas a un concurso en su honor. Uno de ellos, no sabiendo qué decir, recitó una pieza de otro autor y se limitó a insertar el nombre del nuevo destinatario, presentándola como suya. Tras haber hablado, otro concursante se sacó de la manga el mismo poema con la misma modificación, lo cual suscitó la hilaridad del héroe de la fiesta, que recompensó a ambos defraudadores, aunque algo menos que a los concursantes honestos. Mostró así una mentalidad abierta que no era en absoluto compartida en su entorno, ya que el primer poeta culpable vio como la *vox populi* le mortificaba con el sobrenombre de «ladrón»[7].

Con menos sentido del humor pero quizá con el mismo desapego, el joven Averroes emprendió una actividad de polígrafo, considerable por su extensión. Pero desde ahora, la pluralidad de sus centros de interés será recorrida por un hilo conductor decisivo: la lógica.

Averroes y la obra jurídica de al-Gazālī

En el campo del derecho, comenzó por redactar, en 1157, un *Compendio* de la gran obra de al-Gazālī sobre la metodología jurídica, el *Mustaṣfà*[8]. La elección de este modelo es importante. Se comprende que, a pesar de su interés por la teología almohade, interés probado por el comentario que llevó a cabo sobre la profesión de fe de Ibn Tūmart, Averroes no experimentó lo mismo por el *fiqh* del *mahdī*. Los escritos de Ibn Tūmart en esta disciplina no tienen, en efecto, ni la unidad ni la organización del tratado del doctor oriental. Frente a éste, sin embargo, Averroes mantendrá la actitud inversa: respeto por el jurista pero condena severa del teólogo.

Fuentes del derecho en el *Mustaṣfà*

Para comprender el impacto intelectual del *Mustaṣfà* sobre el joven Averroes es necesario dar una idea de su contenido. Se trata del último tratado notable del autor oriental, terminado dos años antes de su muerte. Partiendo de los cinco estatutos legales que se aplican a todo acto humano, cualquiera que sea (obligatorio-prohibido, recomendado-reprensible, permitido), al-Gazālī definió minuciosamente cada uno de ellos, subdividiéndolos y determinando su origen, el cual no puede ser otro que el discurso de Dios a los hombres.

Éste se expresa a través de cuatro fuentes fundamentales: el Corán, la tradición, el consenso y el razonamiento. El Corán se basa en las ideas enunciadas en el Libro, a excepción de las palabras y de los sonidos. Conoce la abrogación interna, no de forma que un versículo anule a otro, sino que un estatuto legal definitivo substituya a un estatuto legal provisional. La tradición comprende las palabras del Profeta, sus actos y sus silencios aprobatorios. Al-Gazālī analizó detenidamente el grado de certidumbre de cada hadiz en función de la forma en que había sido transmitido, lo cual planteaba el problema psicológico del asentimiento. El consenso, por su parte, suscita la cuestión de quién lo expresa. Al-Gazālī dio una solución muy ecléctica y pragmática, que viene a ser únicamente la exigencia de consulta jurídica explícitamente formulada. La razón, en fin, sólo tiene que intervenir aquí como capacidad organizadora que se limita a asegurar la continuidad de las órdenes divinas, las cuales no son modificadas más que por otra orden que abroga o distingue de entre ellas a una precedente.

Al-Gazālī examina a continuación cuatro elementos que han sido aceptados por algunos como fuente del derecho, y les niega esa función, al mismo tiempo que les concede, llegado el caso, un estatuto particular. Las leyes reveladas antes del islam fueron abrogadas por la revelación coránica, pero al-Gazālī no duda en utilizarlas cuando expresaban un consenso religioso. En principio, las palabras de los Compañeros del Profeta no tienen autoridad, ya que ninguno de ellos era irreprochable; pueden ser seguidas por el hombre corriente, pero no por el hombre instruido, que debe decidirse únicamente ante una prueba. Pero nuestro doctor no dio menos mérito al espíritu común que se inclinaba ante su prestigio y se refería a menudo a ellos. El principio de equidad *(istiḥsān)* le parecía una intrusión del hombre en la legislación. Finalmente, la consideración de la utilidad *(istiṣlāḥ)*, tan querida por los mālikíes, no puede ser fuente del derecho, pero es parcialmente preservada en la medida en que pueda estar ya incluida en la ley misma. Por lo demás, es lo que permite al hombre, al reflexionar sobe esta última, comprender su propio interés.

Habiendo así separado lo bueno de lo malo, al-Gazālī pasa a la explotación de las fuentes objetivas. El hombre debe aceptarlas tal como son. El estatuto de «aquel que ejercita el esfuerzo personal» *(iŷtihād)* no da derecho a escoger. Significa solamente una acción de deducción de las reglas, basándose en pruebas. Hay que comprender, por tanto, el alcance exacto de las siguientes palabras proféticas: sentido aparente u oculto, función del contexto, alcance general o particular, etc. Los actos del Profeta se comprenden en la prolongación de sus palabras. Por último, el razonamiento analógico *(qiyās)* es analizado en detalle por al-Gazālī. Su aspecto fundamental es la «causa» *(ʿilla)* del paso de un caso conocido a un caso desconocido, la cual no puede ser buscada más que por vías legales, limitándose la razón a constatar que dicha causa se encuentra, idéntica, en ambos. No se trataría, por tanto, de penetrar los secretos del orden divino.

Quedaban por definir las condiciones de la práctica de este esfuerzo personal. Son esencialmente de orden intelectual: buen conocimiento del credo musulmán, de la lengua árabe, de los problemas de la abrogación y de las reglas de la transmisión de hadices. Al-Gazālī recuerda que no es necesario saber de todo en cada caso, y aconseja la especialización. La sumisión ciega *(taqlīd)* es rechazable en principio, pero el hombre corriente se halla demasiado inmerso en sus funciones de producción, vitales para la comunidad, para poder rebasarlas. Respecto a la cuestión de la consulta jurídica, nuestro sutil oriental se revela extremadamente pragmático.

Vemos que en eso no hay nada que no sea estrictamente islámico. Es fundamental recordar que este tipo de síntesis constituyó uno de los puntos de partida esenciales de Averroes. El texto de al-Gazālī, al que él se aplicó en primer lugar, aparece como una especie de transición entre –por una parte– el mālikismo reformado, que se instaló progresivamente en al-Ándalus a partir de al-Bāŷī (siglo XI) y en el que participó su abuelo, y –por otra– la doctrina almohade. El número de puntos comunes con el uno y la otra justificaba esta elección para cualquiera que debiera dedicarse no sólo a lo especulativo sino también a lo práctico. Notemos el extenso análisis del razonamiento analógico, así como la reflexión sobre la conducta de la gente de Medina, la «ciudad del Profeta», como fundamento del derecho, de vital importancia para el mālikismo, hasta el punto que Averroes precisará más tarde que él ya había examinado esta última cuestión, remitiendo posiblemente a su *Compendio*. En Ibn Tūmart, por el contrario, podían encontrarse acentos idénticos en la oposición entre la opinión probable y el argumento apodíctico y en el análisis de la tradición transmitida por un único testigo, que no procura una ciencia cierta pero que es obligatorio seguir en la práctica.

Particularidad del *Compendio* de Averroes

No obstante, en su *Compendio*[9], Averroes, siguiendo la división cuatripartita de su modelo, introdujo en el original diversas manipulaciones en las que se trasluce una orientación específica.

La más destacada fue la supresión del capítulo inicial sobre la ciencia. Al-Gazālī situaba en él la lógica jurídica en relación con la lógica general, al igual que en su

Revivificación de las ciencias religiosas comenzaba por situar las diversas formas de saber, relacionándolas entre sí. Averroes, por su parte, produjo un texto cuyos lazos con al-Fārābī se han podido percibir[10]. Se trata de una especie de clasificación de las ciencias según sus fines: éstas pueden ser teóricas, prácticas (y, en tal caso, particulares o universales), o destinadas a organizar los razonamientos utilizados en las dos categorías precedentes. El derecho emerge a la vez de la práctica y de la organización de los razonamientos, ya que establece las reglas de deducción a partir de fundamentos, de estatutos jurídicos de casos particulares. Tal forma de introducir una estructura filosófica en una disciplina que sus adeptos juzgan como autónoma se ve reforzada inmediatamente después de la mencionada clasificación, recuperando la presentación tradicional desde el final de la Antigüedad de una disciplina científica: su fin, su relación con las otras ciencias, su rango, el significado de su nombre y sus divisiones.

El *Compendio* supuso un hito doblemente importante en la obra de Averroes. Por una parte, muestra la afirmación ideológica presente desde el principio. Por otra, permitirá situar mejor su gran tratado jurídico, la *Bidāya*, que será publicado más de diez años después.

Queda la cuestión de los motivos de su redacción. ¿Era Averroes ya un cadí subalterno cuando escribió la obra citada? ¿Se limitaba a prepararse para cargos futuros, o quería ayudar a su padre? No hay nada que permita dar por zanjada la cuestión. Pero podemos señalar aquí la actitud del magistrado consolidado que era su padre, Abū l-Qāsim. No sólo no parece haberse opuesto a la elección política de su hijo, sino que carecemos del menor indicio de que intentara contrarrestar, siquiera un poco, su vocación intelectual. Asimismo, la piedad filial que sus contemporáneos observaron indirectamente en Averroes puede aparecer como una forma de reconocimiento hacia su padre por haberle permitido vivir conforme a su gusto por el saber, en el sentido más amplio, y por haber incluso permitido «contaminar» las disciplinas islámicas, que constituían la base de actividad de la familia, con aspectos científicos y filosóficos. La influencia de un ámbito sobre otro se explica tanto más fácilmente cuanto que, al igual que en el ámbito de las ciencias de la naturaleza, en Averroes se manifestó bastante pronto una tendencia a la organización doctrinal.

Penetrar los secretos de la naturaleza

Es posible, entretanto, que en un principio se hubiera sentido atraído por la observación. Durante su estancia en Marrakech, en 1153, contempló, desde una montaña del cercano Atlas, una estrella que no podía ser vista desde al-Ándalus. Asimismo, en el palacio del sultán, descubrió la jirafa. Es posible incluso que tales observaciones prosiguieran, llegado el caso, ya que él mismo precisó que durante su primera visita al Atlas no prestó atención al hecho de que desde allí no pudiera verse la cola de la Osa Mayor, pero que lo advirtió la segunda vez.

Su primera obra médica es también, posiblemente, un tratado práctico consagrado a la tríaca. Dicho nombre designa un remedio utilizado desde la Antigüedad y destinado principalmente a tratar las mordeduras de los animales salvajes (en griego, *thèr*) o venesosos. Por tanto, era de un gran interés para los poderosos, obsesionados por el miedo al envenenamiento. Galeno había tratado el tema extensamente. De consistencia pastosa, el remedio se presentaba en forma de una mezcla extremadamente compleja de polvos diversos y de sirope, de miel o de pulpa vegetal. Por otra parte, la composición de los polvos varió con el tiempo. En efecto, la eficacia era debida sobre todo a una proporción notable de opio contenida en ellos (¡alrededor de un 1% de opio bruto, o 1/16vo de extracto de opio!).

Redactado a petición de amigos, según algunas versiones, o de una persona a la que Averroes debía obediencia y gratitud según otros, la obra fue motivo de un debate con Ibn Ṭufayl. Efectivamente, el autor se quejaba en ella de que algunos de sus amigos, que tenían por función cuidar de «hijos de reyes», abusaban de este medicamento y de que sus propios consejos de moderación le habían creado enemistades. Indudablemente, nos encontramos en el marco de una práctica no oficial. El joven Averroes aún no tenía el título. Era uno de esos ulemas interesados en los secretos de la naturaleza y demostró suficientemente su saber como para ser consultado, o al menos para proponer su consejo respecto a puntos precisos, pero eso corría por su cuenta y riesgo.

Ibn Abū ^{c}Uṣaybi^{c}a alude a «controversias y debates entre Abū Bakr Ibn Ṭufayl y Averroes sobre el capítulo de los medicamentos de su libro *al-Kulliyyāt*»[11]. Encontrándose este texto perdido, no sabemos si el intercambio de pareceres se refería sólo a la tríaca o si prosiguió posteriormente. Discusiones hubo, sin duda, ya que un testimonio posterior del propio Averroes evoca una divergencia entre él e Ibn Ṭufayl: según este último, Averroes daba una explicación de la definición de la medicina por Galeno que chocaba con su doctrina de conjunto[12]. Ignoramos, entretanto, si tales controversias dieron lugar a un documento escrito.

En cuanto a la propia tríaca, a pesar de la difusión de su texto, los consejos de moderación de Averroes estuvieron lejos de obtener la unanimidad. El remedio gozó durante mucho tiempo del favor del público. En Venecia, que tuvo su monopolio durante un tiempo en Occidente, era compuesto según un ceremonial especial. Todavía encontró partidarios entusiastas en Thomas Sydenham, el «Hipócrates de Inglaterra» en el siglo XVII, y en Teófilo de Bordeu, uno de los maestros de la escuela de Montpellier en el XVIII.

Pero rápidamente el aspecto práctico le pareció insuficiente a Averroes. Dicha insatisfacción se trasluce a partir de la exposición que llevó a cabo del poema didáctico de Avicena sobre los aspectos generales de la medicina.

La herencia de Avicena

El texto que acabamos de mencionar ha sido situado de maneras muy diversas, considerándolo unos contemporáneo del *Compendio* del *Mustaṣfà*, fechándolo otros en 1180[13]. La primera hipótesis es, sin duda, la buena, ya que el prólogo se refiere explícitamente al «imán impecable, el *mahdī*» [almohade][14]. Hemos visto que este tema desapareció completamente en la obra de madurez de nuestro personaje; por tanto, hay que atribuirlo más a su juventud.

El mencionado prólogo –hecho excepcional– explica el origen de este trabajo: con ocasión de una velada celebrada en Sevilla, en casa del hijo del gobernador de Bugía, nieto de ^{c}Abd al-Mu'min y, por tanto, sobrino de Abū Ya^{c}qūb[15], Averroes se había visto inducido a hacer un elogio encendido de la obra de Avicena. Él pensaba entonces que contenía todo lo que era necesario saber sobre las cuestiones corrientes de la medicina. Las personas presentes, alegando que la forma versificada podía conducir a giros oscuros, le pidieron que diera una explicación concisa.

Aunque esta exposición no aporta nada sobre los proyectos del joven Averroes en relación con la medicina, ya que no interviene en ella a título personal, sí que nos permite verle reconociendo explícitamente su deuda para con el principal *faylasūf* después de al-Fārābī, quien había ya marcado su impronta en la obra jurídica de Averroes. Avicena indica claramente el alcance de su arte en su prefacio en prosa cuando denuncia «a los que consideran la medicina como algo común a todos, sin dominar la materia de su arte ni el conocimiento de sus reglas y sin poseer formación moral»[16]. Es decir, que en la más pura tradición galénica, la práctica (cirugía, farmacología y dietética) debía ir precedida por un conocimiento teórico, el cual comenzaba por una descripción científica general de los componentes naturales (elementos, temperamentos y semiología, órganos, ánimos, fuerzas, facultades, acciones, influencias de factores externos e internos) antes de pasar a la patología y al estudio de sus causas. Más tarde, Averroes será muy crítico con Avicena, algunas de cuyas posiciones filosóficas, así como médicas, discutirá.

Ignoramos si Averroes ejercía la medicina o el derecho como verdaderas profesiones. No obstante, la demanda formulada a un hombre de treinta y dos o treinta y tres años, por parte de personajes encumbrados, para que explicara el texto de Avicena, supone una cierta reputación. Lo mismo respecto a la actividad como jurista: la Historia atribuye a Averroes nombramientos importantes, pero solamente para un período ulterior. De todas formas, es difícil creer que eso hubiera llegado todo de golpe. Si Averroes se vio favorecido de repente por el poder, no es menos cierto que era indiscutiblemente aceptado por la gente. Aunque no nos ha dejado una colección de dictámenes jurídicos comparable a la de su abuelo, el biógrafo Ibn al-Abbār dice que «se recurría a sus fetuas sobre medicina tanto como a sus fetuas sobre *fiqh*»[17], lo cual, en ambos casos, supone aprendizaje y entrenamiento en el biografiado. Podemos, por tanto, admitir justificadamente, para una y otra disciplinas, un estudio constante y una práctica como mínimo ocasional, que confirmaba de cara al público la opinión que éste pudiera tener de él sobre la fidelidad de su constancia en instruirse.

Imposición del modelo aristotélico

La insistencia de Averroes en la organización y en la coherencia del saber prueba, por otro lado, que consideraba la eficacia como el fruto de una disciplina mental. Sin embargo, en su época, y desde el gobierno de al-Ḥakam II (segunda mitad del siglo x), el modelo de la organización de las ideas residía en la lógica aristotélica. Ibn Ḥazm había creído poder presentar una síntesis del mismo en los términos propios del derecho, lo cual fue juzgado con gran severidad tanto por los juristas como por los filósofos. Abū l-Ṣalt de Denia, a finales del siglo xi, había redactado un excelente *Compendio*, pero había tenido que exiliarse por otras razones. Más tarde aún, Mālik b. Wuhayb había expuesto los primeros libros del *Organon* de Aristóteles sin atreverse a ir más allá, y este personaje oficial de la esfera almorávide se guardó luego de valerse de su formación en su actividad pública. Sólo Ibn Bāŷŷa se aplicó a la tarea, siguiendo el ejemplo de al-Fārābī. Pero la conquista por parte de los cristianos de su ciudad natal, Zaragoza, y después las intrigas cortesanas en Sevilla y en el Magreb, perturbaron el ritmo de sus trabajos, interrumpidos por una muerte precoz.

Un primer aristotelismo sin audacia

Así, no resulta sorprendente que en la misma época que su *Compendio* del *Mustaṣfà*, su *Tratado de la tríaca* y su exposición del poema médico de Avicena, Averroes se consagrara –de forma espontánea sin duda alguna– a una primera aproximación al *Organon* de Aristóteles, tradicionalmente ampliado entonces por el *Isagoge* de Porfirio y por los dos tratados del Estagirita sobre la *Retórica* y la *Poética*[18].

A veces, a este conjunto se le ha dado el título de *Lo que es necesario en lógica*, título más adecuado que el de *Pequeños comentarios* que más frecuentemente se le ha atribuido, ya que no se trata, para hablar con propiedad, de «comentarios». Esta primera aproximación, en efecto, no corresponde al deseo emitido por el príncipe, pues Averroes no parece trabajar sobre el original. Él quería únicamente hacer una presentación de la materia, una primera iniciación, a la vez para él mismo y para un posible público, puesto que era una propedéutica indispensable para las diferentes ciencias, y especialmente para la medicina. Al tiempo que reconocía, en el prólogo de esta obra, la calidad de los trabajos de sus compatriotas sobre el tema, en una obra ulterior, el comentario a la *Física*, recomendaba la lectura de los tratados de al-Fārābī sobre la lógica como preparación necesaria antes de entrar en los problemas de la naturaleza, o incluso, si era necesario, de su propio epítome. La influencia de al-Fārābī se manifiesta allí, así como la de Avicena, entre otras cosas para las *Refutaciones sofísticas*. Cuando menciona, en el mismo texto, el principal tratado de teología de al-Gazālī, no alude al capítulo lógico que éste contiene.

Averroes se distinguió de sus predecesores orientales por su insistencia en dos nociones clave: el «asentimiento» y el «concepto». Al-Fārābī las aceptaba la mayoría de las veces como nociones que caen por su propio peso. Avicena fue más lejos, aclarándolas sistemáticamente y mostrando su función en todo razonamiento lógico. Pero Averroes verdaderamente las tomó como fundamento de su exposición, y para ello llegó incluso a modificar los títulos tradicionalmente admitidos para las diversas especialidades, de manera que esta obra no aporta nada nuevo en cuanto a contenido, pero organiza la materia según un esquema inédito. «Nos enseña cómo concebimos las ideas, después cómo llegamos al convencimiento de su veracidad o de su verosimilitud y cómo conseguimos convencer de ello a los demás»[19].

El ciclo de presentación de los textos aristotélicos parece proseguirse sin obstáculo. Averroes se muestra rindiendo tributo a sus predecesores. Es así, por ejemplo, para la física, que todavía dependía en gran medida de Avicena y de

Ibn Bāŷŷa. Sin embargo, aunque utilizó generosamente el comentario de este último, a veces era también para refutarlo[20]. Se puede decir que si Ibn Bāŷŷa y el primer Averroes «representan el estado inicial del aristotelismo en al-Ándalus» es no obstante «con más diferencias que elementos comunes»[21]. En particular, si ambos tuvieron como ideal común la demostración de «causa y existencia», Averroes fue discreto en cuanto a sus posibilidades de realización.

Sólo el libro de los *Meteorologica* fue fechado explícitamente en 1159. Harán falta todavía algo más de diez años, se piensa generalmente, para que la materia quedara agotada. Textos aún más tardíos como el comentario de la *República* de Platón, son clasificados por algunos en la misma categoría. Este tipo de trabajo lleva el nombre de *ŷawāmi*[c] (compendios), para señalar la libertad del autor árabe con respecto a su modelo. Podía modificar el orden de las ideas, introducir elementos extraídos de otros textos u omitir pasajes, a veces considerables.

«Las cosas necesarias para vivir…»: astronomía y medicina

En el comentario consagrado al *Alma*, Averroes hace ya una breve alusión a los «problemas» de la época que impedían profundizar en las cuestiones que estudiaba. Una obra algo posterior, el *Compendio del Almagesto*, de Ptolomeo, vuelve a hacerse eco de hasta qué punto este rebuscado examen «es imposible en virtud de los acontecimientos que han arruinado nuestra provincia –es decir, la provincia de al-Ándalus–, y que nos han cortado los suministros»[22]. Todavía nos encontramos, por tanto, en el agitado período que hemos descrito, período en el que el señor de la guerra, Ibn Mardanīš, aprovechó que el califa almohade se encontraba combatiendo en Ifrīqiya, para atacar periódicamente Córdoba y su región. El restablecimiento del orden sólo fue posible muy a finales de 1160, y culminó en 1162, con el deseo de ᶜAbd al-Mu'min de restaurar la capitalidad en Córdoba, tras haber derrotado a las tropas de Ibn Mardanīš en Granada.

La astronomía

En espera de esa mejora, Averroes actuó, según sus propias palabras, como alguien cuya casa ha ardido en llamas y que trata de salvar «lo que para él tiene más valor entre las cosas necesarias para vivir»[23]. ¿No es significativo que entre ellas figurara un tratado de astronomía? Averroes aplicó a dicha disciplina los mismos términos, «lo que es necesario para la perfección del hombre»[24], que había empleado en sus *Compendia* para la lógica y la física. Si recordamos el relato de la presentación al príncipe almohade y el hecho de que, en aquella ocasión, el tema evocado en la discusión fuera el problema del cielo y de su naturaleza física, podemos comprender hasta qué punto, para un hombre de su tiempo, la cosmología era vital. Tanto más cuanto que se trataba de una de las cuestiones sobre las cuales se oponen más duramente la mentalidad de la Antigüedad clásica y la de las religiones monoteístas. Semejante dificultad, Averroes la afrontó abiertamente, sin parapetarse tras una simple actitud de observador, sino, por el contrario, invocando la prioridad de la teoría, lo cual supone «enjuiciamiento» y «método demostrativo»: «En cuanto a nosotros, tenemos la intención de evocar el método que permite la verificación»[25]; es decir, que debemos ser capaces de comprender las razones de ser de tal modelo explicativo.

Ahora bien, Averroes experimentaba sentimientos contradictorios. El modelo de Ptolomeo era, entonces, la base admitida para todos los cálculos. Pero, a pesar de algunas observaciones que él había podido efectuar, nuestro autor no era un astrónomo. Era capaz de manejar las tablas de ecuaciones y de calcular así las posiciones de los astros, pero las medidas no le interesaban como algo primordial y su obra no incluía ninguna tabla y contenía pocos datos numéricos. Por otra parte, el sistema de Ptolomeo había sido ya puesto en duda. Las más reservas notables emanaban del oriental Ibn al-Hayṯam (finales del siglo x-principios del xi). Mientras que Ibn Bāŷŷa había tratado las *Dudas con respecto a Ptolomeo* con desdén, no sucedió lo mismo con Averroes, que tuvo en cuenta sus observaciones, a las que añadió anotaciones suplementarias contenidas en un libro de otro autor (que él identifica con Ibn al-Hayṯam), así como las de su compatriota del siglo anterior, Ŷābir b. Aflāḥ.

Pero esta polémica no había desembocado aún en la elaboración de un modelo satisfactorio para el espíritu. Averroes pensó, por tanto, desde ese momento, que había que construir una astronomía nueva, pero en un primer momento aceptó someterse al grupo de los observadores, tratando con ellos según el hábito jurídico de la búsqueda del consenso, quedándose, según sus propias palabras, con «aquello sobre lo que los expertos en el arte no están en desacuerdo»[26]. De todas formas, amplió el campo de investigación. No sólo, para la astronomía matemática, completó el *Almagesto* con la *Corrección del Almagesto* de Ŷābir b. Aflāḥ y con las observaciones de Azarquiel, dos andalusíes del siglo XI, sino que se interesó también por la astronomía física, especialmente a través del *Tratado sobre la configuración del mundo* de Ibn al-Hayṯam.

Esta ampliación de horizontes se justifica con consideraciones epistemológicas. Para Averroes, las ciencias «necesarias para la perfección del hombre» son aquellas en las que el espíritu comprende la materia en sí misma. La astronomía matemática, simple juego de cifras que proporciona la distancia de los planetas y de las constelaciones, está, por tanto, subordinada a la cosmología, que describe la realidad concreta del universo.

El encuentro con Avenzoar

Fue sin duda durante el período de disturbios cuando Averroes se consagró a la primera redacción de su gran obra médica: las *Generalidades* (*Kulliyyāt*, convertido en *Colliget* en la traducción latina) *sobre la medicina*[27]. Son inseparables del medio científico que había frecuentado Averroes, sobre todo en Sevilla. Además de Ibn Hārūn de Trujillo, quien seguramente le inició en la filosofía, e Ibn Ṭufayl, que, como hemos visto, jugó un papel crucial en su vida, allí se vinculó a Abū Marwān Ibn Zuhr.

Pertenecía a la misma generación que los precedentes y, por tanto, era unos treinta años mayor que Averroes. Procedía de una familia establecida en el este de al-Ándalus a principios del siglo x. Aunque se presentaban como de origen árabe, de los Banū Zuhr, al igual que de los Banū Rušd, se sospechó un posible origen judío. El abuelo de Abū Marwān y casi su homónimo fue quien logró la fortuna de la familia, iniciando una dinastía médica destinada a destacar durante cuatro generaciones. Su padre se estableció en Sevilla, donde fue ministro. Él mismo será el más ilustre del linaje y será conocido en Occidente bajo la forma de Avenzoar.

Famoso muy pronto por sus diagnósticos y por sus tratamientos, se distinguió también por sus posiciones originales. Fue así como pasó, sin dificultad, del servicio de los almorávides al de los almohades, destinándolo ᶜAbd al-Mu'min a su asistencia personal y concediéndole el título de visir. Es evidente que Avenzoar estaba interesado ante todo por su arte, sin que parecieran afectarle los programas doctrinales de ambos regímenes. Él justificó indirectamente su infidelidad, humillando al soberano almorávide al que había servido.

Su obra más importante es el *Taysīr* o *Simplificación de la terapéutica y de la dietética*. Según el testimonio del propio Averroes, Avenzoar la compuso a petición suya, encargándose él después de recopilarla y de difundirla. Cuando, más tarde, el autor recibió del califa la orden de revisar su texto para hacerlo más acorde con un modelo general y para corregir los manuales de los cuales disponían entonces los estudiantes, refiriéndose a ello con algo de mal humor, dijo: «Dios es testigo de que compuse dicho libro obligado por una necesidad imperiosa [resultante a la vez de la falta absoluta de obras de este tipo] y de las exhortaciones apremiantes y formales que me invitaban a escribirlo»[28]. A pesar de su prestigio y de su edad, en efecto, se vio sometido a un estrecho control del que también se quejaba al afirmar: «Cuando estaba a punto de escribir este libro, alguien que era una especie de [funcionario] encargado de supervisarme en este asunto vino a verme. Mi plan respecto a la obra no le satisfizo y pretextó que la utilidad del libro, para quien no dominara en absoluto la práctica de la medicina, era escasa y que no se correspondía ni con lo que se me había ordenado ni con lo que él quería»[29]. Tuvo, por tanto, y a desgana, que elaborar una especie de sucedáneo de la obra anterior, titulado *Compendio (Ŷāmiᶜ)*. Murió de un tumor maligno en 1162, probablemente cuando acababa de terminar este doble trabajo.

El joven Averroes desbordaba entusiasmo por Avenzoar. En el capítulo VII de sus *Generalidades*, subraya hasta qué punto los Banū Zuhr, y principalmente Abū Marwān y su padre, fueron originales en la disciplina. En el capítulo XXXI, le proclama el médico más importante después de Galeno. Advirtamos que mientras que Avenzoar manifestó la misma admiración que Averroes por el poema médico de Avicena, del que decía que contenía todos los principios de la ciencia y que valía más que una colección de libros, tanto él como su padre fueron bastante críticos con respecto al resto de la obra médica del sabio oriental y especialmente de su *Canon*, que no obstante contituiría la base de la medicina árabe en Europa hasta el siglo XVII.

Al final de las *Generalidades*, Averroes se compara con su predecesor en un fragmento que se hizo famoso muy rápido y que fue transmitido por Ibn Abū ᶜUṣaybiᶜa: «Lo que acaba de ser expuesto concierne al tratamiento de las diferentes enfermedades de una manera tan concisa y clara como nos ha sido posible. Nos queda hablar de la curación (tratamiento) de las afecciones, estudiadas separadamente, que pueden alcanzar los diferentes órganos del cuerpo, aunque esto no sea en absoluto necesario ya que, en potencia, está comprendido en nuestros propósitos respecto a las *Generalidades*. Sin embargo, es algo ya expuesto, porque hemos hablado de los tratamientos de las enfermedades órgano por órgano; es el método seguido por los autores de los tratados de terapéutica, uniendo en nuestras explicaciones los hechos generales a los hechos particulares. Ésta es la mejor forma de presentación, ya que conduce a los hechos particulares tanto como es posible. Pero dejemos esta tarea para más tarde, cuando estemos menos preocupados, pues ahora nos encontramos dedicados a cosas más importantes, distintas de la medicina. Para quien tenga entre las manos este libro [el *Colliget*] sin el otro y desee estudiar después la terapéutica, el mejor de los tratados es el titulado *al-Taysīr*, escrito en nuestra época por Abū Marwān Ibn Zuhr. Fui yo quien pidió dicho tratado; yo lo transcribí y a ello se debe la publicación de este libro. Como ya he dicho, la obra proporciona las correlaciones con mi *Libro de las Generalidades*. Pero Ibn Zuhr ha mezclado en el suyo el tratamiento de las enfermedades, los síntomas y las causas, según la costumbre de los autores de modelos de actas notariales. Cualquiera que estudie mi libro no tiene, de hecho, una necesidad absoluta del otro; le basta con tomar de él los tratamientos. Resumiendo, aquel que domine lo que hemos escrito sobre las *Generalidades* podrá distinguir lo que es seguro de lo que es erróneo entre los tratamientos de los autores de modelos de actas notariales en lo que respecta al tratamiento y la composición de los medicamentos»[30].

La reforma del *Colliget*

Posteriormente, Averroes sufrirá la misma suerte que su antecesor: la autoridad política le ordenará revisar su obra a fin de hacerla más conforme con el plan de educación elaborado en el marco de un Estado intervencionista. No sabemos cuándo se dictó la mencionada orden; únicamente que la nueva redacción se terminó en 1194. Este último texto sólo nos ha llegado a través de la traducción latina. El pasaje final sobre Avenzoar ha desaparecido, pero se ha añadido un prólogo que indica las razones del nuevo trabajo. El califa (¿^{c}Abd al-Mu'min o Abū Ya^{c}qūb?) habría sido aconsejado por dos «filósofos», uno de los cuales, «Auofait», bien podría ser Ibn Ṭufayl, pero el otro, un tal Ibn al-Walīd, no es identificable en absoluto, y un funcionario habría sido encargado de supervisar la realización, un personaje de la aristocracia llamado «Audelach [^{c}Abd al-Ḥaqq] Sempse».

La referencia a Ibn Ṭufayl –en caso de que sea él el citado– debe ser subrayada. Murió en 1185, unos nueve años antes del fin de la revisión. Es posible que ello pueda interpretarse como un homenaje por parte del amigo filósofo, lo cual, unido a la eliminación de la invocación a Avenzoar, acentuaría la orientación teórica de la obra. Con la distancia, Averroes habría constatado que en ello residía su propia aportación, que él querría destacar. Es posible también que no existiera segunda intención, sino que la orden hubiera sido poco apremiante, ya que la autoridad política consideraba, sin duda, que la redacción por parte de Averroes de sus otras obras era más urgente. Finalmente, y como última hipótesis, la lentitud burocrática; el ir y venir entre el redactor y su censor, el denominado «Sempse», pudieron retrasar considerablemente la aparición de un texto que estaba listo en lo esencial, pero en el cual este último consideraba que quedaban detalles insatisfactorios.

Como quiera que fuese, la orientación hacia la filosofía es más acentuada en esta nueva versión. El lector «no podrá llegar al final de este libro, ni siquiera comprenderlo en su mayor parte, si no posee un conocimiento de lógica que le permita dominar al menos las tres formas de razonamiento. Asimismo, deberá tener algunas nociones sobre los principios de la filosofía de la naturaleza»[31]. Con excepción de la anatomía, a la cual su carácter empírico le proporciona un estatuto particular, la obra está escrita en «un lenguaje nuevo, desconocido para los médicos de la Antigüedad, y de aquellos que me precedieron, con demostraciones enraizadas en la filosofía natural»[32].

Límites y virtudes del *Colliget*

Ello condujo a Averroes a fórmulas un tanto arriesgadas: «Llamamos medicina al arte que, partiendo de principios verdaderos, aspira a la conservación de la salud del cuerpo humano y a la curación de sus enfermedades, tanto como es posible en un cuerpo determinado, ya que *la finalidad de este arte no es la curación*, de una forma absoluta, sino *hacer lo que sea posible en la medida y en el momento favorables*. Luego hay que esperar a los resultados, de la misma forma que en el arte de la navegación o en el de la guerra»[33]. El texto anterior no se comprende más que en el marco musulmán donde el médico prescribe el remedio pero es Dios quien cura, si quiere. Ibn Abū ᶜUṣaybiᶜa nos relata algo comparable con ocasión de la muerte de Avenzoar. Sintiéndose próximo al fin, se aplicó diversos tratamientos con los que su hijo no estaba de acuerdo. Él le respondió: «Hijo mío, si Dios quisiera, cambiaría la complexión de mi cuerpo, porque no me concede el poder de emplear un medicamento más que cuando ésa es Su voluntad»[34]. Por el contrario, cuando este texto, en su traducción latina, fue separado de su contexto religioso, pudo convertirse en fuente de un buen número de abusos. Efectivamente, vemos el riesgo de transformarse en los *Diafoirus* de Molière y su fórmula: «Sólo estamos obligados a tratar a la gente con arreglo a los usos»[35].

Únicamente queda insistir en el aspecto teórico, en su preeminencia con respecto a la práctica, que sólo enseña «poca cosa en comparación con lo que es necesario»[36] y que conduce a formular algunas reservas sobre el talento de Averroes como observador. Autores españoles (M. Alonso, M. Cruz Hernández) han subrayado los pasajes que parecerían ir en este sentido. Es verdad que no se limitaba a leer libros, sino que quería ver las cosas de forma concreta, gustaba de citar lo que había constatado y gozaba del placer de que sus estudiantes escucharan estos testimonios. Se cita, en particular, una experiencia botánica real sobre la germinación de granos de cebada. Pero ésta, o las observaciones sobre la Vía Láctea o sobre el arco iris, no suponen, sin embargo, un verdadero método de experimentación. En medicina, se pueden citar numerosas fórmulas que podrían dar el pego: estudio «a través de los sentidos», «observación prolongada» de lo que «aparece»... pero su alcance se ve considerablemente debilitado cuando, por ejemplo,

Averroes afirma que ningún espíritu «aparece» en el hígado, pero que «aparece» en el corazón y en el cerebro[37].

Respecto al tratamiento, reposa sobre un método inductivo a partir de la observación de los efectos de los medicamentos, pero el mismo Averroes dice que sólo se trata de una generalización que debe ser claramente distinguida de la ciencia médica propiamente dicha, la cual reposa sobre la consideración de las causas y es deductiva y demostrativa. Si las fuentes son varias y son citadas con una cierta libertad, los criterios son más lógicos que experimentales, y la influencia de Aristóteles se hace sentir considerablemente.

Eso llevó a Averroes a puntos de vista distintos de los que habían sido universalmente admitidos desde Galeno. Adoptó una clasificación de las potencias del alma que no coincide con ninguna de las de ambas autoridades. Admitió la teoría de los cuatro humores, pero no hizo de ellos el soporte de principios genéricos mediante su mezcla, prefiriendo por su parte las nociones de causa (material, formal, eficiente y final) y de elementos. Estos cambios inspirados en el aristotelismo tuvieron dos efectos positivos: «Para la psicología, por ejemplo, adoptó un punto de vista morfológico estructural opuesto al funcionalismo de Galeno. En el *Colliget*, encontramos igualmente un buen número de ideas innovadoras como la de que las personas que han sufrido la viruela se vuelven inmunes a ella»[38].

6. El esfuerzo de conciliación práctica entre ley religiosa y sabiduría

Mientras Averroes redactaba su primera gran síntesis, sostenido por la destacada posición que había alcanzado el medio médico, tanto ante el gobernador de Sevilla como ante el propio califa, la situación de su país mejoró.

La orden califal de restaurar Córdoba resultó particularmente beneficiosa para esta ciudad: «Los dos *sayyid* [Abū Yaᶜqūb (Yūsuf) y Abū Saᶜīd (ᶜU͟tmān), hijos de ᶜAbd al-Mu'min] y el *šayj* Abū Yaᶜqūb se instalaron en Córdoba y ordenaron reconstruir sus palacios, repoblarla y proteger sus fronteras. Llevaron albañiles, arquitectos y obreros para la reconstrucción y rehabilitación de los palacios y casas de sus barrios. Se edificó y se mejoró el estado [de la ciudad]. El encargado de ello fue el arquitecto Ibn Baso, que reparó todo lo que había sido destruido; los habitantes se trasladaron allí a la mayor brevedad; se recobró la esperanza y su situación mejoró considerablemente [...] Se promulgaron órdenes superiores para que fuera habitada, y su seguridad perfeccionada, de acuerdo con las disposiciones tomadas en la armonía que reinaba entre los dos hermanos»[1].

¿Formaba parte Averroes de los ochenta y dos notables que fueron los únicos en quedarse durante los disturbios, habiendo huido los demás hacia los alrededores? ¿Fue uno de esos refugiados en Sevilla que volvieron incluso antes de la llegada de los dos *sayyid* y que salieron a recibirles? Otra vez, no pudo por más que aprovechar los nuevos reglamentos que –hecho reseñable– pusieron en pie de igualdad a los ulemas y a los militares: «Los dos ilustres *sayyid* favorecieron a los *ṭalaba* cordobeses y se aseguraron de incluir sus nombres en los registros militares para [el pago] de los sueldos, reclutaron soldados a los que hicieron ir [a Córdoba] desde todas partes para que habitaran en ella»[2].

¿Se limitó Averroes a este único papel de funcionario asalariado inscrito en los registros militares por su actividad intelectual –una especie de equivalente de nuestros «investigadores» actuales–, o ejercía además como juez? Lo cierto es que, paralelamente a la redacción de la continuación de sus compendios filosóficos, consagró estos años de serenidad recuperada a su segunda gran síntesis, la del derecho. Acabó lo esencial de su *Bidāya* en 1168, y le añadió de manera explícita el *Capítulo sobre la peregrinación* veinte años más tarde, lo cual permite fechar el resto. La fórmula que normalmente vuelve a emplearse para introducir la palabra del autor es: «El cadí ha dicho». Eso podría significar que Averroes ejercía ya una función judicial, al menos subalterna. Si no, habría sido con más probabilidad calificado solamente como alfaquí. Pero eso no constituye una prueba absoluta; Ibn Ṭufayl fue a veces llamado cadí, cuando nada atestigua que hubiera ocupado dicho cargo.

¡Qué sorprendente es este tratado de derecho! Tanto, que algunos comentadores rehusaron atribuírselo a nuestro filósofo. No obstante, las fechas de redacción concuerdan con lo que sabemos de su vida. Además, aunque en él no se hace referencia alguna a la disciplina filosófica como tal, la conclusión comporta una cuasi-cita de Aristóteles, lo cual rara vez sucede en este género literario. Por otra parte, es verdad que el tema no podía ser tratado como una ciencia heredada de la Antigüedad. Hay que precisar, por tanto, su posición específica.

La *Bidāya*, gran obra jurídica de Averroes

Si se da crédito al prefacio de la segunda redacción de las *Generalidades sobre la medicina*, el objetivo de este libro era poner en orden un saber científico con una larga historia: «Compilar en un libro, en árabe, todos los conocimientos médicos a partir de los primeros autores, conservando todas las opiniones que merecen ser reproducidas y eliminando lo que, a través de un análisis razonado, debe ser rechazado»[3]. En el caso del tratado de derecho, las cosas son algo distintas. En su introducción se dice explícitamente que tiene un fin práctico personal, sin precisar no obstante si se trata de una aplicación profesional inmediata o bien si la obra fue escrita con la esperanza de ulteriores nombramientos: «Mi propósito, en este libro, es *fijar en mi memoria* las cuestiones de estatutos jurídicos sobre las cuales hay unanimidad y aquellas sobre las cuales hay discrepancia, con sus pruebas»[4]. Se trata, para el alfaquí, de disponer, por una parte, de una recopilación de soluciones diferentes aportadas por las escuelas jurídicas a los múltiples problemas de la vida, y por otra parte de un medio de elección preferencial entre ellas. No se trata, por tanto, solamente de una obra de *ijtilāf* o discrepancia, sino de un esfuerzo para superar esta diversidad. ¿En qué medida tal tentativa podía tener éxito?

En un primer momento, el título de la obra es revelador del lugar especial que ocupa en la obra de Averroes. Para la medicina, la palabra *kulliyāt* (generalidades) ha podido ser transcrita casi homofónicamente por el latín macarrónico *colliget*, indicando la idea de «recopilar» (*colligere* ha dado «colección»). Sería la huella de una cierta comunidad de pensamiento a través de las lenguas. Pero no hay nada de eso en esta obra de derecho. El título fue compuesto en esa forma tan específicamente árabe que es la prosa rimada: *Bidāyat al-muŷtahid wa-nihāyat al-muqtaṣid*, y su traducción a una lengua occidental es demasiado pesada y demasiado elíptica a la vez: «Principio para aquel que se esfuerza [en un enjuiciamiento personal] y final para aquel que se contenta [con la enseñanza recibida]».

Por otra parte, las escuelas jurídicas musulmanas son tributarias de su arraigo local. No sólo se distribuyen el espacio (el ḥanafismo más hacia el Oriente Medio, hasta la India; el šāfiᶜismo más en Egipto, con prolongaciones en África oriental y en el sureste asiático y el mālikismo más en las regiones occidentales), sino que las tradiciones regionales intervienen en ellas. Asimismo, aunque Averroes conocía los tres principales ritos sunníes y aunque añadió incluso conocimientos tanto de ritos menos extendidos como de maestros antiguos cuyas escuelas no pervivieron, y aún algunas informaciones sobre los ritos no sunníes, se encontraba más familiarizado con el mālikismo, corriente a la que se refirió con predilección. Era, en efecto, la escuela preponderante en al-Ándalus y dominaba todos sus matices. Citó a autores precisos, entre ellos a su abuelo, costumbres locales, y a veces se sirvió de denominaciones propiamente andalusíes. Al final de su libro anunció su deseo de realizar una exposición organizada de la doctrina de Mālik sobre los problemas particulares, pero no parece que llegara a hacerlo.

El recurso a las diferentes escuelas

En comparación con el *Compendio* del *Mustaṣfà* de al-Gazālī, Averroes dio en la *Bidāya* un paso adelante hacia lo concreto. El *Compendio* ponía en orden cuestiones generales. Aquí, se las entendió con la materia misma. ¿Cómo estructurarla entonces? Una primera piedra de toque fue proporcionada por la doctrina almohade que se enfrentaba al exclusivismo mālikí: ninguna tradición es preferible en sí; sólo cuenta la validez del fundamento. Asimismo, Averroes, teniendo en cuenta una realidad forjada en un mismo molde mental, no se limitó a ello y lo sometió todo a un examen regulado.

Resumido en la introducción de la *Bidāya*, dicho examen no procedía de un modelo estereotipado, sino que seguía, en líneas generales, el camino que había sido trazado por el *Compendio*: por una parte las divergencias reposaban sobre «razones» (el vocabulario que las designa varía, ya que son órdenes diferentes) que había que poner de manifiesto; por otra parte, Averroes proponía vías para comprenderlas racionalmente y armonizarlas o clasificarlas en un orden jerárquico de admisibilidad. Las vías eran las de la metodología del derecho, ya enunciadas en el *Mustaṣfà*: ¿autenticidad del hadiz?, ¿alcance de los textos (sentido literal o metafórico)?, ¿diferentes puntos de vista en función de las circunstancias pretendidas por cada uno (sentido general o específico)?, ¿posible abrogación?, ¿fuerza relativa del texto (obligatorio o simplemente recomendado…)? A lo anterior Averroes le añadía a veces tres tipos de consideraciones: bien se interrogaba respecto a la sensibilidad intelectual de cada jurista invocado, bien rechazaba pura y simplemente una opinión juzgada como desprovista de significación, o bien, finalmente, proponía su propia opinión.

Según un gran especialista en derecho musulmán, R. Brunschvig, la *Bidāya* «constituye, parece, el ejemplo más acabado de la aplicación metódica de los *uṣūl al-fiqh*, a la vez como hermenéutica y como piedra de toque, al conjunto del *fiqh* sunní»[5]. De acuerdo con la enseñanza de Ibn Tūmart y de al-Gazālī, el hombre interviene aquí sólo para ordenar un contenido sobre el que no hay derecho de elección. Si existe inconsistencia en ello, no es en la ley religiosa sino en las diferencias de interpretación de las fuentes. «El objetivo de la *Bidāya* es mostrar lo que todo alfaquí debería ver si no estuviera cegado por la fidelidad debida a una única escuela»[6]. Y Averroes denunció violentamente a los «pretendidos juristas de nuestro tiempo», usando para eso el participio con sentido peyorativo *(mutafaqqiha)* que luego le será aplicado a él mismo. En medicina, un buen tratado sobre las cuestiones generales hacía inútil, en su opinión, la consulta de obras más específicas; del mismo modo, el descubrimiento de los principios que engendran la diferencia entre las sentencias jurídicas era, en sí mismo, fuente de solución. El verdadero jurista no se distinguía por la suma de sus conocimientos, sino por su capacidad de aplicarlos a cada situación. El *ijtilāf* o discrepancia, que la mayoría de las veces es una técnica polémica, tomaba aquí el aspecto de un método en sí mismo. Cada autor invocado hablaba en sus propios términos, sin verse obligado dialécticamente, y podía suceder que uno fuera aprobado en los términos de otro. Era posible también que el autor, estimando débil la argumentación de algún experto, pero aprobando su solución, propusiera para ella una justificación que le pareciera mejor.

La influencia del pensamiento almohade

Tal como lo anunció de entrada, Averroes se atuvo a las reglas explícitamente enunciadas en la ley o a las cuestiones notorias que se hallaban estrechamente vínculadas a los textos. Se trataba pues de las «cuestiones madre» de las cuales se derivaba todo el resto. Pero los especialistas han hecho hincapié en que esta distinción, bastante teórica, es difícil en la práctica. Aquí y allá, los temas son, según las circunstancias, situados en primer término o relegados a las «ramas». La materia misma de las soluciones o de las argumentaciones a veces dejaba perplejo a nuestro autor, que multiplicaba entonces las reservas y las fórmulas de modestia. A veces, se contentaba con la exposición contradictoria, no proporcionando ningún medio para decidir.

Además, si el que ejerce su esfuerzo de interpretación *(muŷtahid)* debe aspirar a la solución mejor argumentada, sucede que toda argumentación es defectuosa. Sin embargo, el aspecto práctico del *fiqh* impide permanecer a la expectativa. Averroes se veía entonces obligado a admitir formas de razonamiento que él mismo habría reprobado totalmente en otro momento. Así, por ejemplo, en la cuestión de la oración, se preguntaba si la que es llamada «impar», y que es una oración nocturna especial, era obligatoria. Para responder se basó en un hadiz que tenía en cuenta el caso del viajero, y formuló el pseudosilogismo siguiente: «*Si* una oración no es obligatoria, *entonces* puede hacerse a lomos de una montura; *ahora bien*, la oración "impar" puede hacerse a lomos de una montura; *por tanto*, la oración "impar" es una oración no obligatoria». Lo que equivale a decir: «Si p, entonces q; ahora bien q; por tanto, p»[7]. Lo cual sólo sería verdad si pudiéramos decir «si y *solamente* si...», que no es el caso. Con todo, nos encontramos aquí con uno de los raros pasajes en los que Averroes interviene en su propio nombre.

Así pues, cuando nuestro autor empleaba la expresión «el *kalām* jurídico» no era, como creía Brunschvig, para acentuar «el aspecto "razonador" de esta ciencia»[8] sino, por el contrario, para señalar sus límites. Aquí, la influencia del pensamiento almohade era aún apreciable: el derecho, enteramente positivo, en el que la razón sólo interviene a destiempo, como organizadora, se distingue de la teología allí donde legisla la razón. Si, en el ámbito que nos ocupa, un texto seguro contradice un razonamiento riguroso, es el primero el que gana. La cuestión del homicidio de un no musulmán tributario *(ḏimmī)* por parte de un musulmán, en la que la solución šāfiᶜí es preferible a la solución ḥanafí, lo ilustra. Efectivamente, la primera, que rechaza situar a un creyente y a un infiel en el mismo plano, se apoya en un hadiz seguro. Por el contrario, la segunda invoca un hadiz considerado menos creíble para estimarlos como equivalentes y deducir a partir de ello, a través de un razonamiento irrefutable en sí mismo, la necesidad de ejecutar al musulmán que mata a un *ḏimmī*[9].

En definitiva, mientras que el substrato humano permite bastante bien ser racionalizado por la medicina, la materia divina jurídica resiste mucho mejor. Asimismo, los aspectos lógicos intervienen sobre todo puntualmente y, aunque Averroes muestra, a lo largo de la obra, que actuaba metódicamente, sólo el *Capítulo sobre las ventas* comporta un preámbulo explícitamente redactado en ese sentido[10].

Los límites de la racionalización de las costumbres

De hecho, la racionalización tuvo lugar mucho más desde el punto de vista de la moralidad. Averroes, indudablemente, se dio cuenta de ello, puesto que concluyó su obra con desarrollos de este tipo. Las reglas de la ley religiosa *(šarīᶜa)*, decía, son de dos tipos: aquellas a través de las cuales el juez elabora sus sentencias, y las que no utiliza con ese propósito y son clasificadas como «recomendadas»; estas últimas son las más numerosas. En efecto, hay que tomar conciencia de que «el objetivo de las tradiciones conductistas prescritas por la ley es [producir] la excelencia del carácter»[11], de manera que la mayor parte de las cuestiones ordenadas por los juristas entre las *miscellanea* se refieren a las cuatro virtudes: la modestia, la justicia, el coraje y la generosidad, así como a la adoración de Dios, que es su condición.

Ahora podemos preguntarnos ¿cuál fue el alcance práctico de esta racionalización de la moralidad? Un economista marroquí, O. Akalay, sostiene que Averroes era consciente del contraste existente entre la regla extraída de la revelación religiosa y las diversas formas según las cuales, históricamente, el hombre había intentado aplicarla: «Sin escribirlo expresamente, Ibn Rušd muestra a sus lectores que los casos tratados se han quedado muy anticuados; que las soluciones preconizadas sólo tienen una lejana relación con la economía modernizada en aquel siglo XII cristiano»[12]. El economista toma el ejemplo de la práctica bancaria representada por el cheque. En el origen se encuentra la prohibición coránica de prestar a interés, asimilada a la usura. Si se prohíbe el préstamo, se prohíbe al mismo tiempo la banca, salvo suponiendo que el banquero actuara gratuitamente, lo cual no es en absoluto factible. Los bancos islámicos modernos están obligados a recurrir a numerosos artificios y ardides jurídicos para poder mantener juntas las dos palabras que constituyen su nombre. En la época de Averroes aún no se había llegado a estc punto, ya que el sistema bancario tal como lo conocemos nació en la Italia de la Baja Edad Media.

Pero no por ello había desaparecido el problema subyacente: ¿cómo conservar una actividad económica que permita los intercambios a distancia, que evite los grandes movimientos de fondos, que sea susceptible de afrontar situaciones en las que una fuerte capitalización pueda ser efectuada rápidamente, etc.? Al igual que otros juristas musulmanes, Averroes enunció las reglas generales para mantener la práctica del cheque, la cual cumplía todas sus condiciones y que, como tal, se revelaba absolutamente necesaria para una economía activa: «Las reglas del juego de la economía enunciadas por los teólogos musulmanes están todavía en uso: para que el mercado pueda funcionar correctamente, los actores que intervengan en él deben encontrarse entre ellos en situación de perfecta igualdad y de información total»[13]. De hecho, la economía mundial de hoy en día, que condena tanto las prácticas monopolísticas como el *délit d'initié,* reposa sobre el mismo tipo de prohibiciones. Y quizá no carezca de significado que el cheque, que debe expresar esa igualdad perfecta de los actores económicos, deba su nombre al árabe *sikka* (moneda)[*].

De todas formas hay que reconocer que Averroes no planteó explícitamente este problema. Se limitó a enunciar unas reglas generales que un lector musulmán moderno podría interpretar en ese sentido. ¿Quiere ello decir que el autor medieval no podía llegar más lejos? ¡De ninguna manera! Averroes podría haberse hecho eco, en este punto, de un relevante texto del ifrīqī al-Māzarī, autor que él conocía tanto directa como indirectamente a través de Ibn Baškuwāl e [c]Iyāḍ. Se trata de una consulta jurídica que trata precisamente sobre las operaciones bancarias representadas por un cheque. Esta práctica, que se había extendido en el islam desde principios del siglo x, era ya una práctica corriente, a pesar de las reticencias de algunos teólogos: «Bajo el peso social de la práctica y de las necesidades económicas, el derecho, el *fiqh*, se veía así forzado a ajustarse a la costumbre, al *[c]urf*. Prueba de que en la época de

* *N. de la T.*: según el *Diccionario árabe-español* de F. Corriente, la palabra «cheque» procede del árabe *ṣakk* y no de *sikka*, vocablo este último que en castellano ha dado «ceca».

al-Māzarī, todavía no se había descolgado totalmente de la realidad»[14]. Para eludir la prohibición coránica del préstamo a interés, se jugaba con el cambio entre las monedas de oro y las de plata (los dirhams y los dinares): las sumas en dirhams eran registradas en dinares, considerándose que los comerciantes «vendían» sus dirhams a los banqueros, quienes, por debajo del tipo normal de cambio, les abrían cuentas corrientes en dinares.

Seguramente, este «ardid» legal había turbado a algunos espíritus escrupulosos que sometieron el caso a al-Māzarī. Éste examinó los diversos aspectos prácticos de la cuestión: ¿entraña el cheque una provisión de fondos?; los fondos del banquero ¿se componen únicamente de los depósitos, sin verse aumentados por los intereses percibidos?, etc. De hecho, si todas las reglas eran respetadas, el sistema se vendría abajo ya que supondría que un banquero actuara gratis. Pero al-Māzarī logró salvarlo refugiándose en una fórmula muy vaga: que la tasa de cambio fuera «en beneficio de los musulmanes». Esta referencia al criterio mālikí de la utilidad pública se opone a las sentencias posteriores, muy estrictas, que condenarán el sistema bancario.

Averroes se encontraba en una posición intermedia entre el pragmatismo de al-Māzarī y el rigorismo de los demás juristas. Serán sus discípulos europeos quienes volverán a descubrir los cimientos éticos de un sistema bancario armonioso, pero él mismo no supo ir más allá de la formulación de una axiomática de base, sin plantear explícitamente los términos del problema de manera concreta, como le invitaba a hacer el ejemplo de al-Māzarī.

Vemos así los límites de la empresa de la *Bidāya*. Sobre los aspectos esenciales, se puede decir que, a la manera de los kantianos de Péguy, «tiene las manos limpias, pero no tiene manos». Será necesario que Averroes dé un paso suplementario hacia la acción concreta. Y, paradójicamente, no lo hará bajo la influencia del *fiqh*, tampoco de Aristóteles, sino de Platón.

Entre Córdoba y Sevilla

Entretanto, la situación había evolucionado. ᶜAbd al-Mu'min, primer califa o sucesor del *mahdī* Ibn Tūmart, murió el 14 de mayo de 1163. Su cuerpo fue transportado primero a Marrakech, después inhumado a los pies de su maestro en Tinmallal, en el Atlas, de donde había partido el movimiento almohade. Lo mismo se hará con sus sucesores inmediatos.

Córdoba puesta bajo tutela

En principio, tendría que haber sido su hijo Muḥammad quien le sucediera. Desde 1154, en efecto, había requerido de sus próximos que le prestaran juramento de fidelidad, asegurando así la continuidad dinástica. Por oscuras razones, otro de sus hijos, Abū Ḥafṣ ᶜUmar, que era igualmente ministro, apartó al heredero legítimo e hizo reconocer la autoridad de su hermano menor, Abū Yaᶜqūb Yūsuf. Éste abandonó Córdoba, ciudad que estaba restaurando, y se trasladó a Marrakech. Es posible que en el intervalo, Muḥammad hubiera sido efectivamente investido. Pero su gobierno no duró más de cuarenta y cinco días. De todas maneras, al tiempo que confirmaba a ʿUmar como ministro para evitar fricciones demasiado graves, Yūsuf no adoptó, en un principio, más que el título de emir. Eso no bastó y, además de haber apartado al primogénito, que sólo escapó de la cárcel por la acción de altas protecciones bereberes, otros dos hermanos, que no reconocieron al nuevo gobernante, fueron rápidamente eliminados. También se resistió Abū Saʿīd ʿUṯmān, gobernador de Córdoba, quien seguramente debió el poder salvar la vida al afecto que por él sentía Yūsuf.

Córdoba fue sometida, sin embargo, a la vigilancia de una guarnición especial, aunque, según algunas fuentes, habría incluso servido de residencia forzada a un rebelde bereber que se había visto obligado a someterse. Asimismo, el nuevo soberano mató dos pájaros de un tiro enviando un ejército que, en la misma época, asentó su autoridad frente a las resistencias que esta ciudad representaba y la tomó como base de un ataque que se pretendía decisivo contra Ibn Mardanīš.

Esto no hacía la estancia en Córdoba precisamente agradable. Si le añadimos el hecho de que Yūsuf había pasado sus mejores años, de los dieciocho a los veinticinco, como gobernador de Sevilla, se comprende que manifestara su inclinación por esta última. Rompiendo con el deseo paterno de restaurar Córdoba como capital, deseo que no obstante había empezado a realizar, hizo trasladar de nuevo los centros de decisión a Sevilla. La ciudad, que se encontraba sin gobernador, recibió, al principio y de forma provisional, como tal al hijo de un compañero del *mahdī*. Tomó posesión de su cargo en 1166, no sin antes haber mantenido una entrevista de ocho horas con el gobernador de Córdoba, prueba de que las cosas no iban bien. Cinco meses más tarde, fue un hermano del emir, Ismāʿīl, quien ocupó definitivamente este cargo.

Una pacificación difícil

Él fue el encargado de reconocer oficialmente a Yūsuf como califa y «príncipe de los creyentes». Había esperado cinco años para tener este título. Debió someter antes a sus hermanos recalcitrantes y, a diferencia de su padre, utilizó para ello el mínimo de violencia concebible en aquella época. Debió igualmente reducir al señor de Murcia, Ibn Mardanīš, y a diversos rebeldes bereberes. Una vez obtenidos estos resultados, escribió a Ismāʿīl para que no sólo los sevillanos sino también los cordobeses, la gente de Granada, de Málaga y del oeste de al-Ándalus le renovaran la sumisión ya manifestada, asignándole el título al que tenía derecho. El acta solicitada, firmada por los *ṭalaba* y los *šayj*s o jeques, fue enviada a Marrakech el 28 de marzo de 1168.

En la misma época, en Córdoba, que no se había librado completamente de la amenaza de Ibn Mardanīš, un hermano del sultán, Ibrāhīm, fue nombrado gobernador. Simultáneamente se le envió un potente ejército para defenderla. Es de reseñar que en estos conflictos aparentemente intermusulmanes, los cristianos intervinieron cada vez más. Si los fieles de Ibn Qasī no habían aceptado aliarse con ellos en 1151, diecisiete años más tarde las cosas habían cambiado bastante. Mercenarios procedentes del norte de la Península formaron parte abiertamente de las tropas de Ibn Mardanīš. En contrapartida, un noble castellano, cuñado del rey de León, se pasó con sus tropas al servicio del sultán almohade, lo cual supuso una alianza de ambos soberanos contra los portugueses.

¿Es este embrollo lo que explica el sorprendente silencio de Averroes sobre el problema de los no musulmanes dimíes? Contrariamente a su abuelo, que había tomado posiciones radicales como consecuencia de la revuelta mozárabe de 1125, Averroes se escudó, en su *Bidāya*, en consideraciones casi intemporales sobre este tema e incluso habla de ello lo menos posible. Esta reserva recuerda su actitud frente al problema económico de la práctica bancaria, en el que acabamos de ver a un Averroes un tanto desbordado por la situación, el menos en este estadio de su reflexión.

La sumisión del suegro y aliado de Ibn Mardanīš, Ibn Hamušk, se realizó sin violencia. En 1169 respondió a una invitación para abrazar la doctrina almohade. Durante casi todo este año, los gobernadores de Sevilla, Córdoba y Granada se encontraron en Marrakech para intentar organizar la destrucción de su principal enemigo, el señor de Murcia. Pero diversos impedimentos aplazaron hasta el verano siguiente cualquier acción. Después aquélla fue desviada hacia Badajoz. Sólo en marzo de 1171 un ejército partió de Sevilla hacia Córdoba para dirigirse después a Levante, guiada por Ibn Hamušk. Los almohades propusieron el perdón *(amān)*, mientras que su adversario apostó por el terror, lo cual condujo a una inversión de las alianzas en su favor. Para conducir mejor la acción, en julio, el califa se estableció en Córdoba. De todas maneras, no se logró nada definitivo por las armas. Más por lasitud que por otra cosa, Murcia se sometió en el mes de septiembre y envió una delegación a Sevilla ante el califa, que se había retirado allí.

Antes de llegar a la Península Ibérica, Yūsuf había estado enfermo durante catorce meses y había sido tratado por dos médicos eminentes, uno de ellos Ibn Ṭufayl. Pero este último no se había limitado a prescribir un régimen dietético. También había compuesto una poesía para exhortar a los súbditos del sultán a enrolarse en sus ejércitos, algo en ese momento considerado decisivo. Este fragmento[15] es digno de ser tenido en cuenta, ya que en él nos encontramos muy lejos del sabio de *Ḥayy ibn Yaqẓān*. Se trata de una compilación de todos los temas clásicos, desde la jactancia del valor guerrero hasta las mentiras más descaradas sobre un pretendido origen árabe y qaysí del *mahdī* almohade y de sus califas. Ciertamente, había una excusa para eso: la obra iba sin duda destinada a esas tribus árabes que se estaban extendiendo entonces por todo el Magreb, sembrando allí la desolación, y aspiraba a desviarlas hacia un enemigo común. En cuanto a la elección de Ibn Ṭūfayl como redactor de un texto semejante, se explicaría por su origen: pertenecía a la tribu árabe de Qays. El poema no tuvo, no obstante, casi ningún efecto y fue necesaria la intervención de otro autor para decidir la participación militar de los árabes.

Recuperación doctrinal almohade

En esta época Averroes no estaba tan implicado en los acontecimientos. Sin embargo, tampoco había retrocedido. En efecto, el nuevo sultán no sólo era un hombre político, y nuestro filósofo pudo entrar en su juego desde otro punto de vista. Al-Marrākušī nos dice que mientras que ᶜAbd al-Mu'min había restringido el aspecto doctrinal del movimiento almohade en provecho de la organización del Estado, Yūsuf, por su parte, decidió recuperar la antorcha de las ideas. Antes incluso de recobrar el título califal, dictó, desde 1166, órdenes claras, con el pretexto de precisar diversas cuestiones de etiqueta: en lo sucesivo, todo documento oficial debía ir encabezado por la mención «alabado sea Dios» de su puño y letra, quedando el resto a cargo del secretario. Pero en esta ocasión, envió una circular a todos los gobernadores recordando los elementos doctrinales esenciales: mantenimiento de la ortodoxia, enseñanza del dogma del *tawḥīd* almohade, prohibición de condenar a alguien a muerte sin haber respetado todas las garantías de justicia y sin haber presentado el asunto al emir, invitación, finalmente, a la prudencia para los demás casos. Por recomendación expresa suya, la carta debía ser ampliamente difundida. Los historiadores han notado su paralelismo con la circular enviada por ᶜAbd al-Mu'min desde Tinmallal en 1148 sobre la justicia y la represión de lo prohibido. Pero de acuerdo con la diferencia de caracteres entre ambos califas, la del segundo parece distinguirse a la vez por una mayor suavidad y espíritu teológico.

Es en este contexto en el que hay que entender el nombramiento en 1169 de Averroes como cadí de Sevilla. Es el primer puesto oficial que tuvo del que existe constancia. Puede pensarse que la redacción de la *Bidāya* no fue ajena a ello. Hemos visto que los retratos trazados por los biógrafos andalusíes y magrebíes subrayaban la seriedad con la que cumplió sus tareas oficiales, su abnegación y su total alejamiento de la corrupción. Es seguro que Averroes no era únicamente un hombre de despacho. Gustaba de la vida pública. Era «de abundantes palabras, tanto en los círculos del sultán como en las asambleas de la muchedumbre», nos dice al-Anṣārī[16]. Y cita al testigo de un sermón pronunciado para exhortar a la guerra santa y al combate en la senda de Dios en el que Averroes recordó los méritos que le atribuían el Corán y la *sunna*, «en una lengua ágil y de una manera agradable»[17].

Averroes, cadí y polígrafo

De hecho, se trató de un período extremadamente activo en el que Averroes tuvo dificultades para compaginar sus diferentes ocupaciones. En efecto, hacia 1167 había iniciado un nuevo ciclo de aproximación a la filosofía aristotélica. Sin esperar, siquiera, a haber finalizado la redacción de sus compendios sobre los diversos títulos del índice elaborado por Andrónico de Rodas, acometió los «resúmenes» *[taljīṣ]* que el príncipe le había encargado. Este nuevo ciclo siguió al de las *Generalidades sobre la medicina* que eran ya mucho más que las introducciones a la filosofía, que los *Compendia* de derecho y de astronomía, y que la exposición del poema médico de Avicena.

El *taljīṣ*, al que generalmente se denomina «comentario mediano», era un verdadero comentario, a diferencia de los *ŷawāmiᶜ*, que se tomaban grandes libertades con el texto. En él, Averroes desaparecía detrás de Aristóteles; seguía el orden de su exposición a la que remitía a menudo, no citando más que el principio del pasaje referido. A veces, sin embargo, intercalaba observaciones personales o ejemplos extraídos de su propia civilización, pero no se dejaba ver, y sólo el trabajo de los eruditos ha permitido discernirlo.

Varias de sus obras están fechadas. El comentario del *Tratado de los animales* se dice que fue terminado en noviembre de 1169 en Sevilla. A lo largo del texto, Averroes se queja incidentalmente de no disponer, en su nueva residencia, de sus libros para verificar los textos. Eso, unido a la excesiva ocupación de los asuntos públicos, le conduce a pedir al lector que le excuse por los posibles errores. Encontramos las mismas quejas en el comentario sobre la *Física* finalizado en Sevilla en marzo de 1170. La exégesis del *Tratado sobre el cielo* data del año siguiente y la de *De la generación y la corrupción* de un año después. A ello se unieron la continuación de los *ŷawāmi*^{c} y un cierto número de opúsculos titulados *maqāla*, que tratan sobre todo de lógica y que eventualmente recobran las tesis de al-Fārābī y de Avicena, en el caso de este último bajo forma de críticas abiertas.

Retorno a Córdoba

No parece que Averroes ocupara el cargo anteriormente mencionado más de dos años. El acontecimiento fundamental, si no determinante, fue el temblor de tierra que sufrió Córdoba en 1171. Averroes habló de él al comentar los *Meteorologica*, ya que vio en ello la confirmación de los análisis del Estagirita: «Yo no vivía entonces en Córdoba pero volví luego. Oí los ruidos que precedieron al temblor de tierra y la gente creía que procedían de la parte occidental. Vi cómo el temblor de tierra tenía lugar con el soplo de una multitud de vientos del oeste. Estos temblores duraron en Córdoba alrededor de un año, quizá, y no cesaron antes de tres años aproximadamente. El primer temblor causó la muerte de muchos hombres y pensábamos que la tierra se había roto cerca de Córdoba, en el lugar llamado "Anorma", de donde salía una especie de cenizas o de arena»[18].

¿Fue la inquietud por los suyos y por sus bienes lo que motivó su regreso a su ciudad natal? ¿Ejerció allí la función judicial? Lo ignoramos. Lo cierto es que disfrutó con creces de su biblioteca recobrada. Terminó de comentar la *Retórica* y la *Metafísica* en la segunda mitad de 1175. Pero dice que se apresuró a finalizar esta última tarea porque estaba rendido por la fatiga y aquejado de una grave enfermedad y que esperaba, si Dios le guardaba, llevar a cabo más tarde comentarios más desarrollados sobre la *Metafísica* y sobre otras obras de Aristóteles.

Ello nos conduce a una cuestión importante de cronología. Para muchas obras no explícitamente fechadas, podemos estimar, con aproximadamente uno, dos o tres años de diferencia, el momento de su elaboración. Las citas y llamadas hechas por el propio autor permiten, en efecto, orientarse. Pero la estimación se basa, igualmente, en la hipótesis de la existencia de una lógica interna en la aproximación al sistema aristotélico. Ahora bien, si el índice de Andrónico de Rodas parece respetado, en lo esencial, numerosos casos atestiguan que Averroes no siguió su orden. El hecho tiene poca importancia en sí mismo. Lo que es mucho más grave es que se ha admitido que la aproximación al primer maestro se efectuó poco más o menos de manera uniforme: compendios, desde alrededor de 1158 hasta 1170, esencialmente, después comentarios medianos desde 1167 aproximadamente hasta 1175 y finalmente grandes comentarios entre 1180 y 1192. Sin embargo, A. L. Ivry ha demostrado recientemente que el gran comentario del *Tratado del alma*, cuya publicación está fijada en 1190, de hecho es anterior a su comentario mediano, el cual es un resumen del anterior completado únicamente con algunos añadidos[19]. Por tanto, no habría existido por parte de Averroes una trayectoria progresiva: presentación, comentario seguido, comentario detenido, sino más bien una pedagogía en la publicación, escalonada en tres niveles, lo cual no impide que él mismo hubiera podido abordar los textos en un orden diferente.

Se puede pensar, en efecto, que Averroes prefirió estudiar a fondo de entrada un texto tan esencial como el *Tratado del alma*, pero que en un principio sólo dio al lector una forma abreviada, divulgando el análisis exhaustivo sólo cuando el orden de las materias lo exigía, a fin de no desorientar a la gente. Esta hipótesis es tanto más probable cuanto que veremos a Averroes revisar tardíamente (después de 1186) algunos de sus compendios y proporcionar versiones modificadas de ellos: es el caso, seguramente, de la *Física*[20] y quizá de *De la generación y la corrupción*[21]. ¿Hay que ver en ello únicamente una voluntad personal de perfección? La primera aproximación a los temas filosóficos podía, efectivamente, sufrir una cierta falta de preparación y se ha podido, por ejemplo, observar que en el pequeño comentario del *Tratado del alma*, Averroes parecía sentirse más cómodo en los aspectos fisiológicos del tema que en sus aspectos metafísicos[22]; o bien ¿hay que invocar, como para el *Colliget*, la intervención de una comisión de control? Nada permite pronunciarse al respecto.

Lo que es cierto es que Averroes, de aquí en adelante, se convenció de que no podía encontrar mejor guía que Aristóteles para cubrir el campo del conocimiento. Si el deseo formulado por el califa puso en movimiento el conjunto del mecanismo, no es menos cierto que se produjo una adaptación profunda entre los espíritus de ambos pensadores, adaptación de la cual se maravillaba sin cesar nuestro autor. A partir del compendio de *De la generación y la corrupción*, exclamó: «Dirigimos alabanzas sin fin a Aquel que predestinó a este hombre a la perfección y que lo situó en el nivel más alto de la excelencia humana, donde ningún hombre, de ningún siglo, ha podido llegar; es a él al que Dios hace alusión al decir: "Esta superioridad, Dios se la concede a quien quiere"»[23].

7. El esfuerzo de conciliación teórica entre ley religiosa y sabiduría

Hemos facilitado la comprehensión de la Predicación en relación con la enseñanza[1].

Mientras nuestro filósofo se consagraba al trabajo escolástico en su retiro de Córdoba, una enorme agitación de los ánimos se organizó desde el poder.

En principio, adoptó la forma visible de grandes obras destinadas a transformar Sevilla en una capital digna de tal nombre. Durante el otoño y el invierno de 1171-1172 se puso en marcha un puente de barcas para unir la ciudad con Triana, en la orilla derecha del río, la reparación de la zona palatina cuya superficie se duplicó y la construcción de cimientos en las fortificaciones exteriores, sobre todo con muelles de piedra para proteger la ciudad de las crecidas del Guadalquivir. A ello se añadieron arsenales, acueductos y jardines de árboles frutales. Se ganó así a las zonas pantanosas situadas al sudeste de la ciudad una vasta extensión de palacios y jardines, a la que se dio el nombre de *al-Buḥayra* (el lago), y que sirvió de residencia al califa durante sus estancias en la península. De ello sólo queda el actual alcázar, muy modificado posteriormente.

El centro de la ciudad se desplazó, por tanto, hacia el sur. En consecuencia, se hizo necesario sustituir la antigua mezquita principal, que se había quedado demasiado pequeña, por un nuevo edificio, muy ambicioso, que tenía al menos diecisiete naves para recibir a una gran cantidad de gente. Se estima que el número de habitantes de la ciudad por aquel entonces era de unos ochenta y tres mil, para una superficie intramuros de aproximadamente doscientas-doscientas cincuenta hectáreas, de las cuales una parte no estaba edificada.

Esta gran mezquita, iniciada en mayo de 1172, pretendía ser una afirmación de identidad. En ella trabajaron el arquitecto Ibn Baso, que había presidido la restauración de Córdoba, y, durante un tiempo, el hijo de Avenzoar. Lo esencial de su construcción tuvo lugar durante el gobierno de Yūsuf, pero fue su sucesor quien, a partir de 1184, la terminó, especialmente al erigir su célebre alminar, la Giralda. Alrededor de la mezquita se establecen nuevos mercados, duplicando los del antiguo centro de la ciudad. Se construyó incluso una *qayṣariyya*, «edificio cerrado destinado a proteger el comercio de lujo»[2]. En la misma época se suscribió un acuerdo comercial con Génova.

Como si hubiera querido consagrar esta afirmación de poder, el principal agitador de al-Ándalus, Ibn Mardanīš, murió en marzo de 1172, y su hijo hizo acto de sumisión al califa almohade. En lo sucesivo, los conflictos tuvieron lugar entre la zona musulmana y la cristiana: Portugal y Castilla realizaron continuas incursiones, a las cuales los almohades respondieron con algunas expediciones poco fructíferas.

Yūsuf residió cerca de cuatro años en al-Ándalus, donde activó sin descanso los trabajos de acondicionamiento y construcción. Regresó a Marrakech en febrero de 1176 y despidió entonces a una gran parte de los arquitectos y artesanos. La gran mezquita estaba muy avanzada, pues ya se había trasladado a ella el púlpito del predicador, pero la *juṭba* o sermón oficial no fue pronunciado en ella hasta 1181.

Averroes y su tiempo: entre dos generaciones

Todo lo que precede muestra la importancia del regreso de Averroes a Sevilla como cadí en 1179, ciudad que en aquel momento era una verdadera capital en la que tendría que cumplir una función que, en el islam, se concibe como una especie de delegación de poder. Asimismo, hay que señalar que para él no se trataba de una ruptura brutal. Durante el período de ocho años que había pasado en Córdoba, aunque se dedicó básicamente a estudiar, no se apartó de las realidades del mundo. Prueba de ello es el comentario mediano de la *Ética a Nicómaco*, compuesto en 1177. Al tiempo que seguía de cerca el texto de Aristóteles, Averroes planteó algunas cuestiones nuevas. En particular, en esta nueva obra se mostraba sensible con respecto a los esbozos de análisis económico de Aristóteles, intentando armonizarlos con la doctrina islámica[3].

Ahora bien, las orientaciones de uno y otro son bien distintas. Aunque ambos aspiran a evitar el enmarañamiento en la investigación de acumulación, la solución aristotélica consistió en considerar la economía como «política» y, por tanto, sometida a la ética, mientras que la solución islámica consiste en subordinar la economía a las normas reveladas. Averroes, pues, se vio conducido, como le había sucedido al final de su tratado de derecho, a situar la ética en relación con la revelación.

En su análisis sobre el dinero, el autor árabe manifestó más independencia con respecto al pensador griego. Consideraba que la solución propuesta por éste era insuficiente e intentó clarificarla. Sobre todo, y dado que Aristóteles no había atribuido al dinero más que dos funciones –medio de cambio y patrón de valor–, Averroes percibió una tercera función ligada al ahorro: el dinero puede ser acumulado de forma que permita intercambios y transacciones en el futuro.

Por otra parte, mientras que Aristóteles consideraba el valor de la moneda como puramente convencional, Averroes estimaba que era un patrón y que, como tal, no debía ser variable. Asimismo, en la medida en que constituye una reserva de poder de compra futuro, debía escapar a la revaluación, que es una forma de usura, como a la devaluación, que expolia a su poseedor. Estos análisis son muy innovadores y si la civilización de su autor no se hizo eco de ellos, fueron susceptibles de desarrollos posteriores en un contexto a la vez intelectualmente más favorable y económicamente más estimulante. Es así como la traducción latina de este comentario de Averroes permitió a la escolástica occidental, especialmente a Oresme y Buridan, luchar contra la *corruptio* del dinero a través de las manipulaciones de los príncipes; es decir, todos los procedimientos de estos para aumentar de forma ficticia sus fondos monetarios: «forrar» las monedas de plata con plomo, «rebajar» las monedas de metal precioso y falsificar así su ley, etc. De todas maneras, los argumentos de los autores latinos fueron mucho mejores que los del autor árabe, que eran demasiado generales.

El rechazo del misticismo

En 1178, Averroes pasó una temporada en Marrakech. Allí terminó una recopilación de seis pequeños tratados consagrados a las propiedades de los cielos. Sólo nos ha llegado mediante las traducciones hebrea y latina, esta última bajo el título de *De substantia orbis*[4]. Es de señalar que, habiéndose acercado al califa, recupera el tema sobre el que éste le había interrogado durante su primera entrevista. Averroes pudo igualmente encontrarse con Ibn Ṭufayl, que todavía era el médico privado del sultán, y podemos suponer que ambos confrontaron sus puntos de vista. El mayor había escrito, o estaba a punto de terminar, una novela filosófica, en la que elogiaba a Ibn Bāŷŷa, a quien ninguno de sus contemporáneos, en su opinión, podría igualar nunca.

Ahora bien, Ibn Ṭufayl, haciendo de la profesión de fe almohade el armazón de su visión de un espíritu que se eleva, a través de sus únicas fuerzas, desde los conocimientos elementales a las nociones más sublimes, llega a una posición misticista que no podía más que desagradar a Averroes. Desde las primeras palabras de la novela, Ibn Ṭufayl explicaba que quería «revelar lo que pudiera de los secretos de la filosofía iluminativa comunicada por el maestro, el príncipe [de los filósofos], Abū ᶜAlī Ibn Sīnā [Avicena]», lo cual había suscitado en él «la intuición de un estado extático» jamás experimentado anteriormente[5]. Asimismo, Ibn Ṭufayl pensaba que la explicación esotérica de Aristóteles por parte de Avicena no era satisfactoria. De resultas, la crítica formulada contra ella por al-Gazālī le parecía superada. Dado que Avicena había proclamado que no existía contradicción entre lo que viene dado por el razonamiento y lo que lo es por la iluminación, distinguiéndose lo segundo solamente por su mayor claridad, debía ser posible referirse *a la vez* a la obra esotérica de Avicena y a la de al-Gazālī.

Sin embargo, ambas eran inaccesibles. De la *Filosofía oriental* de Avicena, Ibn Ṭufayl sólo conocía las alusiones que figuran en el prólogo de su gran obra profesoral, la *Curación (Šifā)*[6]. En cuanto a al-Gazālī, reconocía que este autor había cambiado, en la medida en que se dirigía al vulgo. Algunos textos esotéricos habían pasado por suyos, pero los que él conocía le parecían sospechosos. Había, por tanto, que hacer una especie de apuesta y reconstituir los pensamientos auténticos de ambos «relacionándolos entre sí» y «ambos con las opiniones que han surgido en nuestra época, y que son adoptadas con fervor por personas que hacen profesión de filósofos»[7].

Formulación ambigua que percibimos hoy como una defensa de al-Gazālī, pero que pudo ser recibida como una crítica del mismo. Es el caso de un autor granadino del siglo XIV, que aisló el pasaje en el que Ibn Ṭufayl señalaba las contradicciones del doctor oriental, quien tan pronto condenaba a los filósofos por su concepción espiritual de la resurrección como adoptaba esta idea, aquí calificaba a los sufíes de infieles o de paganos y en otra parte se proclamaba de acuerdo con ellos para terminar escribiendo para el vulgo a la vez que se justificaba por hacerlo[8]. Además, ¿cómo podía Ibn Ṭufayl conciliar los elogios ditirámbicos que dedicaba a Ibn Bāŷŷa con la tentativa por salvar a su principal adversario, precisamente sobre el punto que les oponía más irreductiblemente?

Los escritos de madurez

Por su parte, Averroes se decidió a evitar cualquier ambigüedad. De entre los tres textos que escribió en Sevilla alrededor de 1179, el *Discurso decisivo*, el *Descubrimiento de los métodos de las pruebas* y la refutación de la *Refutación de los filósofos* de al-Gazālī *(Tahāfut al-tahāfut)*, fue este último el eje central de sus ataques. Frente a una propaganda que intentaba recuperar a la víctima de los autos de fe almorávides, frente al misticismo de Ibn Ṭufayl, él trató de demostrar que remitirse a esta autoridad era ir descaminado.

Vemos que Averroes había evolucionado mucho desde sus obras de juventud. Si en un texto de ese período trataba del *mahdī* almohade, de sus virtudes y de su ciencia, tal tema no volvió a aparecer posteriormente. Había desaparecido ya en la profesión de fe almohade que él comentó en una época indeterminada. Con mayor motivo aún fue totalmente eliminada en los textos teológicos en los que se expresaba en su propio nombre. Paralelamente, si el joven jurista se refería a al-Gazālī como modelo en metodología del derecho, el autor de la *Bidāya* no habló más de él. Había asimilado la materia pero sin volver a sentir la necesidad, incluso aunque a menudo estaba de acuerdo con él, de referirse a él. Podemos pensar, por tanto, que estos dos distanciamientos, frente a la creencia en el *mahdī* por una parte y a la autoridad de al-Gazālī por otra, no sólo fueron concomitantes sino que en cierta medida están ligados al deseo de presentar una interpretación auténtica del almohadismo, lejos de los compromisos y de las confusiones de la propaganda.

Queda por saber quién se encuentra en el origen de su nombramiento en Sevilla. El propio Averroes habría podido solicitar un cargo elevado que le asegurara una audiencia considerable para el esfuerzo de clarificación que pretendía realizar con la reforma religiosa almohade, reforma que debía parecerle entonces mal conducida. Pero resulta bastante difícil admitir que se lanzara a ello solo y sin apoyos, sin perjuicio de que pudiera perderlos por razones de *realpolitik* si las resistencias resultaban ser demasiado fuertes.

«El torrente se ha desbordado inundando los pueblos…»

Lo cierto es que el período que nos ocupa parece particularmente propicio para una acción doctrinal. La designación de Averroes en Sevilla en 1179 corresponde, en efecto, a un giro en la historia del mundo intelectual de la época. Fue el momento en el que terminó por desaparecer el personal religioso colocado por los almorávides y a quien los almohades no habían podido expulsar por miedo a crear un vacío mucho más perjudicial. Para nuestro pensador, esta mutación se registró simbólicamente entre 1168 y 1183. El año 1168 es la fecha de la muerte de su padre, Aḥmad, quien le había iniciado en las disciplinas tradicionales, y de Ibn Samaŷūn, quien le había enseñado letras y, quizá, matemáticas. En enero de 1183 desapareció Ibn Baškuwāl, uno de sus principales maestros en derecho y tradiciones y heredero mayor del cadí Abū Bakr Ibn al-ᶜArabī, autoridad espiritual suprema en la época almorávide.

Si establecemos un esquema de relaciones entre los diversos expertos en ciencias religiosas, disciplinas literarias, etc., por medio de discípulos comunes, constatamos que la red se hace cada vez más densa, compleja y complementaria a medida que nos aproximamos a la generación de los maestros de Averroes; con la de éste, dicha red de relaciones se reduce y se afloja bruscamente, relacionándose, por lo demás, preferentemente los grandes nombres que la forman con autores marginales del período precedente[9]. Una generación y una nueva síntesis se manifestarán aún, pero al precio de un desdoblamiento: la gran mayoría se reunió entonces en torno a un punto de vista más bien tradicional, pero frente a ella se constituyó un pequeño núcleo fuertemente ligado al poder almohade y, por ese hecho, mantenido por la mayoría bajo una cierta sospecha. El período que nos interesa aquí supuso, por tanto, una especie de paréntesis entre dos síntesis andalusíes de diferente tipo.

Además, esta ruptura fue aprovechada por otra tendencia, el sufismo. Fenómeno individual hasta entonces y reprimido cuando tomaba un giro colectivo de adhesión a un ser carismático, evolucionó abiertamente en una escuela que a partir de entonces figurará entre las disciplinas religiosas legítimas. El personaje central es Ibn al-Muŷāhid, que no sólo estaba activo hacia la misma época que Averroes, sino que su influencia se hallaba centrada en Sevilla. Una especie de competencia se abrió camino entre ambos personajes ya que, en la clasificación de maestros por orden cuantitativo de discípulos, Ibn al-Muŷāhid figura en el noveno lugar de su generación, mientras que Averroes es el decimocuarto. Pero aún más que estos tanteos, fue la alianza generalizada entre disciplinas místicas y ciencias religiosas tradicionales lo que resultaba amenazador[10]. El *topos* literario del antagonismo ineluctable entre *fuqarā* (literalmente «pobres», como se llaman a sí mismos los sufíes) y *fuqahā* (pl. de *faqīh)* o alfaquíes se mantuvo, pero correspondiéndose cada vez menos con la realidad.

Por otra parte, el propio Ibn al-Muŷāhid y algunos de sus discípulos se encontraban en relación indirecta con la enseñanza de al-Gazālī. Se comprende, por tanto, la exasperación de Averroes, quien, hacia cualquier lado que se volviera, se veía enfrentado a éste, y, sobre todo, encontraba en su propio círculo personas como su amigo Ibn Ṭufayl que estaban dispuestos a pactar. Eso es lo que expresó en un pasaje de su célebre *Descubrimiento de los métodos de las pruebas*[11], en el que elaboró una tabla resumen de todos los movimientos de ideas que se habían sucedido en el islam y que, según él, no habían hecho más que sembrar inquietud en los espíritus: jāriŷíes, muʿtazilíes, ašʿaríes y sufíes habían multiplicado las interpretaciones, «luego llegó Abū Ḥāmid [al-Gazālī] y el torrente se desbordó inundando los pueblos»[12].

Esta condena debe ser entendida de dos maneras. En primer lugar, en Averroes existía el reflejo musulmán habitual de desconfianza hacia toda «innovación». La cultura islámica ha integrado *toda* la historia de las ideas, *sean las que sean*, de origen autóctono o exterior, embrionarias o desarrolladas, bajo la clasificación de «estudio de las sectas» *(firaq)*, que nosotros llamaríamos «heresiografía».

Al mismo tiempo, por una curiosa paradoja, ha rechazado toda visión evolutiva. Su cuestión es únicamente: «Tal tesis, ¿es verdadera o falsa?», sin preguntarse si un movimiento ha contribuido al desarrollo general del pensamiento. Refugiándose tras un dicho profético, ha adoptado una actitud estática limitándose a fijar un número simbólico de divisiones de la comunidad. Ello supone que la doctrina islámica se encuentra enteramente en el Corán y que ya fue expresada desde los primeros musulmanes. Este rasgo se manifiesta en el hecho de que la heresiografía relacione sistemáticamente cualquier movimiento o individualidad de la historia con un personaje arquetípico de los inicios del islam. El objetivo de todos los que la practican es únicamente clasificatorio, reagrupando las facciones por semejanzas.

Averroes era tributario de este punto de vista. Para él un movimiento ideológico no era más que una causa de problemas que preparaban otras causas de problemas. No se separaba de la heresiografía sunní más que en un aspecto: en lugar de hacer de la teología tradicionalista la única doctrina elegida, la integraba a continuación de las herejías. La elección más acertada la verá, por su parte, en la auténtica sabiduría, la de los filósofos.

En segundo lugar está la condena de una actitud juzgada como versátil. Al igual que Ibn Ṭufayl, Averroes se sentía molesto ante las opiniones contradictorias de al-Gazālī: filósofo aquí, criticaba los límites de dicha disciplina en otra parte; en un capítulo proponía lo que él considera que era la verdad última mientras que en otro momento pretendía sobrepasarla.

Es cierto, sin embargo, que esencialmente en tanto que *mutakallim* (teólogo, que practica el *kalām*), fue como

Averroes consideró a al-Gazālī. Fue a dicha disciplina a la que, en repetidas ocasiones, reprochó el complicar inútilmente las cuestiones y fue ésa la razón por la cual, por su misma naturaleza, estaba condenada a un enmarañamiento ineluctable. Había introducido elementos innecesarios como el atomismo, destinado a justificar el advenimiento del mundo, elementos que tenía que justificar constantemente y que, de todas maneras, no eran probatorios[13]. Si en aspectos particulares al-Gazālī dio pruebas de independencia, ya que seguía una estrategia diversificada utilizando la lengua de sus adversarios, no podemos negar que en líneas generales fuera ašᶜarí, lo cual explica la crítica de la que fue objeto por parte de Averroes[14].

¿Qué es la filosofía?

La obra-manifiesto que constituye el *Discurso decisivo* es al mismo tiempo una hábil síntesis de aspectos jurídicos y filosóficos de la obra del propio Averroes y una conciliación del *fiqh* dominante en al-Ándalus, tanto con la renovación teológica de esta provincia como con la doctrina almohade. La argumentación jurídica jugó en ello un papel de soporte: «¿Cuál es el estatuto legal de la filosofía?» preguntó de entrada. Y respondió examinando las cuatro «fuentes» del derecho: Corán, tradición, razonamiento analógico y consenso.

A partir del examen de la prueba coránica, su forma de expresarse indica una inflexión característica: «Si el acto de filosofar no consiste en nada más que en el examen racional de los entes y en el hecho de reflexionar sobre ellos en tanto que constituyen la prueba de la existencia del Artesano; es decir, en tanto son [análogos] a artefactos –ya que, de hecho, sólo en la medida en que conocemos la fábrica, los entes constituyen una prueba de la existencia del Artesano– el conocimiento del Artesano es tanto más perfecto cuanto que es perfecto el conocimiento de los entes en su fábrica». Lo cual le permite concluir: «Mientras que la revelación recomienda y anima a los hombres a que reflexionen sobre los entes, es evidente que la actividad designada bajo ese nombre [de filosofía] es, en virtud de la ley revelada, unas veces obligatoria, otras recomendada»[15].

¿No era peligrosamente prudente decir que la filosofía «es sólo» el examen de las cosas existentes para deducir así la realidad del creador? ¿No era ésa la manera de pensar y de hablar del *kalām*?

Por un «*kalām* filosofico»

Ciertamente, pero de una forma particular: al igual que hay un *kalām* muᶜtazilí, un *kalām* ašᶜarí, un *kalām* ḥanbalí, incluso un *kalām* šīᶜí, ¿no podría existir lo que podríamos llamar, por el momento –a pesar de la contradicción histórica de los términos– un *kalām* filosófico? El *Descubrimiento de los métodos de las pruebas* es, en efecto y de forma manifiesta, un tratado relevante sobre esta disciplina. Tomando nota de que en el *Discurso decisivo* se distinguiera en la revelación una parte que procede de la interpretación y que está reservada a los sabios, y otra parte que es evidente y obligatoria para todos, Averroes declaró querer examinar esta última, lo cual le obligó a pasar revista a todos los problemas dogmáticos clásicos: existencia de Dios, Su unicidad, Sus atributos, Sus obras, etc.

Habría habido en ello, por tanto, una cierta picardía por parte de Averroes. En sus comentarios filosóficos y en sus obras puramente aristotélicas, incluido el *Tahāfut al-Tahāfut*, destinado a los iniciados, fue la forma del *kalām* tal como existía en su tiempo –es decir, el ašᶜarismo (ya que él mismo reconocía no disponer en al-Ándalus de libros muᶜtazilíes)– a la que se opuso. Pero eso no le impidió, para que la mayoría admitiera la filosofía, vaciarla en el molde del genero literario kalāmí, que había sido ampliamente reconocido por sus contemporáneos, los cuales no hacían –como hemos visto– más que seguir en eso las conminaciones de su propio abuelo.

¿Era posible salir de la ambigüedad que suscitaba este monstruo ideológico de un «*kalām* filosófico»? La primera frase del texto que acabamos de citar puede ayudarnos en ese sentido. Es una cita casi literal del principio de la primera *Guía espiritual* del *mahdī* almohade: «No hay de Dios más que aquello cuyos indicios son las cosas existentes y aquello que las criaturas atestiguan…»[16]. Tanto en el texto de Averroes como en el de Ibn Tūmart no podemos por más que sorprendernos ante la utilización de compuestos de la raíz d-l-l, que significa «ser indicio de…». Se trata de términos coránicos, que sin embargo el *kalām* confiscó, lo cual hizo que Averroes los rechazara en sus otras obras, e incluso en la continuación del presente opúsculo, en beneficio de la «prueba» *(burhān)*. El hecho de que aquí hiciera excepcionalmente esta concesión significa que Averroes seguía muy de cerca los pasos de Ibn Tūmart. Eso, sin embargo, a cambio de su propia interpretación, que él introdujo inmediatamente después: cuanto más se conocen los seres, más se conoce a Dios. Es, por tanto, la revelación misma la que ordena considerar a los seres por medio de la razón. La profesión de fe almohade insistía ya en que el conocimiento de Dios sólo era posible «por la necesidad de la razón»[17], y en otro pasaje del *Libro de Ibn Tūmart* separaba claramente esta trayectoria de la del derecho[18]. Averroes recuperó estos dos procedimientos que remitían el uno al otro sin encontrarse nunca.

Por tanto, se trataba, de hecho, de un *kalām* almohade, manifestación de esta disciplina que sólo era conciliable con la filosofía. De todas formas, el deslizamiento se operó gracias a un empujón puramente dialéctico que un espíritu riguroso como Averroes hubiera denunciado enérgicamente en otro contexto.

Veamos el pasaje que efectivamente contiene dicho deslizamiento: «Así, al igual que el jurista infiere, a partir de la orden de practicar el razonamiento jurídico para determinar las calificaciones legales, que él tiene la obligación de conocer, el silogismo jurídico en sus diferentes especies, cuáles son silogismos válidos y cuáles no lo son en absoluto, de la misma manera, quien conoce verdaderamente a [Dios] debe inferir, a partir de la orden de examinar racionalmente los entes, la obligación de conocer el silogismo racional en sus diferentes especies. E incluso está aún más autorizado a hacerlo, si tenemos en cuenta que del enunciado divino "Reflexionad, por tanto, vosotros que estáis dotados de clarividencia", el doctor de la ley puede inferir la obligación de conocer el silogismo racional»[19]. Vemos que todo en este pasaje reposa sobre la agregación del calificativo «racional», que es introducido allí con aire inocente, como si este único hecho no cambiara radicalmente lo calificado. Ciertamente, tanto Ibn Tūmart como el propio Averroes, a continuación de los grandes teólogos del islam, distinguieron claramente entre el «razonamiento analógico jurídico» y el «razonamiento analógico racional». El primero obedece a una lógica binaria, que va de lo particular de la revelación a lo particular de la realidad; mientras que el segundo tiende naturalmente hacia la forma ternaria del silogismo aristotélico, que procede incluyendo lo particular en lo universal. Se trata pues de dos pasos totalmente heterogéneos y no se podría pasar del uno al otro por un simple *a fortiori*.

«Los hombres de una ciencia profunda»

Del mismo modo, para recusar la acusación de infidelidad lanzada por al-Gazālī contra los filósofos orientales, Averroes procedió de una forma muy sutil. En principio se refirió al consenso de los teólogos que admitían la interpretación alegórica; es decir, que autorizaban al hombre a proponer una significación para ciertos pasajes difíciles de la Escritura. Pero eso no era suficiente. Por una parte, él mismo reconocía que dicho consenso tenía una extensión indeterminada. Por otra parte, en su *Bidāya* también había discutido el valor del consenso. No le reconocía valor más que en la medida en que el procedimiento aparecía como el resultado de una reducción del número de las escuelas jurídicas. Asimismo, se apoyó en el texto coránico cuyo carácter sagrado proporciona la prueba irrefutable a los ojos del lector corriente.

Para eso eligió la aleya 7 de la azora III, que comienza por distinguir dos aspectos de la revelación; el uno simple y claro y el otro más difícil de captar: «Es Él [Dios] quien ha hecho descender sobre ti [Profeta] la Escritura. En ella hay aleyas confirmadas que constituyen la esencia de la Escritura, mientras que otras son equívocas. Aquellos en cuyo corazón hay un sesgo siguen lo que es equívoco en la Escritura, porque buscan la confusión y la interpretación»[20]. Averroes enfocó la continuación de esta aleya siguiendo una lectura legítima pero que no se correspondió con la que se hacía habitualmente, aunque su caso no fuera el único. Al no llevar el texto puntuación, podía efectivamente ser descompuesto de dos formas diferentes, bien: «la interpretación de estas aleyas sólo es conocida por Dios, y quienes poseen una ciencia profunda declaran: "Nosotros creemos en eso…"»[21], o bien: «La interpretación de estas aleyas sólo es conocida por Dios y por quienes poseen una ciencia profunda. Ellos declaran: "Nosotros creemos en eso"». Es esta segunda lectura la que adoptó nuestro pensador, lo cual le obligó a distinguir entre dos categorías de creyentes: los que tienen que contentarse con pasajes coránicos claros y quienes pueden examinar las aleyas difíciles[22].

Esta última categoría, que Averroes llamó «los que están anclados en la ciencia», según la fórmula coránica, estaba constituida, en su opinión, por los filósofos. Éstos fueron, por tanto, situados al mismo nivel que Dios de cara a la interpretación de los versos ambiguos, lo cual contradice la lección más comunmente admitida y según la cual «sólo Dios conoce» esta interpretación.

Sin embargo se impone hacer una distinción. Aunque la palabra *ta'wīl*, utilizada por Averroes para designar la interpretación, pertenece también al vocabulario de los esotéricos, la concepción que él tenía de la misma era completamente diferente. Observemos en primer lugar que esta noción y la demostración de su necesidad están explícitamente ligadas a problemas *filosóficos*, a los cuales sirven de introducción. Sobre todo, la definición que de ella dio Averroes es muy restrictiva: «Lo que queremos decir con "interpretación" es la transferencia de la significación de la palabra de su sentido propio hacia su sentido trópico, sin infringir el uso tropológico de la lengua árabe, según el cual podemos designar una cosa por su análogo, su causa, su efecto, su compuesto, o por otras cosas mencionadas como formando parte de los tipos de tropos»[23]. Así pues, la teoría de la interpretación no aspira a establecer una alegoría, sino al verdadero sentido, según las reglas de la gramática árabe.

Esta trayectoria tiene una doble justificación. En primer lugar, podemos considerarla como la simple extensión de una práctica ya admitida universalmente en el islam: «Si el jurista procede así en un buen número de casos para establecer los estatutos jurídicos, el defensor de la ciencia demostrativa se encontrará tanto más autorizado para hacer lo mismo, cuanto que el jurista no utiliza más que un silogismo sobre el que se puede opinar mientras que quien conoce verdaderamente a Dios utiliza un silogismo cierto»[24]. En segundo lugar, y sobre todo, describe exactamente la tarea que corresponde al *mahdī* en la doctrina almohade, ya que si ésta le reconoce la impecabilidad y el derecho a ser imitado y obedecido de forma absoluta, ello se limita al ámbito de la acción; en el ámbito especulativo no tiene más poder que el de la interpretación según las reglas mencionadas explícitamente por el propio Ibn Tūmart. A diferencia del imán šīʿí, el *mahdī* no posee ninguna función de revelación.

Asimismo, habiendo desaparecido el *mahdī* almohade, Averroes se vio libre para atribuir este papel de interpretación a un grupo restringido de personas informadas. Pero no podía llevar a cabo este desplazamiento bruscamente, porque chocaría a todo el mundo. Es ésa la razón por la que procedió amoldando su cometido al de la profesión de fe almohade. En ella se cita íntegramente la aleya coránica de la que nos hemos ocupado antes[25], sin pronunciarse sobre una determinada puntuación que modificaría el significado en un sentido o en otro. La razón por la que en ella no se toma partido aparece inmediatamente después explicada por un hadiz según el cual hay que evitar que alguien se interese por las aleyas ambiguas. Pero no por ello éstas son menos y tendrá que ser el imán quien facilite su interpretación. Averroes, por su parte, dio pruebas de una considerable prudencia. Comenzó por citar la aleya, pero no en su totalidad, reproduciendo solamente el principio y añadiendo «hasta: "y los hombres de una ciencia profunda"»[26]. Después pasó a otra cosa, en particular a la condena de los filósofos orientales llevada a cabo por al-Gazālī. Habiendo, como hemos visto, eliminado dicha condena a través de una llamada a un consenso incierto, concluyó con una frase cuyo tono un tanto jocoso ocultaba de hecho una verdadera sacralización de los filósofos: «Optamos, con respecto a nosotros, por la lectura consistente en marcar una pausa *después* de las palabras: "y los hombres de una ciencia profunda"»[27].

Efectivamente, explicaba con cierto apuro que, a falta de esta categoría de hombres, no habría nadie que diera su aprobación a estas aleyas, ya que sólo el vulgo las aceptaba con toda confianza, algo que los filósofos, por naturaleza, no podrían hacer. Dicho de otra manera más clara: ¿a qué vienen unas aleyas que nadie podría comprender? ¿Iba Dios a hacer una revelación sólo para sí mismo? Si se trata de revelación, es para los hombres en su integridad; todos los hombres deben, bien directamente por sus propios recursos, bien indirectamente, para la gran mayoría, tener acceso a la totalidad de su mensaje.

Un reformador circunspecto

Los textos sevillanos de 1179 de Averroes aparecen así con una voluntad de reforma dentro de la reforma. De manera general, el fondo de la solución propuesta por Averroes para el problema del estatuto legal de la filosofía, que hay que distinguir de los niveles de entendimiento, se correspondía con la jerarquía almohade de las diferentes formas de fe. Su rasgo particular es que, tomando nota de la desaparición del *mahdī* inspirado, lo reemplazaba, desde el punto de vista teórico, por la gente del «saber por prueba» (desde el punto de vista práctico se trata de la dinastía califal, a la que servía, por otra parte).

Es eso lo que explica la transformación de la clasificación empírica de los creyentes, en el momento en que los almohades tomaron el poder, en otra más razonada: la clasificación aristotélica de las disposiciones del espíritu, que distingue a quienes sólo son sensibles a las evocaciones retóricas, a quienes se elevan hacia argumentos dialécticos y a aquéllos que exigen demostraciones apodícticas. Pero se puede pensar que, al igual que él debía preparar a sus lectores para descubrirla, Averroes no se adhirió a ella de golpe, a pesar del aparato de elucidación de esos niveles que había sido elaborado por al-Fārābī en su aproximación a la *Poética* y a la *Retórica* aristotélicas[28]. Le fue necesaria una preparación psicológica, que la doctrina oficial facilitaba a las mil maravillas. De ahí las palabras de gratitud hacia el régimen político-ideológico de la época con las que concluyó el *Discurso decisivo*.

De todas maneras, para tranquilizar a aquellos a quienes pudiera inquietar la sustitución de un *mahdī* inspirado por un grupo de expertos, Averroes puso un cierto número de barreras. Citemos esencialmente dos. La primera viene a propósito de la inimitabilidad del Corán. Nuestro filósofo había adoptado al respecto una postura que se había difundido durante los primeros siglos del islam, pero que había ido perdiendo audiencia después del siglo x/iv, restringiendo ese dogma al carácter providencial del *contenido* de la revelación, sin hacer intervenir a la superioridad estilística. El Corán, para Averroes, era, con mucho, el texto que suscitaba la aprobación más general; no obstante, se imponía establecer dos precisiones en relación con la clase elegida: primeramente, los argumentos «por su naturaleza, [...] se sostienen tan eminentemente que sólo pueden descubrir su interpretación –si se trata de enunciados interpretables– los hombres que disponen de argumentos demostrativos»; en segundo lugar, «implican, en la intención de los hombres [cualificados para conocer la verdad], indicios que señalen la verdadera interpretación»[29]. Dicho de otra manera, la revelación sigue siendo su propia marca, y la razón universal que ella encarna se distingue claramente de la fantasía individual. Así, no sólo son apartadas las elucubraciones de los místicos. También los abusos de algunos filósofos, así como la excesiva libertad que se había tomado Avicena con respecto a los temas escatológicos del Corán en su *Epístola sobre la vida futura*[30].

La segunda barrera consiste en una llamada al papel del tiempo en la maduración de los espíritus, llamada que permite además descalificar a quienes se oponen a cualquier hallazgo. Averroes puso el ejemplo de alguien que quisiera ser astrónomo sin poseer una formación en geometría. Incluso por inspiración divina, no podría alcanzar ideas que se hallan en total contradicción con nuestras primeras impresiones, como el hecho de que el Sol sea ciento cincuenta o ciento sesenta veces más grande que la Tierra: «Él tacharía de locura al que sostuviera tal propósito, incluso cuando se trataba de un hecho establecido en astronomía por medio de una demostración que no levantara la más leve sombra de duda entre los expertos en la materia»[31].

Esta forma de parapetarse tras una «ciencia», incluso profana, es digna de ser anotada. Ciertamente, la astronomía no era del gusto de todos en la época, pero las afirmaciones de ciertos cronistas, que la presentaban como indicio evidente de herejía ante el público, eran muy exageradas. Aunque no era admitida tan fácilmente como el cálculo o la geometría, no por ello estaba condenada a la clandestinidad. El vulgo la tenía en mejor consideración que a la filosofía. Razón de más para que las personas cultivadas la juzgaran como una adquisición.

El *Descubrimiento de los métodos de las pruebas*, única obra expresamente fechada en 1179 en Sevilla, carece del tono de los dos textos que la circundan: el *Discurso decisivo*, en el cual se basa explícitamente, y la refutación de al-Gazālī, admitida normalmente como la continuación. El *Descubrimiento* es un tratado de teología, que manifiesta, como hemos visto, un matiz del *kalām* almohade. Sigue lo esencial de la dogmática del *mahdī,* salvo sobre el punto del destino humano, donde sus posiciones son más conciliadoras. Esta inserción en la corriente oficial proporcionó a su autor una confianza y una virulencia notables. Sus críticas fueron directas y «en todas direcciones»: atacó a antropomorfistas, a otras escuelas teológicas y sufíes, a veces con violencia. En las otras dos obras su actitud era mucho más prudente. Eso se comprende en el *Discurso decisivo*, que debía abrir la vía no sólo a un manual de teología, sino también a la asimilación de la orientación de ésta hacia la filosofía. Ello, sin embargo, es mucho más sorprendente en la crítica del *Tahāfut* de al-Gazālī, que no se trataba de una obra destinada al gran público y era de esperar que en ella el aristotelismo de Averroes se expresara claramente.

De hecho, el caso del *Tahāfut al-Tahāfut* es muy especial. En él, Averroes no pudo refugiarse totalmente en una autoridad a la que se contentaría con citar explícitamente. Se vio fuertemente tentado a adoptar esta solución ya que declaró que la doctrina de Aristóteles era «el grado más alto que la inteligencia humana podía alcanzar»[32], que nos había sido concedida por la providencia para enseñarnos lo que se puede saber, etc. Pero eso no era suficiente para el público musulmán y tenía que *mostrar* que la filosofía peripatética no caía *en efecto* por el golpe de las acusaciones del doctor oriental. El tecnicismo de la mayoría de las cuestiones le protegía, pero algunas resonaban demasiado en el alma de los creyentes. Nuevamente, se vio obligado a hacer distingos para librarse.

Antes de nada, dio testimonios. No sólo fue más allá del *Discurso decisivo* al reconocer que una religión puramente especulativa no era deseable, sino que mantuvo explícitamente a los expertos en la escala de las instituciones islámicas transmitidas por la historia[33]. Hay incluso una especie de justificación «filosófica» del exclusivismo religioso a través de la idea según la cual cada arte posee sus principios sin que podamos aceptar a los que discuten los principios, especialmente los más elevados[34].

No hay que suponer aquí hipocresía por parte de un «librepensador», como pretendía Renan. Basta con recordar que Averroes era un cadí y que el derecho musulmán siempre y en todas partes ha condenado a muerte al hereje *manifiesto*. Lo contrario hubiera sido sorprendente por parte de nuestro pensador. El azar ha querido que, ocho siglos más tarde, un casi homónimo suyo, el musulmán indio Salmān Rushdie, haya sido acusado de insultar al Profeta y a sus esposas en sus *Versos satánicos*. La condena a muerte que siguió, firmada por el ayatolá Jomeini, conmovió al mundo entero. Pero no es tomar partido por este último decir que, en tanto que alfaquí, no podría en ningún caso haberse pronunciado de manera distinta. El propio Ibn Rušd habría dictaminado una condena idéntica contra Rushdie.

Además, Averroes estaba persuadido de que él no era un hereje. ¿Cómo iba a serlo si se había adherido al credo oficial de su tiempo? «Reformador», sin duda, pero para volver a un «unitarismo» auténtico, exactamente lo que quería el *mahdī* almohade, Ibn Tūmart.

8. Una autoridad equívoca

No ocurre en absoluto que Dios induzca a error a un pueblo después de haberlo dirigido[1].

¿Qué eco pudo tener la acción doctrinal de Averroes? Entre el vulgo, ciertamente ninguno. Tampoco se preocupaba por ello. Sólo aspiraba al reconocimiento del papel de los sabios. No a modificar la creencia popular, sino a yuxtaponerle una esfera de fe razonada, que aquélla habría aceptado sin participar en ello para nada. Por otra parte, pidió expresamente al poder político que mantuviera estos compartimentos estancos: había que impedir que los teólogos leyeran libros de ciencias que no podían comprender, y que los filósofos divulgaran su saber a las masas, con lo cual Averroes no hizo más que trasladar al interior de la comunidad islámica la separación que Ibn ᶜAbdūn, por ejemplo, había establecido entre las distintas comunidades religiosas.

Pero entre los intelectuales como él, ¿qué fue de sus ideas? No disponemos de ningún documento que permita emitir un juicio directo. El único texto procedente de un filósofo, ganado al almohadismo, que conocemos es el prefacio autobiográfico de la *Introducción al arte de la lógica* de Ibn Ṭumlūs. Se trata de un escrito muy tardío, por distintos conceptos, aunque data, sin duda, de principios del siglo XIII y es posterior un cuarto o un tercio de siglo solamente a la muerte de Averroes. Sin embargo, no exterioriza la situación *del momento* en que este último fue comisionado oficialmente, ni siquiera de algo después. Entre ambos se habían producido giros decisivos: caída en desgracia de Averroes, reorientación de la ideología almohade bajo Abū Yūsuf Yaᶜqūb e impacto del esfuerzo de propaganda.

Este último fenómeno condujo a Ibn Ṭumlūs a aparentar que creía en la connivencia entre la reforma de Ibn Tūmart y la ideología de al-Gazālī, confusión que, precisamente, había constituido el blanco principal de los ataques de Averroes. En cuanto a las peripecias que conoció nuestro pensador al final de su vida, explican que Ibn Ṭumlūs invocara abiertamente, aparte de a al-Gazālī, a al-Fārābī y que silenciara totalmente a Averroes, incluso cuando parece que fue discípulo suyo. Es verdad que la obra lógica de Averroes depende en gran medida de al-Fārābī y que no es ilícito preferir al maestro frente al discípulo. Pero el autor andalusí no hizo más que repetir la enseñanza del filósofo oriental. En Ibn Ṭumlūs, con respecto a Averroes, habríamos esperado la misma actitud de éste con respecto a Ibn Bāŷŷa, situándolo por debajo de al-Fārābī, que no en vano fue su segundo maestro después de Aristóteles, pero sin pasarlo por alto de cara a sus lectores, aunque sólo fuera por razones de mayor facilidad de acceso a sus escritos.

Otros discípulos de Averroes se mostraron más leales, pero prácticamente no dejaron obras escritas. Tendremos la ocasión de evocar a alguno de ellos, testigos de su audiencia.

En cuanto a los nombramientos, recompensas, o, por el contrario, desgracias, no representan más que el beneficio o el perjuicio del autor de cara al poder. No se confunden en manera alguna con la consideración en que la gente tenía al autor.

Averroes, historiador y actor de la vida pública

En efecto, la fase polémica de la vida de Averroes no se limita a su nombramiento como cadí de Sevilla en un período de cambio en el que se renovó la clase intelectual de al-Ándalus, ni a su redacción, en este marco, de las tres obras principales en las que habló en su propio nombre. Muy pronto fue promovido a gran cadí de Córdoba. Ello suponía reconciliarse con los títulos que había ostentado su abuelo y su padre, e inscribirse así en una «política de familias» tradicional. Esta vez no se tuvo que enfrentar a los Banū Ḥamdīn ni a los Banū Aṣbag. Su rival se llamaba Ibn Mugīṯ, apodado Ibn al-Ṣaffār. Los Banū Mugīṯ se habían distinguido en las altos cargos religiosos desde el siglo IX. Su abuelo, contemporáneo de Ibn Rušd *al-ŷadd*, no ostentó un título tan rimbombante como él, pero le superó con creces en el orden de preeminencia de los maestros entre los estudiantes. Apenas unos años mayor que nuestro autor, Ibn Mugīṯ había ejercido como gran cadí de Córdoba durante dieciocho años, cuando murió en 1180 y fue reemplazado por Averroes. No se había medido directamente con él, que sepamos, pero se había distinguido, a partir de 1168, a la cabeza de una oposición organizada por los grandes nombres del mālikismo andalusí contra otro eminente adepto del régimen almohade, Ibn Maḍā'.

Reforma contra revolución

Alrededor de esta fecha Averroes compuso su comentario de la *República* de Platón. En el que había llevado a cabo anteriormente sobre la *Ética a Nicómaco*, había manifestado su esperanza de encontrar algún día una traducción al árabe de la *Política* de Aristóteles, estando persuadido de que había sido realizada en Oriente y de que al-Fārābī había podido disponer de ella. En realidad, parece que tal traducción nunca existió[2], pero Averroes no lo sabía[3]. Rápidamente, al tiempo que lamentaba no contar con el texto político de Aristóteles, Averroes renunció a la idea de encontrar un ejemplar del mismo, ya que tenía prisa por dar su opinión sobre el tema. En ninguna otra obra, en efecto, encontramos una toma de posición tan clara sobre la historia de su tiempo.

Este documento es en sí mismo un híbrido. En la versión hebrea, que es la única conservada, se emplea para designarlo, tan pronto una palabra que significa «pequeño comentario», como otra que denota un «comentario mediano». Y, en efecto, no estando Averroes interesado por lo que, del pensamiento de Platón, era irreductible al universo aristotélico, es decir, lo que no era «demostrativo», sólo los pasajes que podían ser calificados como tales fueron objeto de un estudio ordenado. El resto fue resumido e incluso omitido.

Ya vimos que en la obra mencionada, Averroes había expresado con gran claridad su actitud con respecto a los emires almorávides, respetando al primero, pero considerando a los otros dos como la encarnación tipo de la degradación de los regímenes políticos, tal como la había descrito Platón. Igualmente, su descripción del paso de la democracia a la tiranía tomó como referencia, en un par de ocasiones, la historia de su ciudad natal en el momento del cambio de dinastía: la primera a propósito del último gobernador almorávide en Córdoba, que aprovechó los disturbios ocasionados por la revolución almohade para independizarse[4]; después, citando las palabras de Platón que muestran al pueblo oprimido, como reducido a no pensar más que en su propia subsistencia, añadió: «Exactamente lo mismo que le sucedió a la población de nuestra comarca con el hombre conocido [por el nombre de] Ibn Gāniya»[5]. En esta insistencia, podríamos quizá percibir la exasperación que podía suscitar la evocación de esta familia de los Banū Gāniya que, en el momento en que escribía Averroes, aún resistía a los almohades en las Baleares y que muy pronto trasladaría su rebelión al otro lado del mar, en la región de Bugía.

Pero no era sólo la rebelión abierta lo que preocupaba a Averroes. La tibieza de algunos dirigentes, la hipocresía de los dignatarios –entre los que podemos reconocer a Ibn Mugīṯ– fueron asimismo enfocados: Averroes denunció el resurgimiento, en el al-Ándalus de su tiempo, del poder del dinero[6], que la mayor parte de las veces sólo daba lugar a actitudes todavía más «abyectas»[7].

Vemos hasta qué punto el comentario de la *República* se inscribe en la voluntad de acción reformadora. Dejando atrás los textos que proponían primero la justificación de un *kalām* almohade, después su realización y finalmente la demostración de su acuerdo con la filosofía frente las críticas de al-Gazālī, a través de tomas de partido de orden temporal, condenaba las oposiciones abiertas al régimen que se pretendía portador de la reforma, pero también las resistencias sordas o la obstinación en una concepción errónea de la religión.

Porque este texto de un hombre que había sobrepasado la cincuentena contiene aspectos sorprendentemente juveniles, con las ambigüedades que ello podía entrañar: ¿coraje o inconsciencia?, ¿convicción o fanatismo? Es así como desarrolló un punto de vista original sobre dos cuestiones principales: la de la guerra y la de la mujer.

Averroes, ¿belicista y feminista?

Averroes fue mucho más lejos que su guía. Para Platón, en efecto, la ciudad virtuosa no debía lanzarse a un conflicto bélico más que por necesidad o para expandir la virtud entre las demás sociedades. El coraje sólo debía desarrollarse, por tanto, para el ejercicio de su propia actividad o para entablar combates impuestos por otro. El pensador musulmán, por el contrario, veía en la lucha el principal objetivo de esta virtud, la cual no podía, en consecuencia, más que dilatarse en un conflicto continuo. Este belicismo, por parte de un pensador que, como la inmensa mayoría de los ulemas de su época, nunca había participado en un combate real, es digno de ser señalado. Debe ser relacionado con las exhortaciones que, en tanto que predicador, Averroes prodigaba en favor de la guerra santa. Ambos hechos se insertan en la política del califa Yūsuf y en la atracción que éste sentía por el *ŷihād*, atracción que le condujo a intervenir en la compilación del *Libro de Ibn Tūmart* para adjuntarle una colación, elaborada por orden suya y no del *mahdī,* de pasajes de la revelación concernientes a ese tema.

Tanto en un caso como en el otro, este compromiso produce una penosa impresión. ¿Qué pensar, en consecuencia, de la consistencia de tal activismo verbal? El historiador no puede más que constatar el contraste existente entre el ardor doctrinal del príncipe sobre el *ŷihād* y la mediocridad de sus realizaciones militares efectivas. En cuanto a Averroes, su papel como exhortador desde detrás de la barrera no es en absoluto simpático. ¡Nos recuerda la imagen de Barrès frente a los *poilus** de 1914!

Respecto a la cuestión femenina, por el contrario, nuestro filósofo manifestó más coraje. En primer lugar, se adelantó, por no decir se situó, en total oposición con su entorno, incluso entendido en el más amplio sentido. Averroes, en efecto, desarrolló, sin la menor restricción, la tesis platónica de la igualdad de los sexos: «En estos Estados, sin embargo, la capacidad de las mujeres no es reconocida, ya que en ellos las mujeres sólo son requeridas para la procreación. Son, por tanto, puestas al servicio del marido y [relegadas] al trabajo de la procreación, de la educación y del amamantamiento. Pero eso anula sus [demás] actividades. Dado que las mujeres, en dichos Estados, no se dedican a ninguna de las virtudes humanas, a menudo ocurre que se parecen a plantas. Que en esos Estados sean una carga para

* Soldados franceses de la Primera Guerra Mundial; veteranos. [*N. de la T.*].

los hombres, es una de las razones de la pobreza de esos [mismos] Estados. En ellos se encuentran en un número que duplica al de los hombres, mientras que al mismo tiempo, en virtud de la educación, no realizan ninguna de las actividades necesarias, a excepción de algunas, que ellas emprenden la mayoría de las veces en el momento en que se ven obligadas a satisfacer sus necesidades económicas, como hilar y tejer. Todo eso es evidente por sí mismo»[8].

Más aún que la pérdida del original árabe, el hecho de que tales palabras no hayan sido mencionadas por los adversarios de Averroes sugiere que este comentario iba destinado a un reducido público.

Averroes se introdujo aún más en las altas esferas en 1182, fecha en la cual sucedió a Ibn Ṭufayl, quien había dimitido de su cargo como médico del sultán. No obstante, Averroes no abandonó su cargo de gran cadí de Córdoba. Aunque esto no le obligaba a permanecer a diario en su ciudad, parece que permaneció allí en el transcurso de, al menos, los dos primeros años. Fue más tarde cuando pasó largas temporadas en Marrakech.

La investidura de al-Manṣūr

Tan pronto como Averroes fue llamado al Magreb para ejercer su nuevo cargo, al-Ándalus volvió a convertirse en escenario de grandes movimientos militares que reclamaban la presencia del sultán. Mientras que en los años 1180-1181 había estado guerreando en Ifrīqiya contra las tribus árabes, fue requerido en la Península por la ruptura de la alianza con los leoneses. Éstos atacaron Cáceres en 1183, en tanto que los castellanos y los portugueses hostigaban la región de Sevilla. La primera respuesta fue naval, con una gran victoria en 1182, sobre la flota portuguesa anclada en el puerto de Silves, del cual pretendía apoderarse. Pero eso no bastó. Durante el invierno de 1183, Yūsuf reunió un enorme ejército y volvió a cruzar el Estrecho en la primavera del año siguiente. Primero quería castigar a Portugal, avanzando hasta Santarem, pero el anuncio de la llegada de refuerzos leoneses en ayuda de su enemigo le obligó a ordenar una retirada que, limitada en un principio, se tornó en una desbandada y permitió a los cristianos pasar a la ofensiva. El sultán resultó herido en ella y murió a finales de julio, en medio del ejército que se batía en retirada hacia Sevilla.

No había heredero designado. Asimismo, en el círculo del sultán se propuso, desde el día siguiente e incluso antes de divulgar la noticia de su muerte, a su hijo Abū Yūsuf Yaᶜqūb como sucesor. Éste sólo contaba veinticuatro años y medio, pero había sido ya ministro y gozaba de la total confianza de su padre. El historiador moderno A. Huici Miranda traza el siguiente retrato de él: «Elocuente y pronto a la respuesta, dominaba, siempre alerta, todas las comarcas de su reino. Era valiente, el primero en el ataque y de gran rigor para con sus enemigos; no se le escapaba el mérito de ninguno de sus hombres ni se le ocultaban los asuntos de sus subordinados; nadie se arriesgaba a engañarle»[9].

Aunque acababa de ser proclamado «emir» en Sevilla, abandonó rápidamente la Península cuyo gobierno confió a uno de sus hermanos, y partió hacía Rabat para que le fuera confirmado su título de «príncipe de los creyentes». Tomó el sobrenombre propiciatorio de «victorioso *[al-Manṣūr]*», pero muy pronto tuvo que enfrentarse a la revuelta de los Banū Gāniya que se habían desplazado de Mallorca a Bugía, desde donde habían conquistado la mayor parte del Magreb oriental, región en la cual intentaban reinstaurar la legitimidad almorávide. La situación no se restableció –momentáneamente– hasta 1187-1188, tras una serie de ofensivas, no sin prolongaciones en las intrigas de palacio, que fueron ahogadas en sangre.

Durante esos cuatro años, al-Ándalus se mantuvo en una situación más o menos apacible. El sultán reanudó las obras de Sevilla. Al mismo tiempo ordenó acondicionar en la capital magrebí la zona de la Sāliḥa. Cuatro mil obreros, venidos de todos los rincones del imperio, fueron movilizados para construir allí doce palacios y una mezquita. Averroes resultó beneficiado por esta acción cultural. Desde Renan, los autores se han complacido en subrayar el favor personal del que gozó en esta época. Evidentemente, el nuevo califa no le guardaba rencor por no haber podido hacer nada contra la herida mortal de su padre y le mantuvo en su cargo de médico privado del sultán. Sin duda, también le gustaba discutir con él sobre diversos temas. Pero el cuadro que pinta Renan, a partir de una anotación de un biógrafo libremente interpretada, parece demasiado idílico: «Al-Manṣūr gustaba de conversar con él sobre temas científicos; le hacía tomar asiento en el cojín reservado a sus más íntimos favoritos y en la familiaridad de las entrevistas, Averroes se abandonaba hasta el punto de llegar a decir a su soberano: "Escucha, hermano mío"»[10]. Con más prudencia, el arabista español J. Puig recuerda, con mucha razón, que aunque las relaciones parecen haber sido bastante buenas, Abū Yūsuf carecía del interés de su padre por el saber universal, y ante todo era un teólogo[11]. En efecto, no sólo las decisiones oficiales de éste se basaban en una interpretación muy estricta de los deberes del musulmán (prohibición de las bebidas embriagantes, retirada de todas las telas de seda y bordadas en oro de los almacenes reales, expulsión de los músicos y de las cantoras), sino que llevó a cabo una tentativa para administrar personalmente la justicia, tentativa que se quedó corta dados los desenfrenos de la muchedumbre.

Estos gestos son la expresión de un interés doctrinal particular en el que se traslucen las dudas sobre la interpretación que debía darse al almohadismo. Aunque Averroes mostró una gran profundidad a la hora de dar la suya propia, inspirada en la filosofía griega pero manteniendo todo su derecho a la revelación coránica, numerosos comentadores se vieron tentados de reducirla a formas ya existentes. De la misma manera se procedió a desenterrar el ẓāhirismo, interpretación literalista que, con Ibn Ḥazm, produjo una cantidad impresionante englobando todos los ámbitos de la cultura islámica, pero cuyo carácter voluntariamente antihistórico le impidió elevarse al rango de escuela constituida. Un contemporáneo de Averroes, Ibn Maḍā', encarna bien esta orientación. Algunos de sus maestros y de sus discípulos fueron los de nuestro filósofo, con el cual, por otra parte, no parece que estuviera relacionado. Una suerte de reparto de tareas se produjo entre los dos, con prolongaciones ideológicas contrastadas. Ibn Maḍā' se interesó por la gramática y por las ciencias religiosas tradicionales: Corán, hadiz, *fiqh*. Su adhesión al ẓāhirismo le condujo a adoptar posiciones políticas contra los almorávides que provocaron su salida de Córdoba en 1145. Optó entonces por el movimiento almohade, al que se unió en Tinmallal. Allí se dedicó a la enseñanza, contando entre sus alumnos con los hijos del sultán ᶜAbd al-Mu'min. De vuelta a Córdoba, en 1168, combatió al *establishment* mālikí y especialmente a Ibn Mugīṯ, a quien Averroes reemplazaría más tarde. Tras una estancia como juez en Bugía, se convirtió en cadí supremo de Marrakech en 1182. Como se ha visto, el paralelismo entre su carrera oficial y la de Averroes es sorprendente, lo cual subraya aún más las divergencias entre ambos.

A pesar de las incuestionables diferencias, analizadas por R. Brunschvig, para conciliar derecho ẓāhirí y derecho almohade, es indiscutible que ciertos puntos de aproximación fueron explotados. La común oposición al mālikismo pudo jugar también un papel estratégico en esta confusión voluntaria, ya que resultaba tentador utilizar desarrollos ya existentes en beneficio de la nueva doctrina. Ibn Maḍā' es la prueba de ello. El nuevo califa, al-Manṣūr, siguió en un principio la misma vía. Pero las tiranteces doctrinales hicieron más efecto en él que en el juez supremo de Marrakech, el cual se consagró sobre todo a repensar la lengua árabe según los principios teológicos de su doctrina, a la manera de los especialistas en los fundamentos *(uṣūl)* tanto del derecho como de la religión. Al-Manṣūr, por su parte, se aproximó al šāfiᶜismo, doctrina que está en el origen de la ciencia de los fundamentos, apareciendo así su actitud como la inversa adoptada por Ibn Ḥazm en su tiempo. Nombró a numerosos cadíes entre los partidarios de esta escuela. Finalmente, en 1189, aprovechó una enfermedad de Ibn Maḍā' para reemplazarle por otro y relegarle en al-Ándalus, donde se dedicó a la enseñanza hasta su muerte, siete años más tarde.

Estas dudas entre orientaciones a la vez próximas en ciertos aspectos y rivales en otros, explican que el primer período del califato de al-Manṣūr aparezca como una especie de retiro dorado concedido por anticipación a Averroes. Por una parte se reconocieron sus servicios y sus desvelos, al igual que se consagraron sus capacidades jurídicas y médicas. Pero al mismo tiempo su interpretación de la doctrina oficial inspiró cierta inquietud. Averroes, en efecto, ocupó una posición muy singular. Ibn Maḍā', que apelaba si no a una escuela, al menos a una tendencia históricamente atestiguada en al-Ándalus, había podido ir más lejos y obtener la judicatura suprema de la capital del imperio. Pero terminó por ser apartado. Con mayor razón un filósofo, que reivindica su apego por personalidades aisladas, incluso marginales.

Asimismo se restableció una distinción entre la actividad privada de Averroes y su actividad pública, distinción sobrepasada, brevemente, por su ofensiva doctrinal.

El ciclo de los grandes comentarios

En lo sucesivo, su actividad privada estará representada sobre todo por el ciclo de los «grandes comentarios» *(tafsīr* o *šarḥ)*. Alcanzaron tan escasa difusión que durante mucho tiempo sólo uno, sobre la *Metafísica*[12], ha sido conocido en su lengua original y en su totalidad. Recientemente se ha añadido otro, incompleto, sobre los *Segundos Analíticos*[13] (veintitrés de los treinta y cuatro capítulos del primero de los dos tratados), así como un fragmento del dedicado a los *Primeros Analíticos*[14], consagrado a la «generalidad».

Los otros grandes comentarios conocidos (sobre la *Física*, sobre el *Tratado del alma* y sobre los *Meteorologica*) no nos han llegado más que en la traducción latina. Pueden añadírseles, a partir de 1186, nuevas mezclas de algunos pequeños comentarios, sin que se sepa si Averroes volvió a ocuparse de ellas deliberadamente o por encargo. En ellos se muestra menos dependiente de Ibn Bāŷŷa y más cercano a Aristóteles, al tiempo que su estilo adquiere mayor concisión. La actividad pública se limitó a responder a consultas, prolongadas por la enseñanza del derecho, y por la redacción de obras médicas.

Los grandes comentarios son aproximaciones escolares muy minuciosas al texto aristótélico. Es posible que no abarquen todo el campo recorrido por los comentarios pequeños y medianos y que hayan, según algunos, precedido a los mismos en su elaboración. Pero Averroes parece haberlos divulgado solamente en un tercer momento, que presupone la lectura de los otros. Sólo el dedicado a la *Física* puede, aparentemente, ser fechado con exactitud en 1186. El del *Tratado del alma* habría sido redactado antes incluso que el comentario mediano sobre la misma obra, posiblemente hacia 1180, pero publicado únicamente después que el comentario sobre la *Física*, al que el texto final hace alusión. Se completa con una obra especial *Sobre la beatitud del alma*. El último (?) comentario, dedicado a la *Metafísica*, data de 1192.

Se trataba únicamente de explicar el texto fuente. Tanto el comentario mediano como el gran comentario proceden presentando primero una cita, introducida por «dice», y explicándola a continuación. Pero en el primero eso sólo conduce a una indicación de la idea general que se pretendía retener; es únicamente en el segundo donde aparece una cita textual, como ya había sucedido en el comentario de al-Gazālī. De la misma manera, el «resumen» *(taljīs)* se encuentra aderezado con explicaciones y ejemplos personales, mientras que en el «comentario» *(tafsīr)* se compilan las diversas opiniones formuladas sobre cada punto, desde la Antigüedad hasta Avicena, apareciendo así como una especie de aplicación filosófica del método de la discrepancia *(ijtilāf)*.

Un aristotelismo ferviente pero matizado

Averroes cambiaba a veces de parecer, o emitía una opinión propia sobre una cuestión que el maestro griego no había resuelto, pero entonces lo indicaba expresamente. La escolástica latina y hasta Renan han querido ver en ello la expresión auténtica del pensamiento de nuestro autor, y las obras personales estarían, para la crítica del siglo XIX, alteradas por el clima inquisitorial que recomendaba prudencia. Hemos visto que tal hipótesis no era necesaria. Por el contrario, en la segunda versión del prólogo al *Compendio* de la *Física*, Averroes anunció el distanciamiento doctrinal del que quería dar pruebas en su obra profesoral: «Lo que hemos escrito sobre estas materias, únicamente lo hemos hecho para interpretarlo en el sentido de los peripatéticos, a fin de facilitar su comprensión a aquellos que quieran conocer las cosas. Nos hemos propuesto el mismo objetivo que Abū Ḥāmid [al-Gazālī] en su libro *Maqāṣid [Intenciones de los filósofos,* exposición neutra que preparaba la crítica que sólo tuvo lugar en el *Tahāfut*]; ya que si no profundizamos en las opiniones de los hombres en su fuente misma, no podremos conocer los errores que se les atribuyen, ni distinguirlos de la verdad»[15].

¿Qué pensar de la fórmula «los errores que se les atribuyen»? ¿Le fue impuesta a Averroes por encargo oficial con la pretensión de reducir la obra a una simple formulación cultural, sin adoptar una postura favorable con respecto a su contenido? Es posible, pero Averroes ciertamente le dio un valor irónico; al mismo tiempo, en efecto, la tendencia a buscar la solución a los problemas en el propio Aristóteles, contra sus comentadores acusados de desviación, y sobre todo contra Avicena, tachado de inconsistencia, se manifiesta aún más en este texto. El Estagirita ¿no era en su opinión «la regla y el ejemplo que la naturaleza ha inventado a fin de mostrar la última perfección humana en la materia»?[16].

Tal confianza en el primer maestro no era, sin embargo, absolutamente ciega ya que podía suceder –raramente, es verdad– que Averroes distinguiera entre «según Aristóteles…, pero según la verdad…». Sin embargo, su entusiasmo siempre ha llamado la atención, a menudo asimilado al fanatismo. El filósofo sufí Ibn Sabʿīn llegó a declarar que si Aristóteles hubiera dicho que un hombre podía estar sentado y de pie a la vez, ¡Averroes lo habría repetido y enseñado! La fórmula es ingeniosa pero superficial. Lo que dice es imposible en un primer grado, puesto que Aristóteles fue quien evidenció los principios del pensamiento racional, entre los cuales se encontraba el «principio de no contradicción». Como mucho habríamos podido reprochar a Averroes repetir sin crítica todo lo que Aristóteles decía de racional. Pero acabamos de ver que incluso éste no es el caso.

De hecho, esta confianza en la racionalidad integral del pensamiento que él exploraba tenía al menos una ventaja: permitió a Averroes llegar a un descubrimiento capital que es el de la crítica *interna* de una obra, realizada según cuatro grados.

Descubrimiento del criterio de coherencia

En primer lugar Averroes utilizó varias traducciones de Aristóteles y, según un método ya experimentado por los grandes traductores árabes como Ḥunayn b. Isḥāq, y mucho antes que ellos por los escoliastas de Alejandría, las comparó con el fin de extraer de ellas la mejor «lección». Se sabe, por ejemplo, que el *tafsīr* de la *Metafísica* se basa en tres traducciones, citándose esporádicamente una cuarta. Pero Averroes recurrió igualmente a indicaciones indirectas y a anotaciones marginales, y no es seguro que en al-Ándalus circularan todas las traducciones que empleó. E incluso en caso afirmativo ¿habría podido asumir los cuantiosos gastos de una cantidad semejante de copias manuscritas? Pertenecía a una familia de notables, pero nada nos hace pensar que fuera muy rico. En cuanto al poder, podía proporcionar los medios para realizar lo que encargaba; a saber, los «resúmenes», que sólo requerían una única traducción de base. Es poco probable que llegara más lejos para favorecer una empresa que de nuevo se convertiría en algo individual. De hecho, la utilización por parte de Averroes de los comentadores griegos fue extremadamente hábil, pero los especialistas reconocen que en cierta medida se resintió del alejamiento de las grandes bibliotecas de Oriente. Sin embargo, se ha podido constatar una contribución de nuestro autor a la difusión del pensamiento de Alejandro de Afrodisia, escritor maldito en el siglo XIII, pero que a través de él llegó en el siglo XIV, hasta Buridan[17].

En segundo lugar, Averroes percibió, en los textos de los que disponía, lagunas, algunas de las cuales podían aparecer señaladas en el manuscrito, mientras que otras resultaban de la comparación entre varias versiones. Resolvía entonces dicha laguna a través de su conocimiento del conjunto de la obra aristotélica. Es así como se ha podido demostrar que, frente a un lapso señalado en un pasaje de la *Metafísica* (1014 a, 17-20), Averroes lo sustituyó por una exposición extraída de los *Segundos Analíticos*[18].

En tercer lugar, era capaz de distinguir, en una cita, lo que era original de lo que era un añadido por parte de aquel que había transmitido la máxima. Para esto era posible que se apoyara en un comentador anterior. Por ejemplo, fue Alejandro de Afrodisia quien le dio las pautas para reconstituir una frase de Demócrito que Aristóteles había rectificado de forma algo brusca[19].

Finalmente, y sobre todo, era sensible a la idea –trivial en nuestros días pero revolucionaria entonces– según la cual, un autor «puede haber dicho» tal cosa pero «no puede haber dicho» tal otra. En vez de tratar de conciliar textos aparecidos por azar con contrasentidos históricos, como había hecho al-Fārābī con Platón y Aristóteles, a quienes había pretendido reunir en torno de la pseudo-*Teología de Aristóteles*, derivada en realidad de Plotino, Averroes señaló incoherencias y absurdos en los escritos que le fueron transmitidos. Acusaba entonces a los traductores por tales debilidades para respetar la cuasi infalibilidad del maestro.

Se percibe un resurgimiento del reflejo islámico de acusación de «falsificación» de los textos; la misma que la revelación islámica lanzó contra judíos y cristianos, cuyos libros sagrados no siempre se encontraban en armonía con la visión coránica. Asimismo, las consecuencias fueron diversas. Averroes se veía a veces conducido a corregir errores indiscutibles, confirmados por la crítica de los manuscritos, como cuando restableció una negación olvidada por el traductor (o el copista) y que invertía el sentido (por ejemplo, *Metafísica,* 1013 a 7). Pero igualmente se topó con pasajes en los que el propio Aristóteles no había establecido las distinciones necesarias: prefería suponer entonces que varias líneas habían sido omitidas.

A pesar de estos pocos fallos, existe una verdadera fecundidad del postulado según el cual, la doctrina aristotélica es la mejor expresión de la realidad, puesto que permite la emergencia del criterio de coherencia, que es la base de todos los modelos formulados por la epistemología moderna. Pero Averroes no llevó a cabo la distinción entre «la mejor expresión» y «la única expresión posible». No sustituyó una racionalidad convertida en infructuosa por otra racionalidad distinta. Es lo que Bachelard llamó «la filosofía del no».

Tentativas de conciliación

Esta limitación es perceptible en muchos aspectos. De todas maneras aparece con especial nitidez en cosmología. El aristotelismo de Averroes le había hecho darse perfecta cuenta de las insuficiencias del sistema de Ptolomeo, el cual sólo se mantenía complicándose hasta el infinito. Pero su solución respecto al «movimiento en espiral», de la cual habló incidentalmente el primer maestro, sigue siendo absolutamente arbitraria, al igual que lo sería la construcción de al-Biṭrawŷī, basada en la hipótesis de un movimiento del polo de una esfera alrededor del eje de los polos de otra esfera, pero respecto a la cual el propio autor reconoció no ser capaz de encontrar, en virtud de este sesgo, todos los cálculos de los astrónomos. En sus *Compendia*, Averroes reconoció carecer del bagaje matemático necesario para juzgar las construcciones de los especialistas. Si atacaba el sistema de Ptolomeo era sobre bases puramente doctrinales. Aunque confió, más tarde, en lo que poco después que él realizaría al-Biṭrawŷī, no dejó por ello de recelar ante todo modelo analítico: «En nuestra época, la astronomía ya no es algo real; el modelo existente actualmente es un modelo conforme al cálculo, no a la realidad»[20]. Está claro que aquí «realidad» era simplemente intercambiable por «sistema aristotélico».

Respecto a las cuestiones metafísicas, por el contrario, la referencia coránica no podía ser eludida. En su respuesta a al-Gazālī, Averroes había intentado mostrar cómo la doctrina peripatética de la eternidad del mundo podía conciliarse con la tesis creacionista. Interpretó la palabra «eterno», aplicada al mundo, como si significara «en aparición perpetua». En efecto, el mundo innegablemente «apareció» en relación con Dios. Si los filósofos lo calificaron de «antiguo» fue para distinguir esta aparición, que no tiene ni principio ni fin, ya que su Agente no tiene ni principio ni fin, de la de un ser sensible que supone una cosa como causa eficiente y se realiza al mismo tiempo. En el *tafsīr* de la *Metafísica*, aunque se trataba, teóricamente, sólo de explicar a Aristóteles, permanecen las mismas exigencias. Asimismo, exponiendo y después eliminando la interpretación de tal o cual comentador, Averroes se vio conducido, creyendo restaurar la tesis auténtica, a mostrar sus propios presupuestos. Se ha podido observar que en un texto importante, en el que Renan había creído encontrar «toda la doctrina de Averroes, todo el fondo de su polémica contra los *mutakallimūn*» y en el cual dio pruebas de su racionalismo, el autor árabe, de hecho, distorsionó las palabras del primer maestro ya que estaba obnubilado por la idea de encontrar una causa primera. Es así como sustituyó explícitamente la idea de la causa eficiente por la de la causa motriz que había empleado el Estagirita. «Averroes puede llamar a la causa motriz causa eficiente porque pone en ella toda la riqueza de ser que Aristóteles puso en la forma»[21]. Insistiendo en el carácter común a toda causa, que es precisamente ser «causa», el autor musulmán se reservó la posibilidad de pasar de una a otra y de remontarse a la causa primera.

Por otra parte, pudo afrontar sin vacilación las objeciones de los teólogos. Es el caso del tema de la providencia. Averroes mantuvo firmemente tanto la realidad de la misma como el rechazo de su interpretación individualizante: «Para todo lo que se encuentra de este lado –me refiero a las esferas– [el primer motor] las mueve por medio del siguiente movimiento: la generación y la corrupción las crea a través de los movimientos dobles y opuestos que son los suyos, estando asegurada su continuidad a través del movimiento uno y eterno. De ahí se deriva la solicitud de Dios hacia todos los seres que consiste en proteger a su especie, ya que es imposible protegerlos individualmente. En cuanto a quienes piensan que la solicitud de Dios está ligada a cada individuo en particular, se equivocan y tienen razón a la vez. Tienen razón si se considera que un individuo determinado no posee un estado que le sea propio, fuera del que existe para cada variedad de esta especie. Desde este punto de vista, decir que Dios se ocupa de los individuos es tener razón. En cuanto a la solicitud para con el individuo en tanto que tal, eso es algo que no implica la bondad divina»[22].

En tales pasajes se percibe el eco de discusiones orales, incluso de disputas. ¿A qué audiencia iban dirigidas? Los *Compendia* tenían como objetivo crear un público, suscitar vocaciones para la sabiduría. Los resúmenes, encargados por un hombre ligado al poder, dejaban constancia de la existencia de algunas personas preparadas para afrontar los textos del primer maestro. Al escribir sus grandes comentarios lleva el aspecto escolar hasta lo escolástico, aunque tras él no existía ningún aparato universitario semejante al que estaba a punto de crearse en el mundo latino, Averroes pareció apostar por que las dos primeras tentativas tuvieran éxito. Y a pesar de ello, podríamos contar con los dedos de la mano el número de discípulos atestiguados en la materia y el número apenas aumentaría si añadiéramos a sus allegados y simpatizantes conocidos.

Los discípulos de Averroes

En primer lugar se encontraba uno de sus hijos, ᶜAbd Allāh. Desconocemos la fecha de su nacimiento; sólo sabemos que se distinguió lo suficiente en el campo de la medicina como para que Ibn Abū ᶜUṣaybiᶜa le consagre una breve reseña en la que le atribuye diversas obras, entre ellas un *Arte del tratamiento*. Aunque se vio afectado en parte por los insultos con los que el vulgo escarneció a su padre, se mantuvo bien visto por el poder. El califa al-Nāṣir, que gobernó después de al-Manṣūr, le hizo llamar varias veces a su cabecera. Pero no ostentó título oficial alguno, los cuales recayeron, sin embargo, en otro discípulo de Averroes, Ibn Sābiq, que no se distinguió por ningún otro motivo.

Gil de Roma, mucho más tarde, se hizo eco de un rumor según el cual, «los hijos de Averroes» habrían vivido en la corte de Federico II de Sicilia. Aunque rechazado por Renan, el hecho no es imposible en lo que concierne a ᶜAbd Allāh. Efectivamente, no produjo obra personal, pero su nombre siguió ligado a la enseñanza de su padre. Poseemos dos obras en las que intervino. Una, compuesta de tres tratados, sobre *La conciliación del intelecto aislado con el hombre* y otra consistente en uno solo sobre *La unión del intelecto agente con el hombre*, obras que pueden ser confundidas. La primera se ha conservado en versión hebrea y en ella el padre y el hijo son presentados como coautores[23]. La segunda es conocida en su texto árabe y en su introducción se nos dice que se debe al alfaquí ᶜAbd Allāh, hijo de Averroes, que escribió bajo la autoridad de su maestro (muy probablemente su padre) y que no aspira más que a resumir la doctrina de éste, la cual había sido ya expuesta en otras obras[24].

Esta piedad filial aparece de nuevo en un tal Yaḥyà, nieto de Averroes, quien redactó tres índices de las obras de al-Fārābī, de Avicena y de su abuelo, catálogo todavía manuscrito, conservado en la biblioteca de El Escorial. Después de él, la dinastía de los Banū Rušd desapareció de la escena, al mismo tiempo que la vena filosófica.

El mito del pueblo de ᶜĀd

Otro discípulo notable fue Abū Bakr Bundūd, de Córdoba. El Escorial conserva también un comentario suyo al poema didáctico de Avicena sobre la lógica. Fue él quien transmitió el célebre relato de la presentación de Averroes al príncipe almohade por Ibn Ṭufayl así como el de la aceptación, por parte de aquél, de llevar a cabo el resumen de la obra de Aristóteles, de acuerdo con el deseo del califa. Apareció asimismo en un episodio suficientemente importante como para que el cronista al-Anṣārī lo detalle. Todos los *ṭalaba* de Córdoba fueron convocados, un día, por el gobernador de la ciudad para ser consultados en relación a una profecía que se había difundido y que anunciaba un viento de una extrema violencia que destruiría la zona. Tras la reunión, Averroes, por aquel entonces juez supremo, discutió con sus alumnos y él y Bundūd hablaron de ello como si se tratara de un fenómeno natural causado por los astros. Pero otro discípulo, ᶜAbd al-Kabīr al-Gāfiqī, que no obstante admiraba a su maestro, le opuso una concepción religiosa: si esta tempestad tuviera lugar, sería la segunda vez en la historia del mundo, habiendo sido la primera la que destruyó al pueblo de ᶜĀd. Se comprende el alcance de tal referencia a un acontecimiento que fue objeto de tres relatos en el Corán, donde se impuso como un testimonio esencial de la validez del mensaje profético. Ahora bien, ante el «sobrecogimiento de los asistentes», Averroes respondió simplemente: «¡Por Dios, la existencia del pueblo de ᶜĀd no es verdadera! ¿Cómo [va a serlo] la causa de su muerte?»[25].

¿Qué había querido decir Averroes con eso? ¿Se expresaba así en favor de una desmitificación de la religión? Ciertamente en el islam oriental habían tenido lugar tentativas análogas en el siglo IX. Pero es difícil saber si su eco llegó a la Península Ibérica. Podría adelantarse la hipótesis de que ésa era la ambición del más célebre crítico «desde el interior» del islam, Ibn Rīwandī, al cual apuntaba Ibn Ḥazm en realidad cuando pretendía refutar a un autor judío. Pero eso se halla lejos de ser cierto y los únicos pensadores críticos de al-Ándalus no adoptaron esa postura[26].

Lo cierto es que al-Gāfiqī no dejó de divulgar la anécdota. El escándalo fue tanto más notable cuanto que el discípulo se hallaba próximo a Averroes en numerosos aspectos. Nacido en Murcia en 1141, era un hombre ya adulto el que intervino. Era competente tanto en medicina como en ciencias islámicas. Había estudiado con Averroes, quien le había protegido y, tras un nombramiento como cadí de Ronda, le había hecho asistente suyo en Córdoba para que le representara en los tribunales de la ciudad. Era públicamente reconocido como un adepto de la filosofía y cuando, dos años después de la muerte de su maestro, soplaron vientos inquisitoriales, sólo pudo escapar a la prisión en la que fueron encerrados dos de sus amigos escondiéndose. No sabemos si escribió alguna obra. Murió en Sevilla en 1220. Del resto de su vida podemos inferir que aunque no siguió a Averroes en su visión integralmente naturalista de las cosas, tampoco experimentó la necesidad de cambiar de partido. Su apuro es, por tanto, representativo de las dificultades en que pudieron verse sus discípulos por seguir al pensador cordobés.

Herederos médicos y filósofos

Señalemos todavía a Ibn al-Faras, otro discípulo de Averroes. Ante todo era un literato, pero se distinguió también en el campo de la filosofía. En tanto que su maestro, sabiendo que volvía a Marrakech, le encargó informarse de paso de la doctrina de un célebre santo popular de la época, Abū l-ᶜAbbās de Ceuta, según un compilador de vidas de santos, Averroes habría concluido a partir de su informe que dicha doctrina «era semejante a las ideas de uno de los antiguos filósofos [griegos]»[27], sin más precisión. Sin que se sepa por qué razón, Ibn al-Faras se rebeló abiertamente contra los almohades. Puede que ésta fuera la única alternativa a la prudencia manifestada por el conjunto de sus iguales. Lo cierto es que se proclamó *mahdī,* se apoyó en una tribu bereber y compuso poemas llamando a la revuelta. Fue decapitado en 1204.

Parece claro que en el interior de la misma vida de Averroes la esfera filosófica únicamente constituyó una parte no sólo de su actividad sino de su proyección. La medicina le aseguró igualmente una audiencia y discípulos: aparte de Ibn Sābiq –ya mencionado– otro médico importante –Ibn Ṭahālus, que fue calificado como «el último de los médicos en el Levante andalusí»[28]– estuvo vinculado a nuestro personaje únicamente en esta disciplina. Ambos manifiestan su habilidad práctica, lo cual nos remite al Averroes del *Tratado de la tríaca*, basado en la observación, más que al de las *Generalidades*. Ahora bien, si el primero marcó a los discípulos, fue el segundo el que orientó los escritos del final de su vida. Su carácter especulativo se vio por otra parte prolongado en diversos comentarios medianos de obras de Galeno, de los cuales el de las fiebres se considera que data de 1193[29]. En él no faltan los conflictos con el aristotelismo.

La ficción de Ibn ᶜArabī

Pudo suceder, por otra parte, que el prestigio de Averroes fuera explotado exactamente al revés de lo que él preconizó. Tal es el sentido de un pasaje bien conocido de las *Revelaciones mequenses* del famoso místico Ibn ᶜArabī. En él relataba una entrevista que mantuvo, durante su juventud, con el anciano filósofo. El relato tiende a mostrar a este último dudando de toda su acción frente al resplandor del sufí. Nada induce a desconfiar de la realidad de este encuentro: Ibn ᶜArabī pertenecía a una familia de notables de Sevilla y su padre era amigo de Averroes; él mismo había comenzado por una carrera oficial; y si el filósofo había indagado sobre Abū l-ᶜAbbās de Ceuta, no era raro que intentara saber lo que había hecho cambiar de orientación a su joven colega. Pero la forma del diálogo, llena de sobrentendidos que Ibn ᶜArabī atribuye al propio Averroes, se encuentra en total contradicción con su psicología. Y si las cuestiones: «¿Qué tipo de solución has encontrado a través de la iluminación y la inspiración divinas? ¿Es idéntica a la que a nosotros nos dispensa la reflexión especulativa?» resultan plausibles, la pretendida turbación de Averroes ante la respuesta enigmática de su interlocutor resulta del todo inverosímil.

De hecho, este pseudorrelato no tenía más objetivo que introducir la conclusión en la cual Ibn ᶜArabī, con su acostumbrada autosatisfacción, ponía a un sabio reconocido de rodillas ante sus propios dones divinos: «Él dio gracias a Dios, me dijo, por haberle permitido vivir en una época en la que había podido ver a alguien que había entrado ignorante en el retiro espiritual y que había salido de él tal como yo había salido... "Gloria a Dios que me ha permitido vivir en la misma época que uno de los maestros de esta experiencia, uno de aquellos que abren las cerraduras de Sus puertas. Gloria a Dios que me ha hecho el favor personal de ver a uno con mis propios ojos"».

Este derroche de narcisismo curiosamente ha sido tomado en serio por algunos, incluso cuando Ibn ᶜArabī puso en boca del filósofo una afirmación que claramente contradice las palabras del *Discurso decisivo* y del *Descubrimiento de los métodos de las pruebas*, subrayando el papel pernicioso del sufismo como confusión para los espíritus: «Es un caso, habría dicho Averroes, cuya posibilidad yo mismo he afirmado, pero sin haber encontrado a nadie que la haya experimentado de verdad»[30]. Dicho de otra manera, Ibn ᶜArabī ¡jamás había leído nada (es decir, comprendido) de él!

Por delirante que parezca, este fragmento no es menos significativo al respecto. Fue escrito en Oriente, mucho tiempo después de los hechos. Mucho después incluso de la muerte de Averroes. Ahora bien, éste era prácticamente ignorado en el entorno en el que se movía entonces Ibn ᶜArabī. Maimónides, en Egipto, había podido conocer algunas de sus obras a partir de 1190. Ibn Taymiyya las conoció igualmente. Pero si apenas se encuentra una huella de Averroes en las obras de filosofía de Oriente, con mayor razón en las de otras ramas. El místico Ibn Sabᶜīn, de origen andalusí, pero emigrado sucesivamente al norte de África, Egipto y Arabia, que conoció a Averroes y trató cuestiones similares, no se sirvió de él jamás y sostuvo un juicio muy negativo sobre sus escritos.

Si se comprende que, en un texto aparte, Ibn ᶜArabī experimentara la necesidad de enumerar a los místicos –la mayoría de las veces populares– de su país natal, lo cual era una manera de procurarse un pedigrí sufí, ¿de qué podía servirle destacar a través de un portavoz ignorado de un racionalismo localmente aislado? De hecho, el problema era doble. Ibn ᶜArabī tenía una vieja cuenta que saldar con el mundo almohade. ¿No reconoció, por otra parte, con acritud, que con ocasión de una entrevista con el sultán al-Manṣūr, éste no había quedado impresionado en lo más mínimo y que había incluso despreciado su prestigio? Relatando el homenaje que le había rendido una alta autoridad del régimen, como el cadí supremo de Córdoba, Ibn ᶜArabī tenía la oportunidad de vengarse de esta desgracia. Pero por otra parte fue víctima del antiguo *topos* que él recobró incansablemente, aunque fuera cada vez menos cierto en su época, de la oposición irreductible entre juristas y sufíes. Fue, por tanto, la etiqueta de «filósofo» la que él subrayó en este destacado personaje, lo cual le permitió matar dos pájaros de un tiro: por una parte sometió la trayectoria racional a la iluminación y por otra se hizo entronizar por un dignatario almohade.

Y fue precisamente este último aspecto el que permaneció vivo durante tantísimo tiempo en el medio islámico. Hemos visto que los biógrafos andalusíes sólo lo presentaron desde este ángulo, teniendo en mente su enseñanza jurídica. Para esta rama encontramos un número mayor de discípulos, pero la filiación no se halla desprovista de ambigüedad.

El legado jurídico

Aparte de su hijo ᶜAbd Allāh, ya mencionado, que incidentalmente es calificado de alfaquí, su primogénito, Abū l-Qāsim Aḥmad, parece haberse consagrado exclusivamente a la vía jurídica. Tuvo discípulos en común con su padre, entre ellos un célebre tradicionista, y fue cadí supremo de varias ciudades hasta su muerte en 1226. Se conocen una decena más de nombres, pero no se trata, en su mayoría, de personajes notables en el sistema socioeducativo de la época. Uno sólo destaca, Abū Muḥammad Ibn Ḥawṭ Allāh. Éste se había formado primeramente en Levante, su región de origen, y no siguió enseñanza alguna en Córdoba más que tardíamente. Por lo demás, era sobre todo un tradicionista y un especialista en el Corán y la lengua árabe. Aparece en el pelotón de cabeza de los maestros de mediana importancia de la época, pero ocupa una posición aparte. Con algunos otros, constituyó un grupo totalmente separado del conjunto del cuerpo de enseñanza que se reformó entonces. Hay, en efecto, una dicotomía entre la gran mayoría, que retomó la tradición andalusí un poco modificada y extendida, en particular hacia la mística, y entre los estrictos agentes del poder almohade de los que formaba parte. Convertido en preceptor del hijo de al-Manṣūr, jugó importantes papeles como portavoz del régimen, al mismo tiempo que seguía su doctrina ẓāhirí. Ello explica que renegara completamente de su maestro cuando éste se convirtió en un personaje molesto para las autoridades, hasta el punto de omitir su nombre, incluso, al consignar una cadena de transmisores de una tradición profética.

Ibn Ŷahwar, sin duda una figura menor, es otro de los discípulos y amigos de Averroes que aparece citado esporádicamente y que más tarde se opuso a su maestro. Citemos aún a Ibn al-Ṭaylasān (nacido en 1179), alumno del hijo primogénito del filósofo y tradicionista apreciado, quien dio testimonio de la fe sincera de Averroes, por más que sólo le había frecuentado cuando era un adolescente; Abū l-Rabīᶜ (nacido en 1169) le conoció un poco más y le dedicó una elegía, a pesar de haberse mantenido muy próximo al régimen almohade; finalmente el mayor de los tres, Sahl al-Azdī (nacido en 1164), quien también redactó un comentario del *Mustaṣfà* de al-Gazālī, compuso para sus hijos una extensa elegía en verso y en prosa rimada, alabando el saber de Averroes sin evocar su obra filosófica.

Con su enseñanza del derecho, Averroes buscaba mantener un contacto tan estrecho como fuera posible con la realidad. «Citaba numerosas historias y anécdotas para captar el interés de sus estudiantes por sus cursos»[31], dice al-Anṣārī. Una ilustración particularmente nítida de la necesidad que sentía un sexagenario de reflejar la actualidad es proporcionada por el añadido de un extenso *Capítulo sobre la peregrinación* a la *Bidāya*. Ésta había sido publicada veinte años antes y el nuevo capítulo se terminó el 6 de julio de 1188. Su ausencia en la primera versión se explica fácilmente. Hemos visto que el abuelo de nuestro autor había subrayado los peligros de la peregrinación, prefiriendo a ella el deber de la guerra santa, ¡que él parecía considerar como menos arriesgado! Y no era ni mucho menos el único que pensaba así.

El testimonio de Ibn Ŷubayr

Todavía en tiempos de Averroes, el viajero Ibn Ŷubayr aportó numerosos testimonios. Él notó las dificultades con las que se encontró, así como las vejaciones y abusos de los que fue objeto por parte de los agentes de la aduana de Alejandría, estimando que Saladino –el nuevo señor del país cuyo prestigio era inmenso– los impediría si lo supiera, ya que había suprimido otros, mucho más escandalosos y que se remontaban a la época de los Fāṭimíes. Pero a pesar de su intervención, que consistía en pagar *por* los peregrinos, estos podían ser expoliados de nuevo en Jedda. En los alrededores de La Meca a veces eran víctimas de tribus saqueadoras, e Ibn Ŷubayr en dos ocasiones calificó de «acto de guerra santa» la protección que temporalmente les aseguraba el emir del lugar en un desfiladero conocido por lo peligroso que podía resultar. Finalmente, resaltó el respeto que no sólo los musulmanes sino los cristianos de Siria manifestaban para con los peregrinos, observando que sus actitudes eran «completamente opuestas a nuestros hábitos de Occidente»[32]. Asimismo, no dudó en afirmar: «Si hay en al-Ándalus juristas que creen que la obligación del *ḥāŷŷ* [peregrinación] no existe para ellos, su doctrina queda legitimada por estos hechos y por el trato que sufren los peregrinos»[33].

Pero al mismo tiempo, proclamó que el poder almohade, que había conquistado todo el Magreb y que se suponía tenía que restablecer allí el orden, iba a prolongar su misión hasta Oriente. «Dios pronto le pondrá remedio en una purificación que librará a los musulmanes de estas innovaciones malignas a través del sable de los almohades, auxiliares de la fe, "legiones" de Dios, ornadas de justicia y de verdad; ellos defenderán el territorio sagrado de Dios, respetarán celosamente las prohibiciones santas, ardientes por exaltar Su palabra, por manifestar Su doctrina, por hacer triunfar Su fe [...] Aquel que está convencido de que no hay verdadero Islam más que en el Magreb está en lo cierto y sigue la justa creencia [...]. No hay justicia, derecho ni fe sobre la faz de la tierra más que con los almohades [...]. Todos los demás soberanos de estos tiempos se encuentran fuera de la vía [...]. Exceptuemos al Señor, el sultán justo, Saladino...»[34]. Esto no era solamente un acto de fe personal. Ibn Ŷubayr pretendía erigirse en portavoz de una creencia colectiva de los egipcios. En dos ocasiones citó supersticiones en este sentido. Una, indicada brevemente, concernía a la construcción de un puente sobre el Nilo en El Cairo, construcción que las gentes creían «que predecía la dominación de los almohades sobre Egipto y los países occidentales»[35]. La otra, que ocupaba toda una página, concernía a dos pilares antiguos, portadores de estatuas, situados entre la ciudad y la mezquita de Ibn Ṭulūn: «Era una creencia común que cuando uno de los pilares cayera, ello anunciaría que las gentes del país hacia el que miraba la estatua dominarían Egipto y los demás países»[36]. Habiendo caído la que miraba hacia Oriente poco antes de la conquista del país por parte del kurdo Saladino, esperaban que la otra se derrumbara, anunciando así la dominación magrebí.

Estas esperas mesiánicas no sólo eran propias del vulgo ni de ciertos ulemas como el imán que, a decir de Ibn Ŷubayr, habría preparado sus sermones para recitarlos ante el califa almohade cuando llegara a Egipto. Saladino escribió, en agosto de 1190, a al-Manṣūr para pedirle ayuda a fin de erradicar los reinos cruzados. Este último rehusó responder, porque no le había saludado con el título de príncipe de los creyentes. Pero a lo largo de su gobierno habló en varias ocasiones de intervenir en Egipto para restablecer allí las buenas costumbres.

Ibn Ŷubayr redactó el relato de su viaje en 1185. Aspiraba a hacer vibrar a las masas con la evocación de las ceremonias del Ḥiŷāz. Otros propagandistas comenzaron a actuar en el mismo momento para conseguir que se admitieran en Occidente fiestas ya reconocidas en Oriente, como la del nacimiento del Profeta y que debían reemplazar a las fiestas cristianas, que los musulmanes andalusíes celebraban como si fueran igualmente suyas: «¿No es sorprendente que [los musulmanes] calculen las fechas señaladas de los cristianos y que se preocupen del momento en que tienen lugar? Se interrogan frecuentemente los unos a los otros sobre la natividad de Jesús [...], sobre el *ŷannayr*, séptimo día de su nacimiento, y sobre la *ᶜanṣara*, efemérides del nacimiento de Juan [el Bautista]. Pero ni la ayuda divina ni el amigo o el compañero que podría guiarles les lleva a preguntarse por el nacimiento de su Profeta, Muḥammad... la mejor de las criaturas de Dios...»[37], se indignaba uno de estos puristas.

Al decidir tardíamente ocuparse de la peregrinación, tema que él había descuidado hasta entonces, Averroes inscribió su evolución a la vez en una tendencia sociopolítica expansionista del imperio almohade hacia Egipto y el corazón del islam, y en un movimiento colectivo de acentuación de la islamización a través de la orientalización. La marcha de los acontecimientos en la Península, donde la situación de los musulmanes se iba degradando considerablemente, explica sin duda esta inflexión del «patriotismo» andalusí de Averroes.

9. Tiempo de adversidades

Di: «¡Oh Dios! Tú elevas a quien quieres y abates a quien Tú quieres»[1].

La lucha contra los Banū Gāniya en el Magreb central favoreció la trama de una serie de confabulaciones en el seno de la familia gobernante, que al-Manṣūr logró erradicar por medio de una serie de condenas a muerte. Entre las víctimas figuraba Abū Yaḥyà Zakariyyā, gobernador de Córdoba y amigo de Averroes. Este último no cayó en desgracia a causa de ello; sin embargo, según el testimonio de al-Anṣārī, algunos vieron en ese episodio el origen de las afrentas que con posterioridad conoció Averroes, viéndose en esta época más afectado por la degradación general de la situación en al-Ándalus.

Éxitos militares y persecución de los descarriados

Dado que la presión de los castellanos y los portugueses no se debilitaba, el sultán se dedicó a planificar, durante 1188-1189, una expedición de castigo al tiempo que proclamaba la guerra santa. De todas maneras, la lentitud de los preparativos permitió a los portugueses apoderarse de Silves, llevando su victoria a la creación de un clima de cruzada: la toma de Jerusalén por Saladino, el año anterior, había supuesto la salida por mar, hacia Tierra Santa, de flamencos y alemanes. Bloqueados en Lisboa por una tempestad, aceptaron secundar la empresa de conquistar el Algarve. Durante este tiempo, los castellanos amenazaron Sevilla y su región. Desde Córdoba, el sultán organizó la respuesta y un número considerable de tropas musulmanas puso sitio a Silves a principios de 1190. Pero a pesar de las condiciones políticas favorables y del esfuerzo para extender el conflicto hacia el norte, la empresa fracasó. El ejército almohade se vio afectado por la disentería, cayendo enfermo el propio califa. Se produjo entonces la retirada hacia Sevilla, disfrazada de triunfo, haciendo valer los pequeños éxitos logrados y dando una forma espectacular y grandiosa al desfile de las tropas.

Una vez restablecido, al-Manṣūr se consagró a la inspección del sistema judicial. Reiteró las prohibiciones de vender vino o de ejercer como cantor y como músico, y de nuevo intentó administrar él mismo la justicia, llevándolo a cabo con la mayor severidad. El invierno siguiente se dedicó a preparar una nueva expedición, evitando los errores pasados. Todavía con la mira de recuperar Silves, se comenzó con la toma de algunas plazas fuertes al sur del Tajo. La campaña, iniciada en abril de 1191, en principio no era del todo sólida; más tarde condujo a la ocupación de Alcaçer do Sal y, tres meses después, a la reconquista de Silves. En esta ocasión, al-Manṣūr no perdió la oportunidad de llevar a cabo una visita a los lugares en que nació y murió Ibn Ḥazm, afirmando así su interés por el ẓāhirismo.

Este logro y las treguas concluidas con los cristianos incitaron a al-Manṣūr a regresar a Marrakech. No sin haber guarnecido las fronteras del norte, aún bajo amenaza. Cayó gravemente enfermo a su llegada y designó a su hijo, el futuro al-Nāṣir, como sucesor. Una vez recuperado, se consagró al desarrollo de la ciudad de Rabat, al tiempo que se seguían las obras en Marrakech y en Sevilla.

La victoria de Alarcos

Pero el descanso duró poco. Un nuevo Ibn Gāniya recuperó el testigo de la familia. Antes incluso de que el sultán pudiera responder, el rey de Castilla atacó la región de Sevilla en el momento en que la tregua tocaba a su fin. Al-Manṣūr volvió a la Península en junio de 1195. Tras haber realizado una parada en Sevilla, para supervisar las obras que había ordenado llevar a cabo en Aznalfarache, se dirigió a Córdoba y de allí a Calatrava. Fue detenido por los castellanos, quienes pretendían desafiarle con la ayuda de los aragoneses y de los portugueses, pero sin esperar la llegada de leoneses y navarros. Tras una especie de ceremonia expiatoria celebrada por los musulmanes, se produjo el enfrentamiento de Alarcos, el 18 de julio. En un primer momento el asalto cristiano resultó vencedor, pero el número de los musulmanes y sobre todo su bien pensada táctica les permitieron tomar ventaja. Todos los relatos establecen un paralelismo entre esta batalla y la victoria de los almorávides en Zallāqa, que les había asegurado el triunfo en al-Ándalus. Incluso las crónicas cristianas se hicieron eco de la existencia de sueños premonitorios que anunciaban la derrota como castigo. De hecho, al-Manṣūr supo conducir su ventaja hasta donde su predecesor almorávide se había detenido: tomó numerosas plazas sin llegar de todas maneras hasta Toledo y, sobre todo, logró provocar, por algún tiempo, un saludable temor en el enemigo.

La hostilidad de los cordobeses

El tradicionista Ibn al-Ṭaylasān asegura haber visto a Averroes, su maestro, prosternarse, en el momento del anuncio de la victoria, para dar gracias a Dios; después, doctamente, citar un hadiz de la colección de Abū Dāwūd, justificando tal acto. Pero este gesto no bastó para ganarse a los mālikíes. Según al-Anṣārī, Averroes siguió siendo respetado «por haber ocupado el cadiazgo en Córdoba y por haberse consagrado a ejercerlo con solicitud»[2]. Sin embargo, el cronista situó más arriba los orígenes de la tensión: según un testigo, al que cita expresamente, «entre Averroes y la gente de Córdoba fue creciendo una hostilidad causada por la envidia y la rivalidad suscitadas por una larga vecindad. Algunos reclamaron que se suprimieran ciertas cosas en sus libros, alegando que sobrepasaban la ley divina y acusándole de preferir el juicio de la naturaleza. En su lugar, intercalaron numerosos términos y capítulos que es posible que no fueran auténticos y todo eso fue adjuntado a sus papeles. Se dice que algunos fueron escritos de su puño y letra»[3].

A partir de 1194, se presentó una denuncia contra él ante el sultán, pero los preparativos de guerra le impidieron ocuparse de ello. Cesó entonces la delación, pero los enemigos no cedieron y se contentaron con esperar el momento favorable: «Sus faltas son leídas en las reuniones y se las interpreta»[4]. Cogido entre dos fuegos, al-Manṣūr optó por su fundamentalismo habitual. Por una parte, no tomó una decisión concreta, «a causa del reconocimiento de su mérito». Bien al contrario, distinguió a Averroes con una considerable estima que nos detalla Ibn Abī ^{c}Uṣaybi^{c}a:

«Al-Manṣūr se encontraba en Córdoba en el momento de dirigirse al ataque de Alfonso [de Castilla], el año 591[/1195]. Hizo llamar a Abū l-Walīd Ibn Rušd y, cuando éste se encontró en su presencia, le manifestó un gran respeto, le hizo aproximarse hasta el punto de situarlo en el lugar donde, habitualmente, se situaba Abū Muḥammad ^{c}Abd al-Wāḥid, hijo del *šayj* Abū Ḥafṣ al-Hintātī, compañero de ^{c}Abd al-Mu'min; este personaje era el tercero o el cuarto en la jerarquía de los Diez [categoría suprema de la jerarquía almohade]. Y el tal Abū Muḥammad ^{c}Abd al-Wāḥid era pariente político de al-Manṣūr, que le había entregado a su hija en matrimonio, dado al alto cargo que ocupaba. ^{c}Abd al-Wāḥid tuvo un hijo con esta mujer, de nombre ^{c}Alī, que ahora es el emir de Ifrīqiya. Cuando al-Manṣūr hizo aproximarse a Ibn Rušd y le invitó a tomar asiento a su lado, empezó a conversar con él. A continuación, un grupo de estudiantes y muchos de sus amigos que le esperaban le felicitaron por la posición que había adquirido ante al-Manṣūr y por la buena acogida que le había sido dispensada. Entonces, él dijo: "¡Por

Dios! no hay en ello nada por lo que felicitarme, ya que el Príncipe de los creyentes, de una sola vez, me ha aproximado a él, mucho más de lo que yo hubiera esperado o de lo que mi ambición podría haber alcanzado". Había allí, de todas formas, un grupo de enemigos suyos que habían hecho circular el rumor de que el califa había ordenado su muerte. Cuando salió sano y salvo envió a uno de sus servidores a su casa para que dijera a los suyos que prepararan un guiso de gangas y de pichones mientras le esperaban. Pero su verdadera intención era tranquilizarles con respecto a su vida»[5].

El ataque de los mālikíes

Pero por otra parte, el sultán pidió a los *ṭalaba* y a los juristas bajo su gobierno que dijeran «que él defendía la religión y hacía maldecir a los extraviados»[6]. En ese momento, los adversarios de Averroes se sintieron afianzados. Primero procedieron indirectamente, pronunciando discursos en la mezquita mayor contra aquellos a quienes apuntaba la fórmula del califa; a continuación «las gentes se dispersaron a la manera del que conoce un secreto y lo oculta»[7]. Pero muy pronto las cosas empeoraron: «Lo más terrible que me sucedió en mi desgracia, dice Averroes, es que un día en que mi hijo ᶜAbd Allāh y yo entrábamos en la mezquita de Córdoba, a la hora de la oración del *ᶜasr* [tarde después del mediodía], un puñado de la hez del pueblo se agitó contra nosotros y nos expulsó»[8]. Sólo salió en su defensa un antiguo juez supremo de Marrakech, donde había sucedido a Ibn Maḍā', pero cayó en desgracia desde entonces, resultando inútil su intervención.

Más insidiosamente, algunos ulemas procuraron socavar su prestigio como cadí. El principal detractor fue Ibn Zarqūn, uno de los pilares del sistema de enseñanza mālikí que se estaba reconstituyendo. Contó que Averroes le «había pedido prestado un libro acerca de las causas de las divergencias aparecidas entre los imanes de las [diversas] regiones, libro que había sido compuesto por ciertos juristas del Jurasán y que no sólo no se lo había devuelto sino que le había añadido algunas de las palabras de los dos imanes Abū ᶜUmar Ibn ᶜAbd al-Barr y Abū Muḥammad Ibn Ḥazm [dos autores del siglo XI, a la vez amigos y doctrinalmente opuestos] y se las había atribuido, siendo el resultado el libro titulado *Bidāya*»[9]. De hecho fue el propio Ibn Zarqūn quien utilizó semejante procedimiento. Según al-Anṣārī, había escrito sobre numerosas disciplinas, del derecho a la medicina, pero procediendo siempre por combinación de autoridades anteriores: al-Bāŷī e Ibn ᶜAbd al-Barr en *fiqh*, Abū Dāwūd y Tirmīḏī en hadiz. Asimismo, J. Puig observa que no podemos sorprendernos de que, al escribir así, acusara a Averroes de utilizar el mismo método, aunque sin razón[10]. Es posible también que se sintiera despechado, pues su nieto se sentía atraído por la filosofía. Era amigo del discípulo y crítico de Averroes, ᶜAbd al-Kabīr, e incluso padeció prisión por ello en 1200.

Toda la animosidad de los mālikíes, que querían volver a su antiguo dominio y borrar toda influencia del almohadismo, se resume en la fórmula lapidaria de otro opositor a Averroes, Ibn Hārūn: «El hombre no era reconocido en *fiqh*, aunque destacaba en otras ciencias»[11]. Mediante lo cual, el nombre del detractor ha quedado completamente olvidado ahora, y no es recordado más que por el prestigio de la víctima, mientras que la *Bidāya* es enseñada hoy en día ¡hasta en Medina!

El exilio y la desautorización

Al-Manṣūr permaneció un tiempo en Sevilla, donde celebró su victoria de Alarcos con un desfile militar y con un gesto simbólico: ordenó fabricar cuatro bolas de metal, recubiertas de pan de oro por un valor de siete mil *miṯqāles*, que fueron fijadas en la cúspide de la Giralda. El invierno de 1195-1196 lo pasó en su castillo de Aznalfarache, dando el último toque a las plantaciones y a la instalación del sistema de riego de los jardines de la Buḥayra. En la primavera, se puso de nuevo en campaña contra Extremadura; después por Plasencia y Talavera, hasta Toledo. Generalmente victoriosa hasta allí, la expedición fracasó ante esta ciudad. Pero entre tanto se restableció la alianza con León que, respaldada por los refuerzos musulmanes, atacó Castilla. Fue Aragón quien salvó al reino doblemente asediado. El sultán se retiró entonces sin logros territoriales notables.

Siempre altanero, aprovechó el descanso de las tropas en sus cuarteles de invierno para llevar a cabo una inspección de los servicios financieros. Descubrió ciertas malversaciones de algunos funcionarios y los reemplazó. Después, en la primavera de 1197, retomó la expedición y pasó primero por Córdoba. Fue entonces cuando decidió arreglar el asunto de Averroes.

Los enemigos de éste, en efecto, habían movido sus fichas. Además de con nuestro filósofo, la tomaron con el cadí al-Mahrī, conocido como al-Uṣūlī, y lo «empaquetaron con él en el fuego de sus reproches»[12]. Por orden de al-Manṣūr, su secretario, Ibn ᶜAyyāš, había redactado el año anterior un decreto condenando, sin designarles expresamente, a quienes se ocupaban de la filosofía. Dicho secretario, de origen andalusí pero destinado en Marrakech desde hacía seis años, se hizo célebre por su estilo literario. Su texto, conservado por al-Anṣārī, es una obra maestra de retórica hueca. La prosa rimada utilizada en ella sirve admirablemente a la imprecisión del propósito. Se trataba de convencer, con argumentos puramente estilísticos, de que los sujetos en cuestión eran peores que «la gente del libro» (judíos y cristianos), ya que, aparentemente de acuerdo con la comunidad musulmana, se oponían en secreto a ella.

En Córdoba, al-Manṣūr sacó conclusiones políticas de esta campaña de opinión. Numerosas personas fueron condenadas y el propio Averroes emplazado a exiliarse en Lucena, pequeña ciudad situada a un centenar de kilómetros al suroeste de Córdoba. Antaño poblada sobre todo por judíos, en ella funcionaba una importante escuela rabínica. La prohibición por parte de los almohades de toda religión que no fuera el islam en su imperio había provocado el declive de la ciudad. El confinamiento en este lugar era doblemente humillante. Asimilaba al condenado al resto de la población «según lo que se había dicho respecto a que era de origen judío y a que no se le conocía origen alguno entre las tribus de al-Ándalus»[13]. En cuanto a los habitantes, estos no podían por más que ver con malos ojos a aquel que servía así para ponerles una nota infamante.

Los discípulos del filósofo se dispersaron «como cautivos de guerra»[14]. Hemos visto que unos siguieron siéndole fieles, pero que otros le rechazaron. A principios del siglo siguiente, un joven de Sevilla, que estudió con diversos antiguos discípulos de Averroes, reunió en un repertorio las biografías de sus maestros. Ninguno o casi ninguno reivindicó su filiación con el filósofo.

El sucesor de Averroes en el puesto de juez supremo de Córdoba tenía su edad; algunos de los maestros y de los discípulos de Averroes habían sido también los suyos, pero él se había vinculado al cadí Abū Bakr Ibn al-ᶜArabī y era, por tanto, probablemente ašᶜarí. Otro miembro de esta escuela, Ibn Rabīᶜ, mucho más joven, ya que no tenía aún treinta años, y que fue también, más tarde, juez supremo de Córdoba, se distinguió insultando públicamente a Averroes con obscenidad y recuperando contra él la acusación, lanzada por su maestro Ibn Zarqūn, de plagio.

La desgracia de los filósofos

Al mismo tiempo que nuestro personaje, muchos otros individuos fueron acusados. Al-Anṣārī insiste en al-Mahrī, ya que tuvo el coraje de responder al sultán que él estaba, como Averroes, que acababa de caer en desgracia, interesado por las ciencias de los antiguos, aunque se encontraba mucho menos empeñado en esta vía. Como su sobrenombre –al-Uṣūlī– indica, era conocido sobre todo por su competencia en los «fundamentos» del derecho. Pero había gozado siempre de una reputación de independencia de espíritu. Nacido en Sevilla, de una vieja familia noble de la ciudad, estudió en Alejandría, de donde su maestro, juzgándolo un hereje, hizo que lo expulsaran. De regreso en el Magreb central, se dedicó a enseñar allí su disciplina favorita. Trabajó, al igual que había hecho Averroes, sobre el *Mustaṣfà* de al-Gazālī, pero fue mucho más allá de la redacción de un simple compendio. Corrigió sus errores y llevó a cabo comentarios de la obra. Llegado posteriormente a Marrakech, fue allí sin duda donde descubrió las «ciencias de los antiguos», consagrándose a ellas. Era entonces bien visto por al-Manṣūr, que no podía sino verse seducido por su sobrenombre, y le invitó a su palacio.

Su coraje y su firmeza, con ocasión de la inquisición de 1197, le costaron en un principio la deportación a Agmat, a los pies del Atlas, pero a continuación fue indultado y promovido a puestos importantes.

La primera función que ocupó fue también la más representativa, ya que al-Mahrī fue designado cadí de Bugía. Parece claro que su estancia en el Magreb central le predispuso para jugar allí un determinado papel. Ahora bien, se trataba de la zona en la que más estragos había causado la revuelta de los Banū Gāniya. Seguramente, el poder utilizó sucesivamente dos actitudes posibles: en un principio, un intento de intimidar a un espíritu independiente que había dejado huella, por su enseñanza, en aquella agitada región; después, un esfuerzo por utilizarlo en el momento oportuno, siempre en el mismo sector.

Al-Mahrī será así nombrado en tres ocasiones en Bugía, en alternancia con Murcia y Marrakech, dos veces como cadí, y la última como juez supremo. Siguió manifestando abiertamente sus opiniones, y sus enemigos no cedieron, terminando por conseguir que le arrestaran y torturaran hasta el punto de quedarse ciego; murió en su ciudad-símbolo en 1216.

Ibn Abī ᶜUṣaybiᶜa cita, aparte de Averroes y al-Mahrī, otros tres nombres de adeptos de la filosofía que se vieron acosados por ello en la misma época. Dos de ellos, Abū l-Rabīᶜ al-Kafīf (el ciego) y Abū l-ᶜAbbās al-Qarrābī, no son conocidos por otra actividad. El biógrafo califica al segundo de *ḥāfiẓ*, lo cual puede significar bien que aprendió de memoria el Corán o que era un guardián de la doctrina almohade, cuya profesión de fe dominaba, y de poeta. Su meción atestigua, no obstante, una cierta difusión de la disciplina incriminada.

Abū Ŷaᶜfar al-Ḏahabī, a quien Ibn Abū ᶜUṣaybiᶜa alude inmediatamente después de Averroes, es mejor conocido. Treinta años más joven que nuestro autor, fue discípulo de maestros tradicionales como Ibn Mugīṯ, pero también de Ibn Maḍā'. Fue distinguido por al-Manṣūr y aparece como un portavoz oficial de la doctrina almohade, ya que los títulos de dos de sus obras –perdidas– tratan sobre el mahdismo y sobre el califato y el emirato (presumiblemente almohades). Encargado por el poder de controlar a los jueces y sus opiniones emitidas tanto en asamblea consultiva *(šūrà)* como a título privado *(fatwā)*, fue una pieza maestra del dispositivo de retención del mālikismo. Asimismo, cuando los adeptos de esta escuela lograron imponer sus puntos de vista a un sultán, que no podía oponerse a ellos sin exponerse a graves deserciones de cara al peligro cristiano, al-Ḏahabī se vio obligado a ocultarse. Recuperó el favor una vez pasada la tormenta y fue nombrado «inspector» de los *ṭalaba* y de los médicos. Este último dato parece reflejar una especie de aislamiento, aun cuando el sultán, haciendo un juego de palabras con su nombre, le calificara de «oro puro *[ḏahab]* cuya excelencia no hace más que aumentar al ser fundido»[15].

La caída en desgracia ante el poder pesó sobre individuos con papeles ideológicos diversos ligados a diferentes comarcas cruciales de un imperio en crisis; mejor dicho, se trataba de un simple revés propio de la política. Las tres principales víctimas, al menos, recuperaron el favor del califa en cuanto ello fue posible, sin que por eso la tendencia tradicionalista, ampliamente mayoritaria, bajara la guardia. Pero la fórmula de Renan –que calificaba este episodio de «intriga de corte: el partido religioso consigue expulsar al partido de la filosofía»–[16], es demasiado caricaturesca y simplista, especialmente cuando añade: «Una nueva revolución hizo que los filósofos volvieran a gozar de estima»[17]. Ciertamente se trataba de un gesto político, pero a escala, por una parte, de todo el imperio almohade, y por otra, de su ambición ideológica, que se quebró por la exigencia de mantenerse en el poder.

Cualquiera que apelara a los filósofos veía su audiencia arruinada. Fueron los mismos musulmanes quienes condenaron la obra de Averroes a no tener eco sino fuera del islam, entre los judíos de Cataluña y de Occitania primero y en el mundo de la escolástica latina a continuación.

El abandono de la «vía recta»

Por más que el exilio de nuestro pensador en Lucena fue breve (menos de un año y medio), resultó muy penoso por el ensañamiento de sus enemigos, quienes encargaron a un joven literato, que no era otro que el viajero Ibn Ŷubayr, que compusiera sátiras contra él. El mismo personaje escribió una pieza en su honor después de su muerte, lo cual prueba que sus ataques no habían sido espontáneos.

Pero en el mundo árabe de lo escrito no son los sentimientos los que cuentan sino la expresión formal. E Ibn Ṭubayr era un escritor lo suficientemente bueno como para dar en el blanco. Sabía jugar no solamente con el contraste entre Averroes y su abuelo, autoridad respetada del mālikismo, sino también con el nombre mismo de *Rušd*, que significa «la vía recta»:

No te supiste mantener en el buen camino, ¡oh hijo del buen camino [Ibn Rušd]!,
cuando tan altos hacia los cielos se dirigían tus esfuerzos.
Has traicionado a la religión;
no fue así como actuó tu abuelo.

Otro juego de dos palabras que no se distinguen más que por una vocal larga en un caso, breve en el otro, *tawālīf* (obra) y *tawālif* (cosa perniciosa) es el que tiene lugar en los siguientes versos:

Sobre Ibn Rušd no hay nada verdaderamente cierto más que sus obras son cosas perniciosas.
¡Oh tú que te has engañado a ti mismo! Mira
si encuentras hoy a uno solo que quiera ser tu amigo[18].

Igualmente podía tratarse de cantar victoria:

Gracias a Dios por Su victoria
en favor del partido de la verdad y de sus partidarios.
Ibn Rušd, en su extrema perdición,

sometió la religión a sus [propias] opiniones,
si bien cuando la sometió a su forma de actuar,
pereció haciéndolo.
Gracias a Dios por haberle detenido
y por haber detenido a quienes eran sus discípulos[19].

Podemos pensar que iban dirigidos a él, igualmente, otros dos versos que, sin citar expresamente el nombre de Averroes, forman una asonancia por repetición del prefijo «*muta*»: *mutafalsif* y *mutazindiq,* dando una acepción despectiva de los términos *faylasūf* (filósofo) y *zindīq* (hereje), y juegan con los dos sentidos de la palabra *manṭiq*: «lógica», para los filósofos, pero, por lo común, «palabra» que puede ser engañosa[20].

Muchos otros fragmentos satíricos de este género se nos han conservado, pero conciernen a la filosofía en general, y no a Averroes personalmente. Sobre todo, adulaban básicamente al califa, a quien se reiteraba que se encontraba en la verdad al actuar como lo hacía.

Para la posteridad, se han buscado motivos más válidos que estos epigramas o que la retórica vacía de Ibn ᶜAyyāš. Ningún cronista habla del contexto de lucha ideológica que no se trasluce más que en el análisis posterior, debido a los aspectos bajo los que fueron etiquetados los diversos protagonistas. Muchos de ellos, para protegerse, buscaron el amparo en cuestiones personales, como la amistad entre Averroes y el gobernador de Córdoba, hermano y rival del sultán, o la susceptibilidad de este último, quien no habría admitido la familiaridad que le manifestaba el filósofo en sus entrevistas, pero resulta muy extraño que su reacción se hiciera esperar tanto. Asimismo, se le habría mostrado un texto, compuesto unos treinta años atrás, en el que Averroes hablaba del sultán almohade como del «rey de los bereberes», a lo cual el autor incriminado habría creído conveniente responder que se trataba de un error de lectura por «rey de los dos continentes», no difiriendo el nombre que designa a estos últimos *(barrayn)* del término *barbar* (bereber) más que en signos diacríticos. A ello podemos añadir que en los libros científicos los gobernantes no eran mencionados con el acompañamiento de fórmulas eulógicas rituales propias de otros contextos. Asimismo, se habría aislado un pasaje de la *Física* o de los *Meteorologica* que indicaban, según algunos, que el planeta Venus era una divinidad, olvidando que Averroes seguía la teoría aristotélica de los motores astrales, algo que al-Manṣūr, que discutía con él sobre estos asuntos, no podía ignorar.

Al-Anṣārī, más juiciosamente, evoca la visión antimitológica que manifestó la negación de la existencia, citada en el Corán, de los ᶜĀd, ya que algunos discípulos del filósofo no habían podido aceptarla; tanto más los otros. Eso bastaría para explicar la proscripción de todo estudio filosófico y la prohibición de poseer libros sobre esa materia. El sultán habría incluso encargado a Abū Bakr Ibn Zuhr que se ocupara de ello, a pesar de que –o tal vez *porque*– sabía que le interesaba la filosofía. Ibn Zuhr habría vivido una verdadera esquizofrenia, prohibiendo a sus discípulos-médicos principiantes aproximarse a la lógica, pero explicándosela a los más avanzados. El decreto de prohibición de las ciencias de los antiguos no exceptuó, en efecto, más que a la medicina, la aritmética y la astronomía elemental, siempre que no excedieran los cálculos exigidos por el ritual religioso: la duración de los días y de las noches y la orientación de la alqibla, indicando en qué dirección debía realizarse la oración[21].

Del perdón a la recuperación del favor

A pesar de eso, todos los condenados fueron indultados poco tiempo después. ¿Fue gracias a la influencia de un grupo de notables sevillanos que atestiguaron que se había acusado a Averroes injustamente, como pretende Ibn Abī ᶜUṣaybiᶜa? Pero entonces ¿cómo explicar la simultaneidad de la reintegración de al-Mahrī y de al-Ḏahabī en cargos destacados? Y sobre todo, ¿cómo comprender que Averroes solamente fuera llamado a Marrakech para visitar al sultán, pero sin recuperar sus títulos? De hecho, ya lo hemos dicho, se trataba de sacrificar a una serie de partidarios que se habían hecho molestos en un momento de crisis. Una vez pasado esto, podemos volver al respeto debido al mérito, incluso si los personajes demasiado significados fueron retirados un tanto de la escena.

Efectivamente, al-Manṣūr, tras haberse librado de Averroes, realizó una campaña bélica de cuatro meses contra Castilla bastante fructífera. Avanzó hasta Guadalajara, algo que ninguna otra expedición lograría alcanzar. Su aliado leonés, habiéndose visto en dificultades con el papado debido a esto, salió del paso mediante una serie de intrigas que implicaron una tregua con los musulmanes. El sultán retornó a Córdoba a finales de ramadán y unos días después se marchó a Sevilla. Allí se quedó todo el verano, supervisando la terminación de la mezquita aljama y dedicándose a acciones pías. Después, el otoño y el invierno los pasó descansando en el castillo de Aznalfarache, donde disfrutaba del paisaje y de la frescura del aire. A mediados de febrero volvió a Sevilla con toda su corte. Durante un mes, se dedicó a arreglar diversos asuntos, concediendo audiencia entre otros, posiblemente, a los que intercedieron en favor del filósofo exiliado.

Habiendo puesto las cosas en orden con León y Castilla, reorganizado las defensas y nombrado nuevos gobernadores y funcionarios de finanzas, regresó a Fez en el mes de marzo, y de allí a Marrakech. Llegó enfermo. De nuevo hizo que su hijo fuera reconocido como su sucesor y se retiró de la vida pública para consagrarse a actos de piedad y de beneficencia. Entre estos distintivos de fe, promulgó edictos con medidas vejatorias contra los judíos. Éstos, en principio, se habían convertido al islam y se comportaban como tales. Pero el califa dudaba de la sinceridad de los que permanecieron en el Magreb renegando de su religión original y les impuso llevar un traje azul oscuro, de mangas muy largas que llegaban a los pies y un gorro con forma de albarda, cuyos extremos llegaban hasta debajo de las orejas. Fueron obligados a vestirse así hasta el gobierno de al-Nāṣir, cuando, a cambio de cuantiosas donaciones, pudieron cambiar su atavío por trajes y turbantes amarillos.

¿Una desgracia injustificada?

Tal vez para no verle más mezclado con quienes fueron humillados de la manera precedente, al-Manṣūr convocó a Averroes de Lucena a Marrakech, sin que se disponga de otra mención que se refiera a su perdón.

Ello es lo que explica que un sabio oriental llegado al Magreb y deseoso de entrevistarse con nuestro hombre no pudiera hacerlo y creyera que se hallaba recluido en su casa. ¡El poder sabía mostrar su reconocimiento, pero no derrochaba sus favores y los reservaba a aquellos que, más jóvenes, aún podían servir!

No obstante, todos los biógrafos escribieron como si la desgracia de Averroes no hubiera sido justificada y no extrajeron de ella consecuencias contra sus cualidades como ulema. Exceptuando a uno solo, al-Nubāhī, que actuó tardíamente, casi dos siglos después de la muerte de Averroes[22]. A través de él se expresa la tradición de Ibn Zarqūn. Esta inversión de conjunto es digna de ser tenida en cuenta. Mientras que la simpatía del historiador de la medicina Ibn Abī ᶜUṣāybiᶜa y de quienes se inspiraron en él es comprensible, la razón de ser de los puntos de vista favorables a Averroes por parte de los biógrafos andalusíes y magrebíes no se percibe con la misma facilidad. Quizá haya que buscarla en el más antiguo de entre ellos, Ibn al-Abbār, ya que en este género literario todavía seguía imponiéndose el modelo anterior. Ibn al-Abbār ya no escribió en al-Ándalus sino en Ifrīqiya, que recibió una afluencia de refugiados musulmanes procedentes de la Península Ibérica que trastocó no solamente el sistema de enseñanza tradicional local sino las propias grandes disciplinas andalusíes. Fue así como la medicina se convirtió allí en una importante actividad que reagrupó a individuos que hasta entonces habían vivido dispersos en Murcia, Málaga, Játiva, etc. Ahora bien, la medicina fue la única disciplina no religiosa que Ibn al-Abbār atribuyó a Averroes. Se presiente, por tanto, que a través de este sesgo, el biógrafo admitió la especificidad del personaje, encontrándose demasiado cercano al edicto de al-Manṣūr contra la filosofía y las demás ciencias como para atreverse a hablar de ello. Al-Anṣārī pudo dar este paso, pero más tarde. Por tanto, fue necesario efectuar todo un rodeo para que la parte más destacable de la personalidad de Averroes fuera restituida, lo cual, sin embargo, no tuvo ningún efecto positivo en la difusión de su obra.

El regazo aristotélico

¿Qué hizo Averroes para sortear estas peripecias? En 1192, cuando comenzaban a aparecer los primeros signos de tensión, se encontraba redactando su gran comentario de la *Metafísica*, que, cronológicamente, bien parece ser el último de este género. Contaba entonces sesenta y seis años y ya no volvió a componer escritos de tal amplitud. Que se sepa, se consagró exclusivamente, en lo sucesivo, a la medicina y a la filosofía. En el caso de la primera, se trataba de los comentarios medianos de Galeno (sobre los elementos, la «mixtura», los síntomas, las facultades naturales, las fiebres y los medicamentos simples). Eso le mantuvo ocupado unos dos años. Podemos interrogarnos sobre esta especie de polarización, en esa época, que hace pensar en la orientación que tomó al-Ḏahabī tras caer en desgracia, para no volver a exponerse al peligro. ¿Hay en ello un gesto de prudencia por parte del propio Averroes? ¿No habría sido más bien invitado por una autoridad que quería, de alguna manera, apartarle de los temas demasiado delicados? Parece probable, ya que nuestro autor volvió después a ocuparse de asuntos de lógica y de física, a los que dedicó al menos dos opúsculos *(maqāla)* en el momento mismo en que arreciaban los ataques contra él. ¿Inconsciencia por su parte, o bien, como fiel ejecutor de las órdenes, creía que eso le conferiría inmunidad? Después de todo, la extraordinaria distinción de honor que recibió del sultán había ocurrido menos de cuatro meses después de haber terminado uno de esos escritos, el 29 de marzo. No obstante, en dicha ocasión, manifestó sobradamente ser consciente de la situación incierta en la que se encontraba…

Se ha planteado la hipótesis de que él quería abordar un cuarto ciclo de estudio de Aristóteles, deteniéndose esta vez en aspectos particulares que le parecían dignos de ser tratados aparte. Eso era posible. Pero, desde los años 1170-1174, había iniciado un cierto número de sus *maqālāt* sobre temas de lógica. Es cierto que los primeros parecían sobre todo tomas de posición en relación a Avicena o a al-Fārābī y que estas polémicas prosiguieron después, paralelamente a escritos más neutros. Por otra parte, iba separándose cada vez más de sus antecesores, incluido al-Fārābī, que había sido su primer guía, para aproximarse sin tregua al propio texto de Aristóteles. Estaba persuadido de que en él podía encontrarse la solución a las dificultades suscitadas artificialmente por los comentadores griegos y los *falāsifa* orientales. Más que nunca, se manifiesta en él la tendencia a fortalecer el sistema del primer maestro para elaborar un catálogo exhaustivo de soluciones del mismo. Averroes no consideró siquiera la posibilidad de que el Estagirita hubiera dudado, hubiera dejado un problema sin respuesta, o hubiera evolucionado.

Ningún texto es fechado expresamente en la época del exilio en Lucena o del retiro a Marrakech. Mal podemos imaginarnos a un Averroes inactivo, pero ya no podía ir abiertamente en contra del edicto del sultán.

Muerte del imán y muerte del califa

Averroes murió en Marrakech, sin haber regresado a al-Ándalus, el 10 o el 11 de diciembre de 1198. Primero fue enterrado allí, extramuros, en el cementerio de Bāb Tagzūt. Tres meses más tarde, sus restos fueron exhumados para ser transportados a Córdoba. Ibn ᶜArabī estuvo presente y vio montar el cadáver a lomos de una bestia de carga, quedando equilibrado el otro lado de la albarda por el peso de sus escritos (¡prueba de que estos le habían seguido!). Un amigo comentó el hecho con respeto. Ibn Ŷubayr, que se había puesto al servicio de sus enemigos para ridiculizarle en sus sátiras, se puso ahora al lado de los ensalzadores (lo cual permite pensar que el filósofo había recuperado el favor, aunque hubiera sido marginado). Aunque Ibn ᶜArabī ya era consciente de que se trataba de «uno de los maestros del pensamiento y de la reflexión racional», él y sus amigos se pusieron de acuerdo para saludarle, a partir de entonces, con el título de «imán»[23]. El cuerpo de Averroes reposó finalmente «en el jardín de sus ancestros, en el cementerio de Ibn ᶜAbbās»[24].

Los últimos meses de la vida de al-Manṣūr estuvieron marcados por los remordimientos de sus crímenes contra miembros de su familia, de sus faltas en general, y por escrúpulos religiosos exacerbados. La gracia concedida a Averroes formó parte ciertamente de los gestos de compensación que prodigó entonces. Sintiéndose morir, convocó a los grandes notables y a sus allegados y pronunció ante ellos un discurso-testamento en el que recordaba la excelencia de la doctrina y del poder almohade, que habían sido los de su padre y los de su abuelo. Después expresó sus temores ante la extrema juventud de su sucesor y, sin duda por miedo de sus parientes, pidió que respetaran las designaciones que había llevado a cabo para los cargos más elevados. Asimismo, conjuró a pensar en los «huérfanos y [en] la huérfana»; es decir, al-Ándalus y sus habitantes. Antes de concluir, pasó revista a las tribus almohades, citándolas una por una y haciéndoles sus recomendaciones.

El historiador Huici Miranda observa que no hizo alusión alguna al *mahdī* ni a su doctrina, confirmando así indirectamente la idea de que no creía en su misión sobrenatural[25]. En efecto, este punto no pertenecía a la profesión de fe, y si se puede interpretar en su favor el último artículo de la misma sobre los milagros que justifican la profecía, hay que «ponerlo para encontrarlo», como suele decirse. Ya en 1188, el sultán había manifestado en público una conducta que ridiculizaba una pretendida profecía de Ibn Tūmart. Pero las exigencias de estabilidad política imponían seguir mencionando, en los actos oficiales, al *mahdī* con los mismos títulos que le habían otorgado los califas precedentes. De hecho, este aspecto llegó incluso a ser abolido durante un tiempo de la enseñanza almohade, a principios del siglo XIII, y hemos visto que Averroes, tras haberse interesado por él, no volvió a dedicarle la mínima alusión.

Huici Miranda se sorprende también de la preocupación de al-Manṣūr sólo por al-Ándalus, en detrimento del norte de África, donde tenían lugar entonces tantas tensiones. Su muerte, el 22 o el 23 de febrero de 1199, un poco después que la de nuestro filósofo, fue el signo de la decadencia, marcada por la derrota de Las Navas de Tolosa en 1212, la caída progresiva de la mayor parte de las ciudades de al-Ándalus ante los ejércitos cristianos, entre 1226 y 1248, no subsistiendo más que el pequeño reino de Granada; los últimos almohades fueron derrotados en Tinmallal, por los meriníes, en 1275-1276.

La profanación de las tumbas de los califas, en aquella ocasión, consagró el final de la epopeya almohade, que no fue únicamente política, sino también, para algunos, una cruzada intelectual, expuesta a quemarse las alas en el fuego del poder.

Epílogo

Con Averroes muerto y el régimen almohade a punto de desaparecer, se abrió la controversia a propósito del filósofo. Su biógrafo más próximo, el andalusí Ibn al-Abbār, y un poco más tarde el oriental Ibn Abī ᶜUṣaybiᶜa, que le considera sobre todo como sabio, no dudaron de su ortodoxia. Pero los magrebíes al-Anṣārī y al-Marrākušī ya se habían hecho eco de juicios contradictorios con respecto a él. Estos autores citan juicios orales de personajes apreciados en su época. No es seguro, en efecto, que, como creyó Renan, se hubieran redactado «obras a favor y en contra de su ortodoxia»[1]; con toda probabilidad fue la literatura oral sobre él la que proliferó, con su inevitable cortejo de fabulaciones. Los juicios de Ibn Sabᶜīn respecto al total servilismo de Averroes hacia Aristóteles, y las reconstrucciones *a posteriori* de Ibn ᶜArabī sometiendo al pensador racionalista a sus dotes místicas, aunque puestas por escrito, proceden del mismo género de aproximación.

Se formó así, junto a la tradición de compilación escrita, que generalmente evolucionó en un sentido favorable, con la única excepción de al-Nubāhī, una verdadera leyenda, llevada por la tradición oral, que sólo fue trasladada al papel accidentalmente. A menudo esta leyenda se volvió negra: un poco más de un siglo después de la muerte del filósofo cordobés, el arabista catalán Ramón Llull se hizo eco de la amplificación experimentada por los sinsabores del final de su vida al afirmar que fue «lapidado a causa de sus errores»[2] por sus correligionarios.

El año 1527 fue importante en la formación de esta leyenda. Entonces se tradujo al latín una obra de origen árabe[3] que, en principio, se aproximaba al género del «diccionario biográfico», pero que había sido compuesta en circunstancias particulares, alterando su orientación. En efecto, dicha obra se atribuye a al-Ḥasan b. Muḥammad al-Wazzān al-Zayyātī, nacido en Granada en la época en que la ciudad fue conquistada por los cristianos y que vivió en diversos lugares del norte de África y del Sahel. Fue hecho cautivo y enviado a Roma, donde se le bautizó con el nombre de León el Africano, redactando numerosas obras en las que se trasluce una viva curiosidad, pero cuyos errores, sin duda debidos al alejamiento de las fuentes, son numerosos. La reseña que consagró a Averroes cita a algunos de sus biógrafos árabes, como Ibn al-Abbār, pero para poner en su boca cosas totalmente diferentes de lo que se ha conservado en los textos. Dicha reseña, en cambio, aporta numerosos detalles de lo más fantasiosos, originados seguramente por la dinámica oral de la que antes hablábamos, y recogidos a continuación por las obras de erudición occidental hasta el siglo XIX.

Entre ellas, merece la pena detenerse en el *Diccionario histórico y crítico* de Bayle, cuya difusión e influencia en el siglo XVIII fueron considerables. Basándose en la noticia de León el Africano, nos da una versión de los acontecimientos de la que podemos extractar, como divergencias más notables con las referencias que aportan los biógrafos medievales, los siguientes datos: los bienes de Averroes habrían sido confiscados y el filósofo habría sido relegado no en Lucena sino en un barrio de Córdoba reservado a los judíos. Luego se habría fugado para refugiarse en Fez, donde, al ser reconocido, habría sido encarcelado y obligado a abjurar en público. A continuación habría vivido, primero, en Fez, gracias a la enseñanza del derecho, después en Córdoba, en una gran miseria. Nombrado de nuevo gran cadí, pero en Marrakech (y no en Córdoba), habría terminado sus días rodeado de toda su familia, siendo enterrado allí definitivamente.

Aparte de estos errores manifiestos, Bayle recupera diversas invenciones de variado origen. Unas atribuyen a Averroes hechos elevados, ligados especialmente a su autoridad como médico; así, habría sido el primero en practicar la sangría a un niño, cuando era algo considerado mortal para quien no hubiera alcanzado los catorce años. Igualmente habría curado a uno de sus hijos, de seis o siete años, de una pleuresía. Otras invenciones del mismo calibre son detalles sobre una breve anotación de un escritor. La observación de Ibn Abī ᶜUṣaybiᶜa al respecto de la fortaleza de espíritu de Averroes es sacada a escena en toda una anécdota en la que los biógrafos andalusíes envuelven su desinterés y su falta de venalidad en un largo discurso moralizador. Quedan otras que, más que amplificaciones, son desviaciones, como en el caso del relato de las trampas tendidas al filósofo para convertirlo en personaje sospechoso que, elaborado minuciosamente, llega a transformar a Avenzoar en un adversario envidioso.

Hay otras muchas anécdotas en cuyo caso, por contra, es difícil comprender de dónde pueden haber salido. Averroes habría compuesto en su juventud versos galantes que habría quemado más tarde con grandes señales de arrepentimiento. Respecto a las relaciones con sus hijos, se decía que uno de ellos habría sido sorprendido copiando versos eróticos de un médico judío a quien él perseguía judicialmente en su papel de cadí; ello le habría llevado a detener el proceso, al tiempo que predecía la ruina de su ciudad por permitir algo semejante. A partir de entonces no habría querido que el menor de sus hijos fuera educado para los cargos que se le proponían en la corte. Habría incluso maldecido a uno de sus niños con tanta violencia que éste habría muerto diez meses después. Otra anécdota habla de una hija de Averroes (cuya existencia no es mencionada más que por León el Africano): cuando un pretendiente le ofreció su peso en oro como dote, el filósofo le habría objetado que él no la conocía en absoluto y que no podía juzgar su belleza; como el pretendiente alegara que ella debía parecerse a su hermano, Averroes lo habría despedido, censurándole por su impetuosidad.

¿Qué decir de estos relatos? Confirman una ley bien establecida de la psicología, y es que, cuanto más se aleja la realidad en el tiempo, más palia la memoria sus deficiencias, reconstruyéndola a base de detalles cuyo lado minucioso y anecdótico la persuade del carácter concreto del hecho y, por tanto, de su veracidad. Bayle se sorprendía de que su contemporáneo, el gran arabista d'Herbelot, no dijera casi nada de Averroes en su *Biblioteca oriental*. Ello se debe a que, al menos en este aspecto, el erudito se mostró más sabiamente crítico que el filósofo que, sin embargo, reivindicaba dicho título.

Si un espíritu tan lúcido, por otra parte, como Bayle, se dejó atrapar en las fabulaciones compiladas por el árabe León el Africano, con mayor razón los occidentales sectarios y desprovistos de todo sentido histórico han podido proyectar sobre la imagen de Averroes los fantasmas más desenfrenados. En vista de que el filósofo andalusí fue reivindicado como principal autoridad por un movimiento intelectual enraizado en una visión pagana del mundo, desarrollado en el medio universitario parisino de los siglos XIII y XIV, los adversarios de estos «averroístas» se creyeron autorizados a imaginar lo peor sobre el autor epónimo. Con el tiempo y el agravamiento, a partir del Renacimiento, de la crisis religiosa, se llegó, despreciando toda verosimilitud, a transformarlo en un hombre inicialmente cristiano, convertido al judaísmo, después al islam, para finalmente oponerse a Moisés, Jesús y Muḥammad como a los «tres impostores» por excelencia. De su primera religión, él habría dicho que era imposible, a causa del misterio de la Eucaristía; de la segunda que se trataba de una religión para niños y de la tercera una religión de puercos. ¡Si el pobre Léon el Africano levantara la cabeza!

Apéndices

Glosario de nombres y términos

Al-Fārābī

Abū Naṣr al-Fārābī o Alfarabi, sabio y filósofo turco arabófono (870-950). Fue el principal responsable, después de al-Kindī, de la constitución de la disciplina llamada *falsafa* (véase reseña correspondiente). Averroes dependía en gran medida de él, desde el punto de vista de la lógica, y su propia restitución del Aristóteles auténtico se llevó a cabo como reacción contra la interpretación platonista que dio de él el pensador oriental y que había perfeccionado Avicena (véase reseña correspondiente). En al-Fārābī no había desaparecido el sincretismo que podía encontrarse en sus predecesores, ya que reposaba en una confusión histórica que hizo tomar por aristotélicos textos producidos por el neoplatonismo. Fue incluso asumido en una voluntad de conciliar a las dos grandes autoridades griegas: Platón y Aristóteles. Pero fue trascendido por la constitución del primer sistema ideológico propiamente dicho de la historia del islam. Y dicho sistema, fuertemente marcado por los esfuerzos de la escuela de Alejandría durante la Baja Antigüedad, es a su vez conciliable con el monoteísmo. La noción que al-Fārābī tenía de Dios está arraigada en el libro lambda de la *Metafísica* de Aristóteles. Se encuentra igualmente influida por Platón, ya que el Dios del autor musulmán era tan trascendente como la idea del bien en el pensador griego, y se hallaba separada de toda consideración cosmológica. Todo eso condujo a la idea de que el Uno es el Ser necesario en sí, lo cual significaba que el monoteísmo era un corolario de la esencia divina.

Retomando el sistema emanatista salido de Plotino, al-Fārābī se esforzó por conciliar igualmente la idea aristotélica de la eternidad de la materia con la tesis creacionista del Corán: la materia es eterna, pero deriva de Dios por emanación, que podemos definir como la fuerza creadora del pensamiento de Dios por Sí mismo. De autopensamiento en autopensamiento, se pasa de Dios, único Ser necesario, a las diversas inteligencias y a la jerarquía de los seres. Se trataba de una especie de trasposición al plano del cosmos del árbol de Porfirio, que, desde el punto de vista lógico, va, según la división de cada género en sus especies, del género más general al individuo.

En este esquema, la sabiduría es representada como vuelta de cada espíritu al proceso emanatista. Se trata de unirse a las inteligencias primeras, a través de un esfuerzo de ascesis que permite remontarse de los datos sensibles a las nociones cada vez más abstractas. A ello al-Fārābī le añadió que si el hombre debe realizar este esfuerzo de ascensión por sí mismo, algunos personajes elegidos reciben el don de comunicar desde el primer momento con la inteligencia agente: se trata de los profetas. No solamente recorren de golpe el largo camino que a los filósofos les cuesta trabajo cubrir, sino que disponen de medios sensibles (imágenes, conminaciones…) para poner el fruto de esta comunicación al alcance de la masa. Se trata de la conciliación entre la misión profética y la teoría platónica del filósofo-rey.

Por primera vez en la civilización árabe, el saber «extranjero» se reunificó en una perspectiva que pretendía ser directamente asimilada por el islam. Todos los aspectos –al menos los que son conocidos a través de la traducción– de la filosofía de Aristóteles fueron reintegrados según el índice fijado por su editor del siglo I a. C. Andrónico de Rodas. Al-Fārābī no sólo continuó la obra de al-Kindī aportando, esta vez, ya no sólo indicaciones escolares sobre tal o cual disciplina sino también comentarios escolásticos a escritos precisos, además de numerosos textos que sintetizaban su enseñanza y jerarquizaban su contribución. Especialmente, tal es el caso a la hora de definir «las ideas de los habitantes de la ciudad virtuosa», ideas que van del Ser primero hasta la teoría hilemórfica y el análisis del cuerpo, por una parte, y hasta la de las potencias del alma por otra, y finalmente a la política y a la moral. Y para que el sistema de ideas desemboque en una ciudad armoniosa, es necesario que el hombre no se contente con un conocimiento de todo eso «a través de las representaciones imitativas *[miṯāl]»,* las cuales pueden conducir a la contradicción y al escepticismo, sino que alcance esas cosas comunes «a través de sus pruebas *[burhān,* pl. *barāhīn]»,* a fin de que «ellas no se vean afectadas por ninguna contradicción ni por sofisma, ni por incomprensión, pues entonces el conocimiento del contradictor no sería la realidad de las cosas en sí, sino más bien una falsa idea»[4].

Al-Gazālī

Abū Ḥāmid al-Gazālī o Algacel, jurista y teólogo persa arabófono (1058-1111). Su crítica de la *falsafa* (véase la reseña correspondiente) de al-Fārābī (véase reseña correspondiente) y sobre todo de Avicena (véase reseña correspondiente), realizada en nombre de la ortodoxia religiosa, fue decisiva en la formación de la propia síntesis filosófica de Averroes.

Dos factores esenciales se encuentran en el origen de dicha crítica. Uno es que mientras Avicena siguió siendo sunní (véase sunnismo), al-Fārābī se hallaba próximo al šīᶜismo, aunque él mismo no fuera šīᶜí, y los movimientos más esotéricos, como el ismāᶜilismo, tomaron muchos elementos con el mismo fondo neoplatónico que la *falsafa*. Al-Gazālī subrayó tales convergencias con predilección.

El segundo factor es que al-Gazālī era únicamente un ulema, incluso más bien un jurista, que no se convirtió en *mutakallim* (véase *kalām)* más que como un mal necesario y no sin reticencias por su parte. Sus escritos cubrieron antes que nada los diversos ámbitos de la ley religiosa *(šarīᶜa),* de la cual no se apartaron más que para tratar del sufismo, por un lado, y para preparar su ofensiva contra la filosofía, por otro. En ésta, en principio procedió, en sus *Miras de los filósofos*, por una primera exposición, de una calidad notable, de la *falsafa*, según sus tres componentes principales: lógica, metafísica y física. A continuación, aunque aceptaba la primera, recusó las otras dos en su *Refutación [Tahāfut] de los filósofos*. Pero lo hizo desde el único punto de vista de la ortodoxia. Las múltiples referencias científicas que hacían los antiguos *mutakallimūn* fueron descartadas, o no aparecen más que de forma muy subordinada. Todo sucedió como si, con al-Gazālī, el *kalām* (véase reseña correspondiente) acabara de levantar acta de la confiscación de la trayectoria científica, fuera por parte de meros técnicos sin miras ideológicas –lo cual no plantea mayor problema–, fuera por la sola *falsafa*, que la integraba en una cosmovisión juzgada inaceptable.

Se ha podido observar que al-Gazālī no buscaba tanto discutir las tesis de los filósofos en beneficio de otras tesis, como lanzar un descrédito global sobre la propia disciplina. «Antes que nada buscó el efecto psicológico. Por si acaso, se sirvió de un principio de vida religiosa, ya antiguo en el islam sunní: la relatividad de la razón, la incapacidad de hecho en la que ella se encontraba para alcanzar por sus propias fuerzas la realidad oculta de Dios y de sus relaciones con las criaturas»[5]. Para lograr dicho efecto psicológico, todos los medios eran buenos: llamada al sentido común, insistencia en las contradicciones internas, habilidad en la exposición destinada a mostrar que él mismo era tan competente como los filósofos, siendo todo ello llevado a un ritmo que apenas favorecía la profundización en las cuestiones abordadas.

En suma, con al-Gazālī, el círculo pareció cerrarse. De la práctica de la comunidad surgió la exigencia de referirse a disciplinas de orden técnico (véase sucesiones). Éstas se desarrollaron a la vez por ellas mismas y como soporte de otras disciplinas técnicas profanas (tales como la contabilidad, la astronomía, etc.). A todo eso se le incorporó una necesidad de especulación, bastante comprensible en una civilización que, muy rápidamente, había alcanzado un elevado nivel cultural. Pero dicha especulación, tal como fue puesta en práctica por los teólogos, resultó un tanto liosa, lo cual suscitó la reprobación de las personas más rigurosas, quienes decidieron imponerse una mayor fidelidad con respecto a la herencia griega. El *kalām* aceptó entonces despojarse de una parte de su problemática inicial tan variada, lo cual reforzó el carácter sintético de la *falsafa*. Pero finalmente, se produjo el divorcio. El pensamiento religioso no aceptó más criterio que la revelación; tampoco los demás elementos culturales, sino en la medida en que podían encajar en una visión sincretista o cuando primaba el punto de vista práctico. La sabiduría *(ḥikma)* no procedía oficialmente del islam sunní, lo cual no le impidió dejar huella en numerosos autores religiosos, entre ellos el propio al-Gazālī y justo en su principal tratado de derecho, el *Mustaṣfà*. Pero eso no fue abiertamente reconocido y se mantuvo la ambigüedad con conocimiento de causa, yendo las proclamaciones de principio en el sentido de un tradicionalismo puro y duro, al tiempo que las obras integraban subrepticiamente muchos aspectos de las tendencias condenadas.

aš^{c}arismo

El aš^{c}arismo es la forma del *kalām* (véase la reseña correspondiente) más rechazada por Averroes. Sus principales características son las siguientes:

En la reacción sunní (véase sunnismo) de finales del siglo IX, Abū l-Ḥasan al-Aš^{c}arī, epónimo de la escuela teológica que progresivamente se convirtió en la de mayor influencia en el islam, jugó un papel fundamental. En un principio mu^{c}tazilí (véase mu^{c}tazilismo), al-Aš^{c}arī decidió más tarde apelar a las «gentes de la tradición y de la comunidad». Pero sus obras no rompieron con su anterior escuela más que de forma parcial, mientras que la ampliaron en aspectos esenciales.

Tal ampliación se manifiesta sobre todo por el mismo recurso al razonamiento, indispensable para conocer a Dios en tanto que creador, a partir del carácter «innovado» del mundo, y como dotado de atributos fundamentales. La revelación viene de alguna manera a llenar esta forma y a confirmarla, a cambio de una interpretación *(ta'wīl)* que reabsorba las contradicciones aparentes de la creación. Al-Aš^{c}arī y sus sucesores eran igualmente partidarios de extender la teoría a través de un verdadero sistema de explicación del mundo, aunque ellos le dieron menos importancia que sus antecesores mu^{c}tazilíes. Pero el atomismo, por ellos elegido como sistema explicativo, iba a ser elevado al rango de piedra angular del edificio, ya que relacionaba el cuerpo del saber sobre la naturaleza con la cuestión del carácter adventicio del mundo y, por tanto, con la prueba de la existencia de Dios. Como se declara de entrada en un compendio de teología aš^{c}arí que alcanzó una gran difusión, especialmente en el Occidente islámico, el *Iršād* de Ŷuwaynī (siglo XI), el primer deber del hombre adulto es «intentar razonar sanamente para convencerse de la contingencia del mundo»[6].

Asimismo, el aš^{c}arismo recuperó por su cuenta el uso de la forma semítica del razonamiento, el *qiyās* (véase la reseña correspondiente), que el mu^{c}tazilismo había generalizado fuera de los ámbitos estrictamente jurídicos y lingüísticos en los que se había ilustrado en un principio. Por ejemplo, al-Aš^{c}arī dedujo la posibilidad para Dios de ser visto por los hombres según el siguiente razonamiento: «Quien no se conoce a sí mismo no conoce nada, y al igual que Dios conoce las cosas, Él se conoce a sí mismo, y como se conoce a sí mismo, le es posible hacerse conocer por nosotros»[7]. Por tanto, no es la revelación la primera sino las acciones humanas, las cuales «fundamentan» eso a través de un razonamiento filosófico y no teológico. En este sentido, el ašᶜarismo se halla muy próximo al almohadismo.

En contrapartida, hay dos puntos esenciales respecto a los cuales rompe con el muᶜtazilismo y se acerca a la religión tradicional. Por una parte, el razonamiento, si es indispensable y requiere a la vez exactitud técnica y rectitud moral, «conduce» a la ciencia, pero no de forma necesaria, ya que entonces se terminaría la libertad divina absoluta. «Si de ordinario una ciencia se produce como consecuencia de un razonamiento, es únicamente [...] en virtud de un hábito instituido por Dios, al igual que habitualmente un niño viene al mundo después de haber existido un acoplamiento, o que el trigo crece tras haberse realizado las labores de siembra; cada vez, Dios podría hacer que sucediera de otra manera»[8].

Por otra parte, mientras los muᶜtazilíes creían que el hombre conocía por su simple entendimiento lo que está bien y lo que está mal, y que podemos comprender que las obligaciones religiosas obedecen a una razón, más profunda que los impulsos inmediatos, el ašᶜarismo veía en la palabra divina el fundamento único de los valores morales. La razón no nos obliga más que en el ámbito de la lógica, no en el de los actos. Así, el hombre no debe obrar como un infiel, ya que eso le está prohibido, pero Dios, soberanamente libre, pudo crear la infidelidad sin que tengamos derecho a protestar por ello.

Con este término medio se enfrentaron tanto los racionalistas intransigentes que son los filósofos (véase *falsafa)* como quienes, sin ser puros tradicionalistas, no admitían esta intervención en segundo plano de la revelación y de la Historia.

Avicena

Abū ᶜAlī Ibn Sīnā latinizado en Avicena. Sabio y filósofo ira (980-1037). Averroes tuvo que ver con su obra en dos ámbitos: la medicina, cuya concepción general por parte de Avicena él admiraba, al tiempo discutía que aspectos particulares, y la filosofía, en la que era esencialmente crítico, ya que estimaba que los reproches que al-Gazālī (véase reseña) había hecho a Avicena en esta materia se hallaban justificados en la mayoría de los casos, debido a sus propias inconsistencias.

A pesar de su ambición por conciliar la ley religiosa musulmana con el pensamiento griego, la síntesis de al-Fārābī (véase reseña) resultó más monoteísta que propiamente islámica. No sólo es que al-Fārābī se formara con dos cristianos, sino que otro cristiano, Yaḥyà b. ᶜAdī, le sucedió a la cabeza de su escuela en Bagdad cuando abandonó la ciudad, sucesión que no parece haber planteado dificultades. Más tarde, los esfuerzos de Avicena confieren a la enseñanza de al-Fārābī una coloración más puramente islámica. Además de numerosas precisiones y de mejoras con respecto a ciertos detalles de la técnica filosófica, las cuales le permitieron oponerse al método del *kalām* (véase reseña correspondiente) a causa de su carácter aproximativo, Avicena consiguió dominar el sistema de al-Fārābī a través de una mística intelectualista. Hay que recordar también que en la inmensa suma de trabajos y de conocimientos adquiridos por este personaje, la doctrina de al-Fārābī no era más que un elemento que, unido a una primera formación en ciencias religiosas tradicionales por una parte, y a una obra médica por otra, le convirtieron durante mucho tiempo en el más célebre teórico en la materia.

Ello tuvo repercusiones en la constitución del cuerpo ideológico. Al-Fārābī estaba más centrado en el aspecto sistemático: escribía como doctrinario y como profesor. Raramente abandonaba estos registros para llevar a cabo búsquedas especializadas o para mantener polémicas contra otros autores o contra falsas ciencias como la astrología. Avicena era más riguroso, llegando a resolver numerosas dificultades dejadas en suspenso por el «segundo maestro» (después de Aristóteles), pero también más desordenado. Llevó a cabo grandes recopilaciones en filosofía y en medicina, a la vez que se deben también a él tratados confusos y respuestas deslavazadas a preguntas que le fueron formuladas tanto en las ciencias teóricas (matemáticas, música, astronomía, física, química, ciencias naturales) como prácticas (ética, política y economía) y aún religiosas (exégesis coránica, cuestiones de conducta, sufismo, interpretación de relatos religiosos como el de la «ascensión del Profeta, etc.). Se trata asimismo de un escritor que a menudo se contentaba con versificar con un fin mnemotécnico, pero que también sabía componer en verso y en prosa. Algunos de estos textos están perfectamente vinculados al sistema, aunque sea a cambio de un fastidioso discurso desdoblado de la siguiente manera: exposición filosófica, después enunciado frase por frase del tema, cada una acompañada de la fórmula «es decir», que a su vez enlaza con una frase de la primera parte. En el caso de algunos textos, la imposibilidad de relacionarlos con otros hace que, a veces, su atribución a Avicena sea dudosa, sin que, por otra parte, haya manera de probar lo contrario.

falsafa

Escuela doctrinal de expresión árabe que apela a la herencia griega. Como tal, no es más que una parte de la filosofía árabe, que se llama *ḥikma* (sabiduría).

La aparición de esta escuela debe ser situada en relación con el contacto inicial entre el pensamiento griego y el árabe. La primera escuela teológica, el muᶜtazilismo (véase reseña correspondiente) utilizó fundamentos de lógica, de física y de metafísica griegas, pero de forma no sistemática. Las cosas cambiaron considerablemente con la aparición de los instruidos, que no se contentaban con esta aproximación «impresionista» al saber griego, y que decidieron vincularse a él con fidelidad, apostando a que lo verdadero no puede contradecir a lo verdadero, y que la filosofía griega se concilia con la revelación. Esta vinculación doctrinal se tradujo en la adopción de las propias palabras griegas que designan a la filosofía y quienes se dedican a ella: ya no solamente *ḥikma*, llamándose aquel que se dedica a ella *ḥākim* (pl. *ḥukamā),* sino también la pura y simple pronunciación árabe del vocablo extranjero *philosophia-falsafa*, *philosophos-faylasūf* (pl. *falāsifa).* En consecuencia, la filosofía se convirtió en «la ciencia de los seres eternos y universales, de su existencia, de su esencia y de sus causas –en la medida en que eso es posible para el hombre»[9]; la palabra *ḥikma*, por su parte, pasó a designar la invasión de la práctica por parte de este aspecto teórico: «la virtud de la potencia racional; [...] la ciencia de los seres universales en su verdad, y la puesta en práctica de las verdades que hay que practicar»[10].

No obstante, esta reivindicación de filiación no desembocó inmediatamente en una actitud sistemática. Quien es generalmente reconocido como el primer representante de esta escuela, Yaᶜqūb b. Isḥāq al-Kindī (muerto en 873) pareció oponerse a una visión estrechamente etnocentrista y predicar la receptividad al decir: «Uno de los deberes primordiales es no menospreciar a nadie de quien hayamos extraído algún provecho, por mínimo e insignificante que sea. ¿Qué decir, pues, de quienes para nosotros fueron los factores esenciales de un verdadero enriquecimiento en materias de primera importancia y extremadamente preciosas? Estos autores, en efecto, aunque permanecieron en la ignorancia de una parte de la verdad, fueron para nosotros la vía y el instrumento para llegar a múltiples conocimientos, cuya entera veracidad ni ellos mismos pudieron alcanzar...»[11].

De la mencionada receptividad pende, como resultado, un cierto eclecticismo. Ciertos tratados de al-Kindī aparecen como una recopilación de «un determinado número de extractos o de indicaciones doxográficas, o de notas de lecturas cuya comparación expresa un consenso filosófico, designa una doctrina común en materia de moral y de escatología; el espíritu de esta *koiné* es platónico, en el más amplio sentido de la palabra»[12]. Y, de hecho, al-Kindī afirmó la necesidad de una visión pluralista: «Nos resulta perfectamente claro y lo mismo a los mejores de los filósofos anteriores no arabófonos, que nadie puede alcanzar lo verdadero –aquello que verdaderemente merece el nombre de verdadero– por su propia búsqueda. Ningúno de los filósofos, tomados individualmente e incluso en su conjunto, ha podido acceder a la totalidad de la verdad [...]. Pero si reunimos la pequeña parte que ha alcanzado cada uno de aquellos que han encontrado algo de verdadero, obtenemos un resultado de notable valor...»[13]. Asimismo, Aristóteles, aunque era ya el «primer maestro», no lo era más que en tanto que «el más sabio de los filósofos griegos», y su autoridad fue invocada precisamente por haber afirmado su propio reconocimiento hacia sus predecesores.

En suma, tenemos ahí un estadio de preparación consciente. Al-Kindī se dio cuenta de la diferencia de época, de lengua y de religión existente entre los griegos y su propio universo. Asimismo, era necesaria una presentación actualizada de la obra de los primeros: «Presentar de manera exhaustiva lo que dijeron los antiguos, buscando las explicaciones que fueran las más directas y las más fáciles para nuestros correligionarios, y completar sus dichos, ajustándonos, en la medida de nuestras posibilidades, a las normas de la lengua árabe y a los imperativos de la época»[14].

Como consecuencia de ello, los filósofos se escandalizaron del lugar secundario que ocupaba el conocimiento del mundo en la disciplina del *kalām* (véase reseña correspondiente) y denunciaron el carácter aficionado, incluso arbitrario, que tenían las especulaciones de los teólogos tanto sobre la estructura de la materia como sobre aspectos particulares de física, fisiología, psicología, etc. En un primer momento, no obstante, eso apenas tuvo consecuencias. El movimiento iniciado por al-Kindī supuso un considerable trabajo de traducción, de adaptación, de explicación, que requirió de tiempo. El primero en producir un sistema propiamente dicho fue Abū Bakr al-

Rāzī (siglo x), cuya obra filosófica se vio eclipsada por su enorme reputación como médico clínico. Tanto más cuanto que no pertenecía verdaderamente al islam, ni siquiera a ninguna religión monoteísta, aunque se movía en un universo mental que combinaba elementos platónicos y pitagóricos en metafísica, y reminiscencias epicúreas en ética. Con al-Fārābī (véase reseña correspondiente) la *falsafa* tomó su forma característica.

ᶜilm

En el Corán se utilizó considerablemente esta noción que significa literalmente «saber» en todas sus formas: verbo, adjetivo, sustantivo. Pero conviene señalar claramente sus orientaciones, dependiendo de si se trata de Dios o del hombre.

Dios, por su parte, lleva, entre los noventa y nueve nombres supremos, el de «sabio» o «prudente». Es decir, que sabe todo, de lo visible y de lo oculto. En pocas palabras, designa la onmisciencia. Y es significativo que algunos teólogos consideraran los calificativos de «sabio» *(ᶜālim)* e «inteligente» *(ᶜāqil)* como equivalentes, ya que enfocaban las dos facultades correspondientes como simples sumas de conocimientos.

Aplicada al hombre, la palabra «saber» *(ᶜilm)* remite exclusivamente al contenido de la revelación. Y es precisamente así como el islam, hasta el siglo XIX, la ha entendido, ya que por *ᶜilm* a secas enunciaba el saber religioso en sus diversos aspectos: memorización del Corán, de las tradiciones del Profeta o de sus allegados *(Ḥadīṯ)*, de las reglas jurídicas que podían extraerse de ellas *(fiqh)*, de los elementos de interpretación textual que se derivan de las mismas *(tafsīr)* –se oponía el *tafsīr por la ciencia (bi-ᶜilmin),* único válido para los espíritus tradicionales, al *tafsīr por la opinión*, asimilado al *tafsīr por la pasión*–, incluso de los datos históricos en la medida en que expresaban el proyecto de Dios para con la humanidad.

Asimismo, la apologética islámica moderna interpreta, de forma sumamente abusiva, el hadiz siguiente: «Buscad la ciencia, aunque sea hasta en China», en el sentido de que es favorable a lo que hoy en día entendemos por «disciplina científica». Se trata aquí, de forma bien evidente, del saber religioso, o al menos tradicional.

La idea de «ciencia», tal como la concebimos actualmente, ha sido expresada en árabe clásico únicamente por composición de palabras: la física es «ciencia de la naturaleza» *(ᶜilm al-ṭabīᶜa),* la astronomía «ciencia de las disposiciones de los astros» *(ᶜilm al-hay'a),* la geometría «ciencia de la medida» *(ᶜilm al-handasa),* etc. Estas disciplinas no son, por tanto, saberes más que por analogía cuya referencia siempre ha estado junto a la revelación.

kalām

Literalmente, «palabra», «nombre». El que practica esta disciplina se llama *mutakallim* (pl. *mutakallimūn).*

Es muy difícil definir el recorrido exacto que llevó al islam a representar la forma específica de la teología musulmana. Limitémonos a establecer las dos constataciones siguientes.

En el trabajo de traducción del griego al siriaco y de éste al árabe que en un principio se llevó a cabo entre los cristianos y después, más ampliamente, en el conjunto de una cierta *intelligentsia* del imperio islámico, la palabra *kalām* empezó a emplearse para traducir el griego *logos* (palabra, razón, argumento). En consecuencia, cada rama del saber se encuentra ligada a una «palabra» particular: la física es «el discurso sobre la naturaleza» *(peri phuseos logoi),* que el árabe traduce literalmente: *al-kalām al-ṭabīᶜī;* los físicos *(phusikoi, phusiologoi)* son «aquellos que hablan sobre los datos naturales» *(al-mutakallimūn fī l-ṭabīᶜiyyāt)* o los «adeptos del discurso sobre la naturaleza» *(aṣḥāb al-kalām al-ṭabīᶜī).* Lo mismo para los teólogos, «adeptos del discurso sobre la divinidad» *(aṣḥāb al-kalām al-ilāhī)* o aquellos que hablan de las cosas divinas» *(al-mutakallimūn fī l-ilāhīyyāt).*

Pero, por otra parte, parece que, en sus inicios, esta forma de discurrir sobre temas que no eran accesibles para todos fue severamente juzgada y que aquellos que se dedicaban a ella fueron tachados de «camelistas». Efectivamente, en la constitución del nombre *mutakallim* se encuentra una forma de diminutivo *(muta-)* que a menudo es empleada peyorativamente. Es muy posible que este sobrenombre fuera más tarde reivindicado por los interesados, transformándolo en una provocación agresiva.

muᶜtazilismo

La primera gran escuela del *kalām* (véase reseña correspondiente), que floreció entre los siglos VIII y X, acabó siendo sospechosa. El muᶜtazilismo dio a esta disciplina su forma específica, sobrepasando los problemas religiosos particulares para elevarse a una doctrina globalizante.

En efecto, el movimiento muᶜtazilí no se contentó con presentarse como el poseedor de un verdadero «discurso» *(kalām);* el de las cosas divinas. Abordó, ciertamente, con preferencia, las cuestiones propiamente religiosas como los atributos divinos, el estatuto del Corán, los actos humanos, etc. Pero nos encontramos en un contexto monoteísta creacionista. A través del sesgo de la cuestión de la creación del mundo, fue –de forma general– la de la estructura de la materia la que se convirtió en inevitable. De hecho, a principios del siglo IX se empezó a discutir sobre conceptos tales como «cuerpo», «sustancia», «accidente». La influencia del pensamiento griego era visible, bien directamente a través de algunos textos traducidos, o más frecuentemente de forma indirecta, a través de la difusión de estos temas en una cultura escolar.

Entre estas reflexiones, se abrió paso a una doctrina que, aunque no suscitaba unanimidad en sus principios, gozó de una gran fortuna más tarde: la del atomismo[15]. El Corán habla de *ḏarra* para designar cualquier cosa infinitesimal que, no por ello, Dios desdeña (azora IV, aleya 40 y azora X, aleya 61…), término que el árabe moderno ha recuperado para llamar al átomo, pero que más bien parece ligado, en sus principios, a la designación de hormigas microscópicas. Sin embargo, no fue éste el vocablo que empleó el muᶜtazilismo. En su colección de *Dichos de los musulmanes* anteriores a él, al-Ašᶜarī, en la confluencia de los siglos IX y X, utilizó traducciones literales del griego: «aquello que no se puede cortar» *(atomon-lā yataŷazza'u),* «aquello que no puede dividirse» *(adiaireton-lā yanqasimu).* Posteriormente, fue el sustantivo del primer verbo *(ŷuz')* el que se convirtió en el término oficial.

Asimismo, resulta sorprendente que esta doctrina, rechazada por la mayoría de los pensadores griegos, fuera aceptada por la mayoría de los muᶜtazilíes. La respuesta es que el atomismo de los musulmanes, aunque recuperó el vocabulario de los griegos, era muy diferente del plano de fondo de estos últimos. Para ellos, el átomo fue creado; ya fuera a partir de nada o a partir de una materia primera, era necesaria la intervención de un «cincelador». Además, ellos extrapolaron el razonamiento que se hallaba en el origen de la elección de este concepto para darle una resonancia antimaterialista: el átomo no puede ser dividido infinitamente de la misma manera que no puede haber una infinidad de átomos.

El ejemplo precedente muestra claramente la desenvoltura con la que la civilización islámica actuó en relación con las culturas de las que se sirvió, pero a las que no se dejó vincular. A propósito del sistema explicativo del ser que dio Abū l-Huḏayl al-ᶜAllāf, el más antiguo conocido y posiblemente el primero realizado, se pudo decir que el propósito del *kalām*, así concebido, era proporcionar un paradigma que permitiera comprender a la vez el Corán y el mundo[16]. Esto significa que no nos encontramos ante un racionalismo en el sentido habitual de la palabra, que hace de la razón una instancia directriz, sino más bien ante la afirmación de que la visión del mundo que da la revelación es «razonable» y puede, por tanto, asimilar todo lo que, en el mundo, sea considerado razonable, ¡al menos según esta vara de medir! En consecuencia, los conceptos son susceptibles de evolucionar. Tal es el caso del concepto de átomo que, para los primeros *mutakallimūn*, designaba un punto geométrico, sin ninguna propiedad, mientras que los muᶜtazilíes tardíos le reconocían todas las cualidades sensibles: color, sabor, olor…

El siglo X/IV vio cómo se producían a la vez el endurecimiento de ciertas posturas, en relación con las tendencias anteriores o por el contrario como reacción frente a ellas, e intentos de conciliación en mayor o menor medida no confesados como tales, lo cual suscitó nuevas disputas. En el interior del muᶜtazilismo se pasó de un primer estadio marcado por «una extrema diversidad de hombres y de doctrinas» a un segundo en el que «verdaderas escuelas se constituyeron alrededor de un cuerpo doctrinal coherente y convertido en un verdadero “sistema”»[17]. Por lo demás, sus tesis fueron recuperadas por destacados miembros del šīᶜismo.

qiyās

Razonamiento en dos tiempos, específicamente semítico, traducido a menudo (de forma un tanto improcedente) como «razonamiento analógico».

La ciencia de la metodología del derecho *(uṣūl al-fiqh)* en un principio reposaba sobre tres fuentes tradicionales: el Corán, la sunna = conjunto de hadices) y el consenso. Muy rápido resultó evidente que eso era insuficiente, ya que, según un proverbio jurídico, «los textos son numéricamente limitados mientras que los casos concretos son infinitos». Algunos, especialmente la escuela de Abū Ḥanīfa (el ḥanafismo), pensaron en paliar tal insuficiencia a través del recurso a la opinión del especialista *(ra'y*: literalmente «ojeada»). Pero el célebre al-Šāfiᶜī, él también epónimo de una escuela de derecho (el šāfiᶜismo), impuso la idea, aceptada progresivamente por casi todos, según la cual, era necesaria, ciertamente, una intervención de la razón humana, pero ésta debía proceder de acuerdo con un proceso que pudiera ser expresado explícitamente. De todas maneras, en los primeros tiempos, los juristas se contentaron para ello con una forma semítica de razonamiento llamada *qiyās*. Se trata de una argumentación en dos tiempos que parte de un caso particular conocido (a través de una fuente tradicional), para llegar a otro caso particular desconocido, para el cual, precisamente, se busca una solución. El paso de uno a otro se realiza tomando como base una «causa» *(ᶜilla)*. Pero ésta es fuente de dificultades, ya que puede consistir en la semejanza entre ambos casos, la contigüidad de sus dos objetos, una función idéntica, etc. Ahora bien, la apreciación de tal causa es muy discutible. Asimismo, las diversas escuelas pueden ser clasificadas en función de la libertad que reconocen o niegan en la materia.

A partir del siglo XI, se produjeron esfuerzos para sustituirlo por el silogismo de tipo aristotélico. Pero además de que eso no siempre fue posible, surgió una dificultad suplementaria al dársele a este razonamiento silogístico el mismo nombre de *qiyās*.

sucesiones

La ciencia o derecho de las sucesiones *(ᶜilm al-farāᶜiḍ)* es una disciplina específicamente islámica cuya importancia, para lo que nos interesa aquí, es servir de nexo de unión entre las ciencias religiosas y las profanas, por lo común opuestas.

El Corán impone dos reglas. Una es respetar ciertas proporciones en el reparto de una herencia. Las aleyas 7 a 42, así como la 176 de la azora IV fijan expresamente una distribución por fracciones pares o impares, en función del grado de parentesco con el difunto, de la presencia o no de otros herederos, del sexo y del número de mujeres que figuren en el mismo rango, etc. La otra regla figura en las aleyas 7 a 33 de la misma azora: «… Tanto si es poco como si es mucho. ¡Que a cada uno se le asigne la parte que le corresponde!». «A todos, les hemos establecido unos herederos que reciban lo que hayan dejado [sus *de cujus*]: el padre y la madre, los parientes cercanos y aquellos a quienes vinculan vuestros juramentos. ¡A ellos dadles su parte! Dios es testigo de todo». Ello no sólo significa que prácticamente siempre hay herederos, sino que la búsqueda de los mismos debe ir lo más lejos posible. En caso de muerte de un heredero próximo –algo que sucedía con mucha frecuencia en las sociedades arcaicas– eran sus herederos quienes pasaban a adquirir su derecho de sucesión.

Asimismo, el simple respeto de estas dos reglas coránicas trajo consigo el desarrollo de una ciencia de las fracciones muy elaborada. No sólo convenía reducir a la unidad proporciones cuya suma no coincidía más que rara vez con ella, sino que era necesario hacer intervenir sucesiones en cadena para tener en cuenta a los herederos de cada derecho habiente fallecido. Los tratados especializados compuestos en la Edad Media cubren casi todos los casos posibles, y especialmente los llamados «en escalera».

sunnismo

La palabra terminó por designar la rama mayoritaria del islam. Pero su significación original es reivindicar la totalidad de la tradición *(sunna),* incluidos los procesos históricos de los primeros siglos del islam que fueron escenario de luchas para hacerse con el califato (sucesión del Profeta).

El vocablo *sunnī* apareció tardíamente (a principios del siglo IX/siglo III de la hégira) en el marco general de una voluntad de «restauración» contra lo que se consideraban desviaciones. De hecho, esta fórmula de «restauración del sunnismo» es engañosa ya que induce a pensar –como desearía el apologista– que el sunnismo es el islam de los orígenes, mantenido inmutable, pero al cual se habrían sobreañadido, e incluso opuesto, ramas calificadas como heréticas. Ciertamente, el conjunto de la comunidad se vio sucesivamente cercenada, primero por el jāriŷismo, después por el šīᶜismo, mientras que en sí misma tampoco era homogénea. En los primeros tiempos, consistió en una yuxtaposición de formas muy diferentes, que no tenían en común otra cosa que el deseo de no querer romper con la «comunidad» *(ŷamāᶜa).* Eso iba del pietismo más conservador hasta formas notables de apertura al exterior. El esfuerzo muᶜtazilí (véase muᶜtazilismo) para defender la materialidad de la Revelación, pero mostrando su racionalidad, en gran medida fue suscitado por el desafío šīᶜí de una religión más profunda que la letra recibida. Ello trajo consigo una fuerte reacción tradicionalista, enconada por el hecho de que los muᶜtazilíes, durante un tiempo, habían erigido su doctrina en dogma oficial del Estado, y ello a cambio de una verdadera inquisición, lo cual vino seguido, cuando el califa cambió radicalmente, de una contrainquisición. Los adeptos de esta reacción se calificaron a sí mismos como la «gente de la tradición *[sunna]* y de la comunidad». La palabra «sunní» que se deriva de *sunna* no designa, por tanto, un fenómeno inicial, sino, por el contrario, el residuo de una serie de depuraciones.

Todos los musulmanes, cualesquiera sean, apelan a una tradición, a una *sunna*, pero ésta nunca ha sido la misma. Los sunníes son, en primer lugar, los defensores de una forma «tradicional» de pensamiento, que, ante todo, se encuentra en abierta oposición con los racionalistas, aunque formen parte de la misma tendencia mayoritaria del islam. Ella se dirigió únicamente de forma accidental contra los cismas y fue ulteriormente, con la nivelación del mundo «sunní» y la marginalización de las tendencias racionalistas, cuando este último aspecto pasó al primer plan.

Notas

Prefacio

1. Ibn Taymiyya, a caballo entre los siglos XIII y XIV, creyó conveniente consagrarse a un estudio crítico de la obra teológica de Averroes. Este doctor del fundamentalismo era un hombre de una pobreza intelectual preocupante, ya que para él todo se reducía a la exigencia de seguir el texto transmitido por el Profeta y sus propios ejemplos. Pero estaba dotado de un sentido político muy agudo –que le valió una gran autoridad entre los reformistas de nuestra época– que le daba una notable sagacidad para descubrir toda forma de pensamiento cuya riqueza no le permitiera fundirse en el molde común que él ambicionaba elaborar. Dado que el contexto socio-político de la obra que él criticó, es decir, el imperio magrebí almohade, acababa de desaparecer cuando él la redactó, su texto no gozó del mismo favor entre los copistas que el resto de sus escritos. Parece, no obstante, que hubo dos ediciones de esta refutación de Averroes por parte de Ibn Taymiyya, como apéndice de la publicación del *Faṣl al-maqāl* y del *Kašf ᶜan manāhiŷ al-adilla* (El Cairo, Maḥmūd ᶜAlī Ṣubayḥ, s.d. y Maṭbaᶜat al-šarqiyya, 1321/1903), pero no he podido consultarlas. Tampoco puedo decir si se trata de una refutación expresa de ambos textos o de una compilación de pasajes del *Dārᶜ taᶜāruḍ al-ᶜaql wa-l-naql*, que contiene numerosas objeciones a los filósofos árabes.
2. J. Le Goff, *Les intellectuels au Moyen Âge*, París, 1957, 3-4.
3. *Ibid.*, 127.
4. *Faṣl al-maqāl* (ed. en *Falsafat Ibn Rušd*), Beirut, 1979², 38, línea 4, y 15, líneas 5 y 9.

1. Los Banū Rušd, protagonistas de la historia de al-Ándalus

1. *Ḥadīṯ* del Profeta, Bujārī, *Ṣaḥīḥ* (ed. Q. al-Šamaᶜī al-Rifāᶜī, 9 t. en 4 vols.), Beirut, 1987, VIII, 320.
2. En los manuscritos moriscos aljamiados; es decir, en español redactado según el alfabeto árabe, la «s» española se transcribe con el «*šīn*» árabe.
3. D. Urvoy, *Le Monde des ulémas andalous du* vᵉ/xiᵉ *au* viiᵉ/xiiiᵉ *siècles. Étude sociologique*, Ginebra, 1978, 172.
4. V. Lagardère, *Histoire et société en Occident musulman au Moyen Âge. Analyse du «Miᶜyār» d'al-Wanšarīsī,* Madrid, 1995, 62.
5. El *Bayan* de Ibn Rushd, se publicó en 1984: *Al-Bayan wa-l-tahsil wa-l-sarh wa-l-tawyih wa-l-ta'lil fi masa'il al-Mustajraya*, de Abu-l-Walid Muhammad b. Ahmad Ibn Rusd, Beirut, Dar al-garb al-islami,1984. Véase también Ana Fernández Félix, *Cuestiones legales del Islam temprano: la* uttbiyya *y el proceso de formación de la sociedad islámica andalusí*, Madrid, CSIC, 2003.
6. V. Lagardère, *Histoire et société*, 65.
7. *Idem*, «Une théologie dogmatique de frontière en al-Ándalus aux xiᵉ et xiiᵉ siècles, l'ashᶜarisme», *Anaquel de Estudios Árabes*, V (1994), 71-98, esp. 94 (cursiva del autor).
8. *Ibid.*, 96.
9. Citado por V. Lagardère, «La haute judicature a l'époque almoravide en al-Ándalus», *Al-Qanṭara*, 7, 1-2 (1986), 135-228, esp. 147.

2. Educación y orientaciones religiosas

1. *Corán*, VII, 181 (a partir de la trad. de Blachère ligeramente modificada).
2. J. Ribera, «La enseñanza entre los musulmanes españoles», *Disertaciones y opúsculos*, Madrid, 1928, I, 229-359, esp. 250.
3. Abū Bakr Ibn al-ᶜArabī, *Riḥla*, *apud* Ibn Jaldūn, *Muqaddima* (ed. ᶜA.ᶜA.-l-W. Wāfī), Beirut, 1382/1962, IV, 1242.
4. Ibn al-Abbār, *Al-Takmila li-kitāb al-Ṣila* (ed. F. Codera), Madrid, 1887-1889, 853.
5. Ibn Saᶜīd al-Magribī, *Al-Mugrib fīḥulā l-Magrib*, El Cairo, 1954-1955, I, 104-105.
6. Estas tres piezas son señaladas, junto con los manuscritos conocidos, por S. Gómez Nogales, «Obras de Averroes», *Multiple Averroes*, París, 1978, 353-387, esp. 386-387.
7. M. Fierro, «Mahdisme et eschatologie en al-Ándalus», en A.

Kaddouri (dir.), *Mahdisme, crise et changement dans l'histoire du Maroc*, Rabat, 1994, 47-69, esp. 55.

8. Cf. D. Urvoy, «Effets pervers du Hajj d'après le cas d'al-Ándalus», en I. Netton (ed.), *Golden Roads. Migration, Pilgrimage and Travel in Mediaeval and Modern Islam*, Richmond, 1993, 43-53.
9. M. Fierro, *op. cit.*, 51.
10. M. Asín Palacios, *El régimen del solitario por Avempace*, Madrid-Granada, 1946, 40 ár./74 trad.
11. F. Rosenthal, *Averroes' Commentary on Plato's Republic*, Cambridge, 1956, 92 heb./227 trad.
12. *Ibid.*, 96-97 heb./234-235 trad.
13. Al-Ḏahabī, *Kitāb duwal al-Islām. Les Dynasties de l'Islam* (trad. A. Nègre), Damasco, 1979, 67.
14. H. Laoust, *Les Schismes dans l'Islam*, París, 1965, 206.
15. Textos citados por P. Luciano Rubio, «Juicios de algunos musulmanes españoles sobre las doctrinas de Algacel», *La Ciudad de Dios*, 169, 1, enero-marzo (1956), 90-111, esp. 94 y 110.
16. Texto editado por H. Monès, «Nuṣūṣ siyāsiyya ᶜan fitnat al-istiqbāl min al-murābiṭīn ilà l-muwaḥḥidīn (520/1126-540/1145)», *Revista del Instituto Egipcio de Estudios Islámicos en Madrid*, 3, 1 (1955), 97-140, esp. 113. Cf. asimismo D. Cabanelas, «Notas para la historia de Algazel en España», *al-Ándalus*, 17, 1 (1952), 223-232.
17. Citado por V. Lagardère, «Abū Bakr b. al-ᶜArabī, grand cadi de Séville», *Revue de l'Occident et de la Méditerranée*, 40, 2 (1985), 91-102, esp. 95.
18. Ibn al-ᶜArabī, *al-ᶜAwāṣim wa-l-qawāsim* (ed. ᶜA. Ṭālbī) en *Arā Abī Bakr Ibn al-ᶜArabī al-kalāmiyya*, Argel, 1981^2, II, 30.
19. V. Lagardère, «Abū Bakr», 96.
20. *Loc. cit.*
21. Inédito. Cf. D. Urvoy, «El manuscrito ar. 1483 de l'Escurial et la polémique contre Ghazālī dans al-Ándalus», *Arabica*, 40 (1993), 114-119.
22. *Le Livre de Mohammed Ibn Toumert* (ed. J. Luciani, intr. I. Goldziher), Argel, 1903; *Muḥammad b. Tūmarṭ Aᶜazzu mā yuṭlab* (ed. ᶜA. Ṭālbī), Argel, 1985.
23. Cf. la demostración de R. Brunschvig, «Sur la doctrine du mahdī Ibn Tūmart», *Arabica* (1955), 137-149 y «Encore sur la doctrine du mahdī Ibn Tūmart», *Folia Orientalia* (1970), 33-40.
24. ᶜA. Ṭālbī, *Aᶜazzu*, 44, línea 8.
25. La edición de la *Revivificación* utilizada es la de Beirut, Dār al-maᶜrifa, s.d., I, 105-114.

26. Para un análisis en detalle, cf. D. Urvoy, «Les divergences théologiques entre Ibn Tūmart et Ghazālī», *Mélanges offerts à Mohammed Talbi à l'occasion de son 70e anniversaire*, Túnez, 1993, 203-212, que yo resumo aquí.
27. Al-Gazālī, *Revivification*, 105.
28. *Ibid.*, 106.
29. ^{c}A. Ṭālbī, *A^{c}zzu*, 230.
30. *Ibid.*, 47.
31. N. Barbour, «La guerra psicológica de los almohades contra los almorávides», *Boletín de la Asociación Española de Orientalistas* (1966), 117-130.
32. Versos citados por ^{c}Abd al-Wāḥid al-Marrākušī, *Kitāb al-mu^{c}ŷib* (ed. R. Dozy), *The History of the Almohades*, Leiden, 1881, reed. Ámsterdam, 1968, 119. Trad. P. Guichard, *L'Espagne et la Sicile musulmanes aux XIe et XIIe siècles*, Lyon, 1990, 139.
33. ^{c}Abd al-Wāḥid al-Marrākušī, *op. cit.*, *apud* P. Guichard, *op. cit.*, 139-140.
34. Muḥyī l-Dīn Ibn ^{c}Arabī, *Les Soufis d'Andalousie*, *apud* V. Lagardère, «La haute judicature», 144.
35. Citado por V. Lagardère, «Abū Bakr b. al-^{c}Arabī», 98.
36. Ibn Ṭumlūs, introducción autobiográfica a su tratado de lógica, M. Asín Palacios (ed. y trad.), *Introducción al arte de la lógica por Abentomlús de Alcira*, Madrid, 1916, 12 ár./17-18 esp. Trad. modificada.
37. *Loc. cit.*, trad. modificada.
38. A. Huici Miranda, *Historia política del imperio almohade*, Tetuán, 1956, I, 89-90.
39. ^{c}A. Ṭālbī, *A^{c}azzu*, 213-223. Trad. H. Massé, «La profession de foi *(^{c}aqīda)* et les guides spirituels *(morchida)* du mahdī Ibn Toumart», *Mémorial Henri Basset*, París, 1928, 105-117.
40. *Ibid.*, 226 ár./119-121 trad.
41. E. Lévi-Provençal, *Documents inédits d'histoire almohade*, París, 1928, 139-140 (árabe).
42. Ibn Ṣāḥib al-Ṣalāt, *al-Mann bi-l-imāma* (trad. A. Huici Miranda), Valencia, 1969, 147.
43. Ya vimos que Ibn Qasī adoptó igualmente el título de *mahdī,* que le fue reconocido durante un tiempo en la región oriental de al-Ándalus. ¿Podríamos pensar que es a él a quien se refiere este texto? Es poco probable, dada la aversión hacia el sufismo mostrada posteriormente por Averroes, a menos que supongamos una gran versatilidad en nuestro personaje durante su juventud.
44. Citado por R. Le Tourneau, «Sur la disparition de la doctrine almohade», *Studia Islamica*, 32 (1970), 193-210, esp. 193.

45. H. Laoust, «Une fetwa d'Ibn Taymīya sur Ibn Tūmart», *Bulletin de l'Institut Français d'Archéologie Orientale*, 59 (1960), 157-184, esp. 159.
46. *Ibid.*, 166 ár./177-179 trad., incluyo los paréntesis puesto que Ibn Taymiyya emplea el término peyorativo *mutafalsifa*.
47. Averroes, *Discours décisif* (trad. M. Geoffroy), París, 1996, 171.
48. L. Rubio, «Juicios de algunos musulmanes españoles», 101-105 y 107-111.

3. El conocimiento de la naturaleza como elevación hacia Dios

1. G. ᶜA-l-R. Hilāl (ed.), «Waṣiyya l-qāḍī Abī l-Walīd al-Bāŷī li-waladay-hi», *Revista del Instituto Egipcio de Estudios Islámicos en Madrid*, 3, 1 (1955), 18-46, párrafo 17 (árabe).
2. *Ibid.*, párrafo 14.
3. Cf. V. Lagardère, *Histoire et société en Occident musulman*, 412.
4. *Ibid.*, 45.
5. Respecto a lo que sigue, cf. L. F. Aguirre de Cárcer, «Sobre el ejercicio de la medicina en al-Ándalus, una fetua de Ibn Sahl», *Anaquel de Estudios Árabes*, 2 (1991), 147-162.
6. Ibn Abī ᶜUṣaybiᶜa, *ᶜUyūn al-anbā' fī ṭabaqāt al-aṭibbā'* (ed. y trad. H. Jahier y A. Noureddine), *Sources d'informations sur les clases des médecins. XIIIe chapitre, Médecins de l'Occident musulman*, Argel, 1377/1958, 133. Trad. modificada.
7. M. Asín Palacios, «La "carta de adiós" de Avempace», *al-Ándalus*, 8 (1943), 1-87; 21-22 ár./54 trad. Trad. ligeramente modificada.
8. M. Asín Palacios, «Tratado de Avempace sobre la unión del intelecto con el hombre», *al-Ándalus*, 7 (1942), 1-47; 17 ár./36-37 trad.

4. Una personalidad comprometida pero discreta

1. Ibn Abī ᶜUṣaybiᶜa, *loc. cit.*
2. Ibn al-Abbār, *loc. cit.*
3. E. García Gómez, *Todo Ben Quzman*, Madrid, 1972, II, 550-551. Trad. ligeramente modificada pero que tiene en cuenta la corrección del texto llevada a cabo por el editor.
4. Ibn Abī ᶜUṣaybiᶜa, *loc. cit.*
5. *Loc. cit.*
6. Ibn al-Abbār, *loc. cit.*
7. Abū ᶜAbd Allāh Muḥammad al-Anṣārī al-Marrākušī, *al-Ḏayl wa-l-takmila li-kitābay al-Mawṣūl wa-l-Ṣila* (ed. I. ᶜAbbās), Beirut, 1973, VI, 25.

8. Ibn Sab^cīn, *Budd al-^cārif* (ed. J. Kattūra), Beirut, 1978, 143.
9. Sus numerosos estudios se encuentran sintetizados en *Abū l-Walīd Ibn Rušd (Averroes), vida, obra, influencia*, Córdoba, 1986.
10. Cf. el catálogo de la exposición *El legado científico andalusí*, Museo Arqueológico Nacional de Madrid, abril-junio 1992, 9-13, 127-128, 132 y 191-198.
11. Cf. M.-G. Guesdon, «Les *Tabaqāt al-atibbā wa-l-hukamā* d'Ibn Juljul, une condamnation du régime ^cāmiride», *Cahiers d'onomastique arabe* (1988-1992, 1993).
12. Ṣā^cid al-Ándalusī, *Kitāb Tabakāt al-umam (Livre des catégories des nations)* (trad. R. Blachère), París, 1935, 37.
13. *Ibid.*, 120.
14. M. ^cA. Makkī, *Ensayo sobre las aportaciones orientales en la España musulmana y su influencia en la formación de la cultura hispano-árabe*, Madrid, 1968, 106-107.
15. E. Lévi-Provençal, *Séville musulmane au début du* XIIe *siècle. Le traité d'Ibn ^cAbdūn*, París, 1947, 128.

5. Principios pluridisciplinares en un contexto agitado

1. *Corán*, VII, 184 (a partir de la trad. de Blachère ligeramente modificada).
2. Al-Marrākušī, *op. cit.*, 249.
3. *Ibid.*, 174-175. Trad. S. Munk, *Mélanges de philosophie juive et arabe*, París, 1859, 421-422.
4. Al-Marrākušī, *op. cit.*, 175.
5. N. Morata, «La presentación de Averroes en la corte almohade», *La Ciudad de Dios*, 153, 1 (1941), 101-122.
6. Caben dos hipótesis. La primera es que Averroes, que había iniciado ya una primera aproximación a la obra del Estagirita siguiendo el índice dado por Andrónico de Rodas, esperaba a que ésta estuviera lo suficientemente avanzada como para comenzar la obra de «resumen» propiamente dicha. Ésta, en efecto, sólo fue el objeto de un deseo que no exigía consagrarse a él de forma exclusiva. De todas formas, no esperó a la conclusión del primer ciclo para iniciar el segundo, ya que se admite que ambos se superpusieron al menos entre 1168 y 1170. La otra posibilidad es que Averroes obedeciera enseguida al deseo del califa, en cuyo caso habría que situar el segundo episodio hacia 1167. Ello significaría que la denominación «príncipe de los creyentes», desplazada en el primer texto, vendría justificada por el segundo. Ello explicaría asimismo la superposición de los dos ciclos. En cualquier caso, no es indispensable considerarlo así, ya que otros ciclos de formas de apro-

ximación a la obra aristotélica se intercalaron entre sí más tarde, sin que podamos invocar tales razones. Nada, en el estadio actual de nuestros conocimientos, permite decidir entre las dos hipótesis.

7. Cf. C. Castillo, «Al-Liss, poeta sevillano del siglo XII», *Miscelánea de Estudios Árabes y Hebraicos*, 34-35, 1 (1985-1986), 287-306.
8. Al-Gazālī, *Kitāb al-Mustaṣfà min ᶜilm al-uṣūl*, El Cairo, 1333/1914, 2 vols. Sobre él cf. H. Laoust, *La Politique de Ghazālī,* París, 1970, 152-182.
9. Ibn Rušd, *Mujtaṣar al-Mustaṣfà* (ed. J.-D. al-ᶜAlawī), Beirut, 1994.
10. Cf. la reseña del libro precedente por A. Elamrani-Jamal en el *Bulletin critique des Annales Islamologiques*, 12 (1996), 118-120.
11. Ibn Abī ᶜUṣaybiᶜa, *ᶜUyūn*, 138-139.
12. Cf. los textos citados por N. Morata, «La presentación», 114-115.
13. A fe de un manuscrito que lleva esta fecha. Pero este último hecho no es probatorio, ya que difícilmente podemos distinguir las fechas de redacción de las de la copia, y esta obra fue copiada en numerosas ocasiones, hasta el punto de poder decir que había más ejemplares de ella sola que de los demás escritos de su autor.
14. Texto citado por J.-D. al-ᶜAlawī, *al-Matn al-rušdī,* Casablanca, 1986, 98.
15. Aunque quien presidiera la sesión hubiera sido el hijo del gobernador de Bugía, no es necesario suponer una estancia de Averroes en dicha ciudad. Se sabe, en efecto, que Abū Yaᶜqūb y su hermano, gobernador de Granada, hicieron envenenar a su hermano mayor, al cual ᶜAbd al-Mu'min había confiado la ciudad llave del Magreb central, y ello en beneficio de su hijo, que le sucedió sin dificultades. Podemos pensar, por tanto, que este último mantenía estrechos lazos con sus tíos y que bien pudo pasar una temporada en Sevilla. Un argumento suplementario en este sentido es que jugó un papel de mecenas de las letras y de las ciencias comparable al de los dos administradores de las ciudades andalusíes.
16. Avicena, *Poème de la médecine* (ed. y trad. H. Jahier y A. Noureddine), París, 1956, 10-11. Trad. modificada.
17. Ibn al-Abbār, *loc. cit.*
18. Ch. Butterworth, *Averroes' Three Short Commentaries on Aristotle's «Topics», «Rhetoric» and «Poetics»*, Albany, 1977.
19. *Idem*, «À propos du traité *Al-Darūrī fī al-Mantiq* d'Averroes et les termes *tasdīq* et *tasawwur* qui y sont developpés», *Colloque international d'histoire des sciences et de la philosophie arabes*, París, 22-25 noviembre, 1989, 5 del dactilograma.
20. Cf. P. Lettinck, *Aristotle's «Physics» and its Reception in the Arabic World*, Leiden, 1994.

21. J. Puig Montada, «Aristotelismo en al-Ándalus. En torno a la ciencia de la naturaleza y sus principios», *La Ciudad de Dios*, 208, 2-3 mayo-diciembre (1995), 39-50, 49.
22. Citado por J. Lay, «*L'Abregé de l'Almageste*, un inédit d'Averroès en versión hébraïque», *Arabic Sciences and Philosophy*, 6 (1996), 23-61, esp. 26-27.
23. *Ibid.*, 27.
24. *Ibid.*, 53.
25. *Loc. cit.*
26. *Ibid.*, 25. Se trata, de hecho, de una fórmula del compendio de la *Metafísica*, cf. p. 54, n. 86. En la p. 53 de nuestro texto él dice simplemente, «lo que es comúnmente admitido», pero es el aspecto negativo de la primera fórmula el que domina.
27. Ibn Rušd, *Kitāb al-kulliyāt fī l-ṭibb* (ed. C. Álvarez de Morales y J. M. Fórneas Besteiro), Madrid, 1987, 2 vols.
28. C. Peña y F. Girón, «Aspectos inéditos de la obra médica de Avenzoar, el prólogo del *Kitāb al-taysīr*. Edición, traducción y comentarios», *Miscelánea de Estudios Árabes y Hebraicos*, 26 (1977), 103-116 ár./111 trad. Trad. G. Colin, *Avenzoar, sa vie et ses écrits*, París, 1911, 144. Esta última versión añade la parte que figura aquí entre corchetes.
29. C. Peña y F. Girón, «Aspectos inéditos», 110 ár./112 trad.
30. Ibn Abī ᶜUṣaybiᶜa, *ᶜUyūn*, 130-133. Trad. ligeramente modificada.
31. Texto en E. Torre, *Averroes y la ciencia médica*, Madrid, 1974, 60.
32. *Ibid.*, 61.
33. *Ibid.*, 111.
34. Citado por G. Colin, *Avenzoar*, 39.
35. Molière, *El enfermo imaginario*, acto II, escena 5.
36. Texto en E. Torres, *op. cit.*, 113.
37. *Ibid.*, 128.
38. M. Castelles, «La medicina en al-Ándalus», *El legado científico andalusí*, 127-144, esp. 139.

6. El esfuerzo de conciliación práctica entre ley religiosa y sabiduría

1. Ibn Ṣāḥib al-Ṣalāt, *al-Mann bi-l-imāma*, 50-51. Trad. P. Guichard, *L'Espagne et la Sicile musulmanes*, 187.
2. *Loc. cit.*
3. E. Torre, *op. cit.*, 59.
4. Ibn Rušd, *Bidāyat al-muŷtahid wa-nihāyat al-muqtaṣid*, Damasco, Dār al-fikr, s.d., I, 2.
5. R. Brunschvig, «Averroes juriste», *Études d'orientalisme dédiées a la mémoire de Lévi-Provençal*, París, 1962, I, 35-68, esp. 43-44.

6. A. A. Yate, *Ibn Rushd as Jurist*, Tesis inédita, Cambridge, 1991, 29.
7. Cf. H. Benali, *Les Formes d'argumentation d'Ibn Rushd dans la Bidāya*, memoria de DEA, inédita, Universidad de Burdeos III, 1995, 28.
8. R. Brunschvig, «Averroes juriste», 44.
9. Cf. D. y M.-Th. Urvoy, «Ibn Rushd et la Dhimma», *Recueil d'articles offerts à Maurice Borrmans par ses collègues et amis*, Roma, 1996, 245-253, esp. 250-251.
10. *Bidāya*, II, 103.
11. *Ibid.*, 396-397.
12. O. Akalay, *Le Grand Vide de Joseph Schumpeter. Brève histoire de la pensée économique en Islam*, Casablanca, 1991, 100.
13. *Loc. cit.*
14. M. Talbi, «Opérations bancaires en Ifrīqiya à l'époque d'al-Māzarī, 453-536/1061-1141. Crédit et paiement par chèque», *Études d'histoire ifrīqiyenne et de civilisation musulmane médiévale*, Túnez, 1982, 420-435, esp. 427.
15. E. García Gómez, «Una qasida política inédita de Ibn Ṭufayl», *Revista del Instituto Egipcio de Estudios Islámicos en Madrid*, 1 (1953), 21-28 trad./29-32 ár.
16. Al-Anṣārī, *Ḏayl*, 24.
17. *Loc. cit.*
18. Texto citado por M. Alonso, *Teología de Averroes*, Madrid-Granada, 1947, 38-39.
19. Cf. A. L. Ivry, «Averroes' Middle and Long Commentaries on the *De Anima*», *Arabic Sciences and Philosophy*, 5, 1, marzo (1995), 75-92. Sobre la discusión acerca de esta hipótesis, cf. H. A. Davidson, «The relation between Averroes' Middle and Long Commentaries on the *De anima*», *Arabic Sciences and Philosophy*, 7, 1, marzo (1997), 139-152 y la respuesta de A. L. Ivry, *ibid.*, 153-155.
20. Cf. J. Puig Montada, *Averroes, Epítome de Física*, Madrid, 1987, 89-93.
21. *Idem*, *Averroes, Epítome del libro sobre la generación y la corrupción*, Madrid, 1992, 24.
22. Cf. A. L. Ivry, «Averroes' Short Commentary on Aristotle's *De anima*», *Documenti e Studi sulla tradizione filosofica medievale*, 8 (1997), 511-549, esp. 548.
23. Citado por E. Renan, *Averroès et l'averroïsme. Essai historique*, París, 1867[3] (ed. ampliada), 55.

7. El esfuerzo de conciliación teórica entre ley religiosa y sabiduría

1. *Corán*, LIV, 32. A partir de la trad. de Blachère.
2. P. Guichard, *L'Espagne et la Sicile musulmanes*, 202.
3. Cf. L. Baeck, «La pensée économique de l'Islam classique», *Diogène*, 154, abril-junio (1991), 95-107, esp. 101-102.
4. A. Hyman (ed. texto hebreo y trad.), *Averroes' De Substantia Orbis*, Cambridge-Mass.-Jerusalem, 1986.
5. L. Gauthier (ed. y trad.), *Hayy Ben Yaqdhān, roman philosophique d'Ibn Thofaïl*, Beirut, 1936, 1.
6. Cf. D. Gutas, «Ibn Tufayl on Avicena's Eastern Philosophy», *Oriens*, 34 (1994), 222-241.
7. L. Gauthier, *Hayy*, 16.
8. L. Rubio, «Juicios de algunos musulmanes españoles», 108-109.
9. Cf. D. Urvoy, *Le Monde des ulémas andalous du* V^e^/XIe *au* VIIe/XIIIe *siècle*, 170-179.
10. Cf. *ibid.* 178 y 189-190.
11. Este pasaje viene a propósito del problema de las relaciones espaciales cuya atribución a Dios podría venir inducida por las aleyas antropomórficas del Corán.
12. Ibn Rušd, *Falsafat Ibn Rušd*, 88.
13. «Respecto a los aš^c^aríes, piensan que la profesión de fe en la existencia de Dios –bendito y ensalzado sea– no puede efectuarse más que a través de la razón. Pero en eso siguen caminos que no son los de la ley religiosa, a los cuales Dios llama, y ante los cuales Él invita a la gente a la fe. Se trata de que el camino que siguen habitualmente se basa en la exposición según la cual, el mundo fue "innovado". Y para ellos, la "innovación" del mundo se fundamenta en la tesis según la cual, los cuerpos se componen de partes indivisibles, cada una de las cuales es innovada y, por tanto, los cuerpos son innovados en virtud de su carácter innovado. Las vías que ellos siguen para exponer la innovación de la parte indivisible –se llama la sustancia simple– son un camino difícil que escapa a muchas personas ejercitadas en el arte de la dialéctica. Tanto más a la masa. Por otra parte, es una vía que no es probatoria y que no conduce a la certidumbre de la existencia del Creador», *ibid.*, 47-48.
14. Cf. O. Leaman, «Ghazālī and the Ash^c^arites», *Asian Philosophy*, 6, 1 (1996), 17-27.
15. Averroes, *Discours décisif*, 103-105.
16. ^c^A. Ṭālbī, *A^c^azzu*, 225.
17. *Ibid.*, 214.
18. *Ibid.*, 69.

19. Averroes, *Discours décisif*, 107-109.
20. A partir de la trad. de Blachère.
21. A partir de la trad. de Blachère, ligeramente modificada.
22. Cf. F. Niewöhner, «Zum Ursprung der Lehre der doppelten Wahrheit, eine Koran-Interpretation des Averroes», en F. Niewöhner y L. Sturlese (eds.), *Averroismus im Mittelalter und in der Renaissance*, Zurich, 1994, 23-41.
23. Averroes, *Discours décisif*, 119-121.
24. *Ibid.*, 121.
25. ᶜA. Ṭālbī, *Aᶜzzu*, 217-218.
26. Averroes, *Discours décisif*, 123.
27. *Ibid.*, 127.
28. Cf. M. Maroth, «Die Wurzel der *veritas duplex*-Lehre», *Actes del Simposi Internacional de Filosofia de l'Edat-Mitjana*, Vich, 1996, 144-151.
29. Averroes, *Discours décisif*, 169.
30. Cf. F. Lucchetta, «Avicena, *al-Risāla al-addhawiyya* e Averroès, *Faṣl al-maqāl* di fronte alle scritture», *Recueil d'articles offerts à Maurice Borrmans par ses collègues et amis*, Roma, 1996, 149-153.
31. Averroes, *Discours décisif*, 113.
32. Averroes, *Tahafot at-Tahafot. L'incoherence de l'incoherence* (ed. M. Bouyges), Beirut, 1987², 187.
33. «No hemos encontrado religión alguna que no se muestre atenta a las necesidades especiales de la elite, aunque le conciernan de forma prioritaria las cosas en las que participa la masa. Y dado que la existencia de la clase de la elite no puede llevarse adelante de manera perfecta ni puede alcanzarse su felicidad perfecta más que con la participación de la clase de la masa, la doctrina general es tan obligatoria para la existencia y la vida de esta clase especial durante su juventud y su desarrollo a la vez –y nadie duda de ello–, como cuando llega a alcanzar la excelencia por la que se caracteriza», *ibid.*, 582-583.
34. «Los sabios entre los filósofos no están autorizados a hablar ni a discutir sobre los principios religiosos. Aquel que, entre ellos, hace eso necesita recibir una severa lección. Y ello es porque cada arte tiene sus principios y cada persona que razona sobre tal arte debe someterse a dichos principios y no oponerse a ellos a través de la negación ni a través de la destrucción. El arte de la ciencia religiosa conviene a eso aún más ya que seguir [los pasos] de las virtudes religiosas es necesario para ellos, no para la existencia del hombre en tanto que hombre, sino en tanto que hombre "sabio". Y para

ello, cada uno debe someterse a los principios religiosos, seguirlos y no dudar de quienes se han aferrado a ellos, pues negarlos y discutirlos torna vana la existencia humana, razón por la cual los herejes deben ser ajusticiados», *ibid.*, 527.

8. Una autoridad equívoca

1. *Corán*, IX, 115. Trad. ligeramente modificada a partir de la trad. de Blachère.
2. Cf. R. Brague, «Note sur la traduction arabe de la *Politique*, derechef, qu'elle n'existe pas», en P. Aubenque (dir.), *Aristote politique*, París, 1993, 423-433.
3. A fe de eso, un erudito del siglo xvii pensó que el comentario de la *República* intervino de forma muy tardía en la obra de Averroes; es decir, cuando él ya había agotado todos los recursos para procurarse dicho texto. Propuso la fecha de 1194 para su redacción. El argumento es consistente y por mi parte, lo he admitido en principio, tanto más cuanto que habiéndose perdido el texto árabe y conservándose únicamente la traducción hebrea del mismo, podríamos pensar que fue durante el exilio en Lucena cuando el libro adquirió cierta audiencia. Pero Rosenthal, en su edición, ya llamó la atención sobre dos cuestiones de vocabulario que adelantarían la fecha de composición a antes de 1182. La comparación que puede realizarse también con los textos doctrinales de alrededor de 1179 se revela en el mismo sentido.
4. «Tomad, por ejemplo, el régimen existente en nuestra propia ciudad, Córdoba, a partir de 500/1106. Era casi por completo democrático. Más tarde, a partir de 540/1145 se convirtió en tiranía», E. Rosenthal, *Averroes' Commentary on Plato's Republic*, 96-97 heb./235 trad.
5. *Loc. cit.*
6. «Puedes comprender lo que Platón estableció con respecto a la transformación de la constitución ideal en constitución timocrática, a partir del caso del gobierno de los árabes en la época más antigua. Tenían la costumbre de imitar la constitución ideal, y entonces se transformaron, en tiempos de Muᶜāwiya, fundador de la dinastía omeya de Damasco, en hombres timocráticos. Ése parece ser el caso de la constitución existente ahora en estas islas», *ibid.*, 89 heb./223 trad. Los árabes consideraban la Península Ibérica como una isla, a pesar de que sabían que estaba unida a Europa.

7. «Puedes comprobar eso en las cualidades y las costumbres que surgieron entre nosotros desde el año 540/1145 entre los dirigentes y los dignatarios. Como la constitución timocrática, en la cual ellos se desarrollaron, se debilitó (?), ellos degeneraron en estos abyectos rasgos de carácter que muestran ahora. De ellos sólo persevera en la virtud excelente aquel que es excelente de acuerdo con las leyes religiosas, lo cual es raro entre ellos», *ibid.*, 103 heb./247 trad.
8. *Ibid.*, 54 heb./166 trad.
9. A. Huici Miranda, *Historia política*, I, 314.
10. E. Renan, *Averroès et l'averroïsme*, 19. La fórmula citada aparece en Ibn Abī ᶜUṣaybiᶜa, *ᶜUyūn*, 134-135.
11. J. Puig Montada, «El pensamiento de Averroes en su contexto personal y social», *Miscelánea de Estudios Árabes y Hebraicos*, 38, 1 (1989-1990), 307-324, esp. 313.
12. Averroes, *Tafsīr mā baᶜḍ al-ṭabīᶜa ou «Grand commentaire de la "Métaphysique" d'Aristote»* (ed. M. Bouyges), Beirut, 1938-1952, 3 vols.
13. Ibn Rušd, *Grand commentaire et Paraphrase des «Seconds Analytiques» d'Aristote* (ed. ᶜA. Badawī), Kuwait, 1984.
14. Ibn Rušd, *Rasāil falsafiyya. Maqālāt fī l-mantiq wa-l-ᶜilm al-ṭabīᶜī li-Abī l-Walīd b. Rušd* (ed. J.-D. al-ᶜAlawī), Casablanca, 1983, 152-175.
15. J. Puig Montada, *Averroes, Epítome de Física*, 89-93.
16. Averroes, *Commentarium Magnum in Aristotelis «De Anima» libros* (ed. E. Crawford), Cambridge, 1953, 433.
17. Cf. O. Pluta, «Averroes als vermittler der Gedanken des Alexander von Aphrodisias», en F. Niewöhner y L. Sturlese (eds.), *Averroismus im Mittelalter und in der Renaissance*, 201-221.
18. ᶜA. Badawī, «Averroès face au texte qu'il commente», *Multiple Averroès*, París, 1978, 59-91, esp. 84.
19. *Métaphysique*, libro lambda, 1069 b 20. Cf. A. Martínez Lorca, «Ibn Rushd historiador de la filosofía», *La Ciudad de Dios*, 206, 3, septiembre-diciembre (1993), 847-857, esp. 853.
20. Averroes, *Tafsīr mā baᶜḍ al-ṭabīᶜa*, III, 1664.
21. M. Allard, «Le rationalisme d'Averroès d'après une étude sur la création», *Bulletin d'Études Orientales*, 14 (1952-1954), 7-59, esp. 39.
22. Averroes, *Tafsīr mā baᶜḍ al-ṭabīᶜa*, III, 1606-1607. Trad. A. Martín, *Averroès, Grand commentaire de la «Métaphysique» d'Aristote... Livre lambda*, Lieja, 1984, 228-229.

23. Averroes, *Drei Abhandlungen über die Conjunction des separaten Intellects mit dem Menschen* (ed. y trad. J. Hercz), Berlín, 1869.
24. N. Morata, «Los opúsculos de Averroes en la biblioteca escurialense», *La Ciudad de Dios* (1923), 137-147.
25. Al-Anṣārī, *Ḏayl*, VI, 29.
26. Cf. D. Urvoy, *Les penseurs libres dans l'Islam classique*, París, 1996, 152-163.
27. Al-Tādilī, *Kitāb al-tašāwuf*, *apud* J. Puig, «Materials on Averroes' Circle», *Journal of Near Eastern Studies*, 51, 4, octubre (1992), 241-260, esp. 251.
28. Ibn al-Abbār, *apud ibid.*, 258.
29. *Commentaria Averrois in Galenum* (trad. M. C. Vázquez de Benito), Madrid, 1984.
30. Ibn ᶜArabī, *al-Futuḥāt al-makkiyya* (ed. ᶜU. Yaḥyà), El Cairo, 1972, II, 372-373. Trad. H. Corbin, *L'imagination créatrice dans le soufisme d'Ibn ᶜArabi*, París, 1958, 34-35.
31. Al-Anṣārī, *Ḏayl*, VI, 22.
32. Ibn Ŷubayr, *Voyages* (trad. M. Gaudefroy-Demombynes), París, 1949-1965, I, 39, 61-62 y 88; II, 198-199 y III, 333.
33. *Ibid.*, I, 88.
34. *Ibid.*, I, 89.
35. *Ibid.*, I, 57.
36. *Ibid.*, I, 90.
37. Al-ᶜAzafī, *Kitāb al-durr al-munaẓẓam fī mawlid al-Nabī al-muᶜaẓẓam*, extractos publicados y traducidos por F. de la Granja, «Fiestas cristianas en al-Ándalus, Materiales para su estudio I», *al-Ándalus*, 34, 1 (1969), 1-53; 19 ár./33 trad.

9. Tiempo de adversidades

1. *Corán*, III, 26. A partir de la trad. de Blachère.
2. Al-Anṣārī, *Ḏayl*, VI, 25.
3. *Loc. cit.*
4. *Loc. cit.*
5. Ibn Abī ᶜUṣaybiᶜa, *ᶜUyūn*, 132-133. Transcripción modificada.
6. Al-Anṣārī, *Ḏayl*, VI, 25-26.
7. *Ibid.*, 26.
8. *Loc. cit.*
9. *Ibid.*, 22.
10. J. Puig, «Materials», 254.
11. Al-Anṣārī, *Ḏayl*, 22.

12. *Ibid.*, 26.
13. *Loc. cit.*
14. *Loc. cit.*
15. Ibn Abī ᶜUṣaybiᶜa, *ᶜUyūn*, 134-135.
16. Renan, *Averroès*, 24.
17. *Ibid.*, 25.
18. Al-Anṣārī, *Ḏayl*, VI, 30. Trad. Munk, *Mélanges de philosophie juive et arabe*, 427-428.
19. *Loc. cit.*
20. *Loc. cit.* La traducción del primero a cargo de Munk, *op. cit.*, es muy floja.
21. Al-Marrākušī, *Kitāb al-Muᶜŷib*, 225.
22. Al-Nubāhī, *Ta'rīj quḍāt al-Ándalus* (ed. E. Lévi-Provençal), El Cairo, 1948, 111.
23. Ibn ᶜArabī, *Futuḥāt*, II, 372-373.
24. Al-Anṣārī, *Ḏayl*, VI, 31.
25. A. Huici Miranda, *Historia política*, I, 385.

Epílogo

1. Renan, *Averroès*, 163.
2. *Raimundi Lulli Opera Latina, Parisiis anno MCCCXI composita* (ed. H. Harada), Turnhout, 1975, 246.
3. *Libellus de viris illustribus apud Arabes* (ed. J. H. Hottinger), *Bibliothecarium quadripartitum*, Tiguri, 1664, 256 y ss. y J. A. Fabricius, *Bibliotheca graeca*, 1815, XIII, 259-287.

Glosario de nombres y términos

1. Ŷuwaynī, *Kitāb al-Iršād* (ed. M. Y. Mūsà y ᶜA. ᶜAbd al-Ḥamīd), El Cairo, 1950, 3.
2. *Kitāb al-ibāna*, *apud* M. Allard, «En quoi consiste l'opposition faite à al-Ashᶜarī par ses contemporains hanbalites», *Revue des Études Islamiques* (1960), 93-105, esp. 102.
3. D. Gimaret, *La Doctrine d'al-Ashᶜarī,* París, 1990, 191.
4. M. Allard, «L'Épître de Kindī sur les définitions», *Bulletin d'Études Orientales*, 25 (1972), 68-69.
5. *Ibid.*, 72-73.
6. M. Abū Ridà (ed.), *Rasāil al-Kindī al-falsafiyya*, El Cairo, 1950, 102-103. Trad. R. Caspar y P. P. Ruffinengo en *IBLA*, 2, 122 (1968), 297-299.

7. J. Jolivet, *Annuaire de l'EPHE, section*, LXXX-LXXXI, fasc. 3, 398, lecciones de 1971-1972.
8. Al-Kindī, «Sur la philosophie première», en M. Abū Riḍà (ed.), *Rasāil al-Kindī,* 102-103.
9. *Ibid.*, 103-104. Trad. M. Allard, «Comment al-Kindī a-t-il lu les philosophes grecs?», *Mélanges de l'Université Saint Joseph*, 46, 29 (1970), 453-465, esp. 456.
10. *Kitāb arāā'ahl al-madīnat al-fāḍla* (ed. A. Nader), Beirut, 1968^{2}, 148. Trad. R. P. Jaussen, Y. Karam y J. Chlala, *Al-Farābī, idées des habitants de la cité vertueuse*, El Cairo, 1949, 96.
11. F. Jabre, *La Notion de certitude selon Ghazālī dans ses origines psychologiques et historiques*, París, 1959, 60-61.
12. Cf. H. A. Wolfson, *The Philosophy of the Kalam*, Cambridge-Mass., 1976, 466 y ss.
13. R. M. Frank, *The Metaphysics of Created Being According to Abū l-Hudhayl al-^{c}Allāf*, Estambul, 1966, 3.
14. D. Gimaret [Mu^{c}tazilite], *Encyclopédie de l'Islam*, Leiden-París y Leiden-Londres, E. J. Brill, 1990^{2} (en public.).

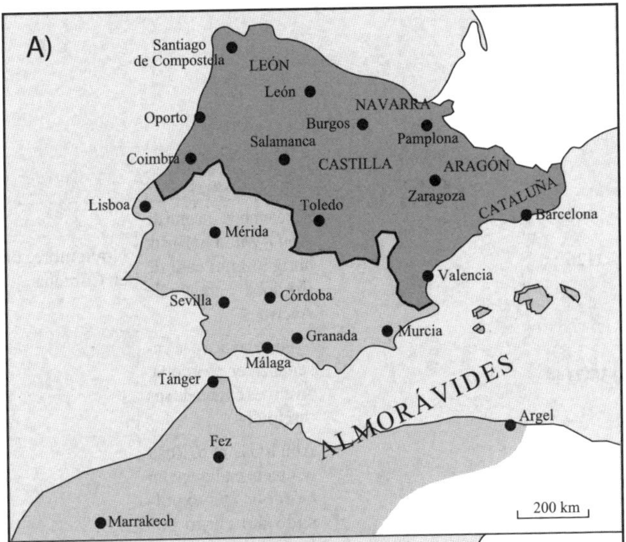

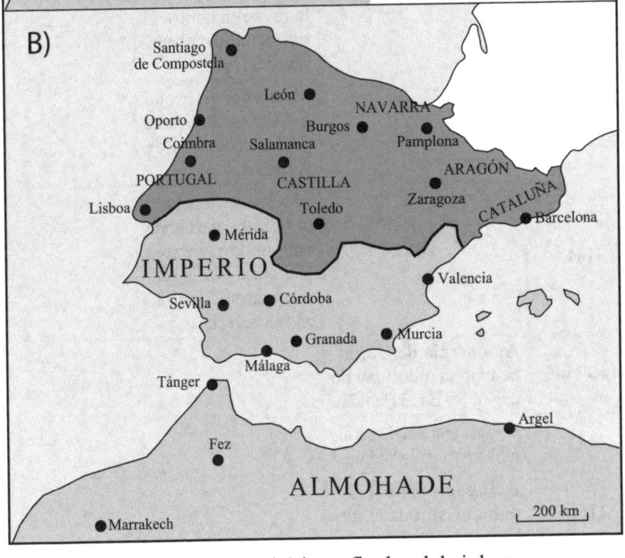

A) La Península Ibérica a finales del siglo XI
B) La Península Ibérica a principios del siglo XIII

Cronología

	Acontecimientos externos	*Personajes próximos*	*Averroes*
1126		8 diciembre: muerte de Abū l-Walīd b. Rušd, antiguo gran cadí de Córdoba y abuelo de Averroes.	Noviembre: nace en Córdoba
1136-1144		[c]Iyāḍ se dedica a la enseñanza en Córdoba; Averroes es uno de sus discípulos.	
1137-1145/6		Abū l-Qāsim b. Rušd ocupa el cadiazgo en Córdoba. Es expulsado del cargo por la revuelta contra el gobernador almorávide.	
1139		Muerte de Abū Ŷa[c]far b. [c]Abd al-[c]Azīz, uno de los maestros de Averroes.	
1141		Muerte del tunecino al-Māzarī, que habría concedido a Averroes la licencia *(iŷāza)* para transmitir sus enseñanzas en derecho.	
1146-1149	Autonomía de Córdoba bajo la autoridad de uno de los Banū Ḥamdīn.		
1147	Verano: entrada de los almohades en al-Ándalus.		
1151	Delegación de Córdoba al sultán almohade.		

	Acontecimientos externos	*Personajes próximos*	*Averroes*
1153			Estancia en Marrakech. Redacción de dos textos almohades (?).
1154		Ibn Ṭufayl, secretario del gobernador de Ceuta y Tánger.	
1156-1163	Abū Yaᶜqūb Yūsuf, gobernador de Sevilla.	Abū Ŷaᶜfar de Trujillo, médico de Abū Yaᶜqūb y maestro de Averroes en medicina (?) y filosofía.	
1157		Muerte de Abū Marwān b. Masarra, uno de los maestros de Averroes.	Composición del *Compendio* del *Mustaṣfà* de Gazālī.
1158-1160	Ataque anual de los partidarios de Ibn Mardanīš contra Córdoba y Sevilla.		*Compendio de lógica. Compendio* del *Almagesto* de Ptolomeo.
1159			*Compendio* de los *Meteorologica*.
1160			Es presentado al futuro califa por Ibn Ṭufayl (?).
1161		Muerte de Avenzoar en Sevilla.	Fin de la redacción de la primera versión de las *Generalidades sobre la medicina*.
1162	Restauración temporal de Córdoba como capital.		Nombramiento de los *Ṭalaba* de Córdoba para los registros militares.
1163	14 de mayo: muerte del califa ᶜAbd al-Mu'min. Le sucede Abū Yaᶜqūb Yūsuf, que en principio sólo toma el título de emir. La capital de al-Ándalus es trasladada a Sevilla.		

	Acontecimientos externos	*Personajes próximos*	*Averroes*
1166	Circular doctrinal de Yūsuf I a los *Ṭalaba* del imperio.		Expresión por parte de Yūsuf I a Ibn Ṭufayl del deseo de ver «resumidas» las obras de Aristóteles. Ibn Ṭufayl aconseja a Averroes que se encargue de ello (?).
1167			Comentario mediano de los *Tópicos*.
1168	Yūsuf reafirma su poder tomando el título califal de «príncipe de los creyentes».	Muerte del padre de Averroes y de Ibn Samaŷūn, maestro de Averroes en letras árabes y, quizá, en matemáticas. Ibn Maḍā', jurista y gramático z.āhirí, fiel partidario de los almohades, se encuentra en Córdoba. Conflicto con el gran cadí mālikí Ibn Mugīṯ.	Fin de la redacción de la *Bidāya* (a excepción del capítulo sobre la peregrinación).
1169	Sumisión de Ibn Hamušk, aliado de Ibn Mardanīš y principal amenaza para Córdoba y Sevilla.		Nombramiento como cadí de Sevilla. Noviembre: fin del comentario mediano del *Tratado de los animales*.
1170		Poema de Ibn Ṭufayl para incitar a las tribus árabes a enrolarse en los ejércitos almohades.	Marzo: fin del comentario mediano sobre la *Física*. *Compendia* del *De senso et sensato* y de las *Parva naturalia*.
1171	Ofensiva contra Ibn Mardanīš. Terremoto de Córdoba. Invierno: inicio de los grandes trabajos de renovación urbana de Sevilla.		Regreso a Córdoba.

	Acontecimientos externos	*Personajes próximos*	*Averroes*
1172	Marzo: muerte de Ibn Mardanīš y sumisión de su hijo.		Comentario mediano de *De la generación y la corrupción*.
1175			Comentarios medianos de la *Retórica* y de la *Metafísica*. Cae gravemente enfermo.
1176	Retorno del sultán a Marrakech. Aminora la marcha de los trabajos en Sevilla.		
1177			Mayo: fin del comentario mediano de la *Ética a Nicómaco*.
1178			Estancia en Marrakech. Allí finaliza el *De substantia orbis*.
1179			Cadí de Sevilla. *Discurso decisivo* (?), *Descubrimiento de los métodos de las pruebas*.
1180			*Tahāfut al-Tahāfut* (?). Gran cadí de Córdoba reemplazando a un mālikí notable.
1181	Se pronuncia la *Juṭba* en la nueva mezquita mayor de Sevilla.		Comentario mediano de la *República* de Platón (?).
1182		Ibn Ṭufayl dimite de su cargo como médico del sultán.	Averroes le reemplaza.
1183		Enero: muerte de Ibn Baškuwāl.	

	Acontecimientos externos	*Personajes próximos*	*Averroes*
1184	Campaña de Santarem: derrota. Finales de julio: muerte del sultán Yūsuf. Designación de su hijo, Abū Yūsuf Yaᶜqūb, como sucesor. Levantamiento de la Giralda.		
1185		Muerte de Ibn Ṭufayl en Marrakech.	
1186			Gran comentario de la *Física*.
1188			6 de julio: fin del capítulo sobre la peregrinación de la *Bidāya*.
1190	Primera campaña contra Silves: derrota.		
1192-1194			Comentarios medianos de obras de Galeno (?).
1194			Denuncia contra Averroes ante el sultán: sin efecto.
1195	18 julio: victoria de Alarcos.		29 de marzo: opúsculo sobre los *Primeros Analíticos*. Principios de julio: Averroes es elevado a un puesto de honor.
1196	Primavera-verano: expedición contra Extremadura y Castilla.		*Maqāla* sobre un pasaje de la *Física*.
1197	Primavera: edicto de prohibición de estudiar filosofía y las «ciencias de los antiguos». Primavera-verano: nueva expedición contra Castilla.	Primavera: caída en desgracia de al-Mahrī y de al-Ḏahabī.	Primavera: condena al exilio en Lucena.

	Acontecimientos externos	*Personajes próximos*	*Averroes*
1198	Marzo: regreso del sultán al Magreb. Enfermo, prepara su sucesión y lleva a cabo numerosas obras pías. Empeoramiento de la situación de los judíos.	Al-Mahrī y al-Ḏahabī recuperan el favor oficial y son designados para importantes cargos (?).	Averroes recupera el favor oficial y es transferido a Marrakech, pero no restablecido en sus funciones. 10-11 de diciembre: muere en Marrakech.
1199	22-23 de enero: muere el sultán.		Marzo: regreso de sus cenizas a Córdoba.

Bibliografía esencial

Fuentes históricas

al-Anṣārī (Abū ᶜAbd Allāh Muḥammad al-Marrākušī), *al-Ḏayl wa-l-takmila li-kitābay al-Mawṣūl wa-l-Ṣila* (ed. I. ᶜAbbās), Beirut, 1973, VI, 21-31.

al-Ḏabbī, *Bugyat al-multamis* (ed. F. Codera), Madrid, 1883, 44.

Ibn al-Abbār, *al-Takmila li-kitāb al-Ṣila* (ed. F. Codera), Madrid, 1886, núm. 269.

Ibn Abī ᶜUṣaybiᶜa, *ᶜUyūn al-anbā fī ṭabaqāt al-aṭibbā* (ed. y trad. H. Jahier y A. Noureddine), *Sources d'informations sur les classes des médecins. XIIIᵉ chapitre, Médecins de l'Occident musulman*, Argel, 1958, 130-139.

al-Marrākušī (ᶜAbd al-Wāḥid), *al-Muᶜŷib fī taljīṣ ajbār al-Magrib* (ed. R. Dozy), *The History of the Almohades*, Leiden, 1881, reed. Ámsterdam, 1968, 170, 174-175 y 222-255.

Ediciones de obras de Averroes utilizadas

Averroes, *Drei Abhandlungen über die Conjunction des separaten Intellects mit dem Menschen* (ed. y trad. J. Hercz), Berlín, 1869.

—, *Commentarium magnum in Aristotelis De Anima libros* (ed. E. Crawford), Cambridge, 1953.

—, *Discours décisif*, París, 1996.

—, *Tafsīr mā ba^{c}ḍ al-ṭabī^{c}a ou «Grand commentaire de la "Métaphysique" d'Aristote»* (ed. M. Bouyges), Beirut, 1938-1952, 3 vols. Trad. parcial de A. Martín, *Averroès, Grand commentaire de la «Métaphysique» d'Aristote... Capítulo lambda*, Lieja, 1984.

—, *Tahafot at-Tahafot. L'incohérence de l'incohérence* (ed. M. Bouyges), Beirut, 1987^{2}.

Ch. Butterworth, *Averroes' Three Short Commentaries on Aristotle's «Topics», «Rhetoric» and «Poetics»*, Albany, 1977.

Ibn Rušd, *Bidāyat al-muŷtahid wa nihāyat al-muqtaṣid*, Damasco, Dār al-fikr, s.d., 2 t. en 1 vol.

—, *Commentaria Averrois in Galenum* (trad. M. C. Vázquez de Benito), Madrid, 1984.

—, *Grand commentaire et Paraphrase des «Seconds Analytiques» d'Aristote* (ed. ^{c}A. Badawī), Kuwait, 1984.

—, *Kašf ^{c}an manāhiŷ al-adilla* en *Falsafat Ibn Rušd*, Beirut, 1979^{2}.

—, *Kitāb al-kulliyyāt fī l-ṭibb* (ed. C. Álvarez de Morales y J. M. Fórneas Besteiro), Madrid, 1987, 2 vols. Texto latino y trad. del prólogo y de los capítulos I y II en E. Torre, *Averroes y la ciencia médica*, Madrid, 1974.

—, *Mujtaṣar al-Mustaṣfà* (ed. J.-D. al-^{c}Alawī), Beirut, 1994.

—, *Rasāil falsafiyya. Maqālāt fī l-manṭiq wa-l-^{c}ilm al-ṭabī^{c}ī li-Abī l-Walīd b. Rušd* (ed. J.-D. al-^{c}Alawī), Casablanca, 1974.

A. Hyman, *Averroes' De substantia orbis*, Cambridge-Mass.-Jerusalem, 1986.

J. Puig, *Averroes, Epítome de Física*, Madrid, 1987.

—, *Averroes, Epítome del Libro de la generación y la corrupción*, Madrid, 1992.

F. Rosenthal, *Averroes' Commentary on Plato's Republic*, Cambridge, 1956.

Autores árabes antiguos

(Avenzoar) C. Peña y F. Girón, «Aspectos inéditos de la obra médica de Avenzoar, el prólogo del *Kitāb al-taysīr*. Edición, traducción y comentarios», *Miscelánea de Estudios Árabes y Hebraicos*, 26 (1977), 103-116.

Avicena, *Poème de la médecine* (ed. y trad. H. Jahier y A. Noureddine), París, 1956.
(al-cAzafī) F. de la Granja, «Fiestas cristianas en al-Ándalus (Materiales para su estudio), I», *al-Ándalus*, 34, 1 (1969), 1-53.
al-Bāŷī, *Waṣiyyat al-qāḍī Abī l-Walīd al-Bāŷī li-waladay-hi* (ed. G. Hilāl), *Revista del Instituto Egipcio de Estudios Islámicos en Madrid*, 3, 1 (1955), 18-46 ár.
al-Gazālī, *Iḥyā culūm al-dīn*, Beirut, Dār al-macrifa, s.d., 5 vols.
—, *Kitāb al-Mustafā min cilm al-Usūl,* 2 vols., El Cairo, 1914.
(Ibn cAbdūn) E. Lévi-Provençal, *Séville musulmane au début du* XIIe *siècle. Le traité d'Ibn cAbdūn*, París, 1947.
Ibn al-cArabī, *al-cAwāṣim wa-l-qawāsim* (ed. cA. Ṭālbī) en *Arā Abī Bakr Ibn al-cArabī al-kalāmiyya*, II, Argel, 1981[2].
Ibn cArabī, *al-Futūḥāt al-makkiyya* (ed. cU. Yaḥyà), II, El Cairo, 1972.
(Ibn Bāŷŷa) M. Asín Palacios, «Tratado de Avempace sobre la unión del intelecto con el hombre», *al-Ándalus*, 7, 1 (1942), 1-47.
—, M. Asín Palacios, «La "carta de adiós" de Avempace», *al-Ándalus*, 8, 1 (1943), 1-87.
—, M. Asín Palacios, *El régimen del solitario por Avempace*, Madrid-Granada, 1946.
Ibn Jaldūn, *al-Muqaddima* (ed. cA. cA.-W. Wāfī), Beirut, 1962, 4 vols.
(Ibn Jalṣūn) L. Rubio, «Juicios de algunos musulmanes españoles sobre las doctrinas de Algazel», *La Ciudad de Dios*, 169, 1, enero-marzo (1956), 90-111.
(Ibn Quzmān) *Todo Ben Quzman, editado, interpretado y medido por E. García Gómez*, Madrid, 1972.
Ibn Sabcīn, *Budd al-cārif* (ed. J. Kattūra), Beirut, 1978.
Ibn Ṣāḥib al-Ṣalāt, *al-Mann bi-l-imāma* (trad. A. Huici Miranda), Valencia, 1969.
Ibn Sacīd al-Magribī, *al-Mugrib fī ḥulà l-Magrib*, I, El Cairo, 1954-1955.
(Ibn Taymiyya) H. Laoust, «Une fetwa d'Ibn Taymīya sur Ibn Tūmart», *Bulletin de l'Institut Français d'Archéologie Orientale*, 59 (1960), 157-184.
(Ibn Ṭufayl) L. Gauthier, *Hayy Ben Yaqdhān, roman philosophique d'Ibn Thofaïl*, Beirut, 1936.
—, E. García Gómez, «Una qasida política inédita de Ibn Ṭufayl», *Revista del Instituto Egipcio de Estudios Islámicos en Madrid*, 1 (1953), 29-32 ár./21-28 trad.

(Ibn Tūmart) J. D. Luciani, *Le Livre de Mohammed ibn Toumert, Mahdi des Almohades*, Argel, 1903.
—, ᶜA. Ṭālbī, *Muḥammad b. Tūmarṭ Aᶜazzu mā yuṭlab*, Argel, 1985.
—, H. Massé, «La profession de foi *(ᶜaqīda)* et les guides spirituels *(morchida)* du mahdi Ibn Toumert», *Mémorial Henri Basset*, París, 1928, 105-121.
(Ibn Ṭumlūs) M. Asín Palacios, *Introducción al arte de la Lógica por Abentomlús de Alcira*, Madrid, 1916.
Ibn Ŷubayr, *Voyages* (trad. M. Gaudefroy-Demombynes), París, 1949-1965, 4 vols.
(al-Māzarī) M. Talbi, «Opérations bancaires en Ifrīqiya à l'époque d'al-Māzarī, 453-536/1061-1141. Crédit et paiement par chèque», *Études d'histoire ifriqiyenne et de civilisation musulmane médiévale*, Túnez, 1982, 420-435.
al-Nubāhī, *Ta'rīj quḍāt al-Ándalus* (ed. E. Lévi-Provençal), El Cairo, 1948.
Ṣāᶜid al-Ándalusī, *Kitāb ṭabaqāt al-umam (Livre des catégories des nations)* (trad. R. Blachère), París, 1935.
(Varios autores) E. Lévi-Provençal, *Documents inédits d'histoire almohade*, París, 1928.
(Varios autores) H. Monés, «Nuṣūṣ siyāsiyya ᶜan fitnat al-istiqbāl min al-murābiṭīn ilà l-muwaḥḥidīn, 520/1126-540/1145», *Revista del Instituto Egipcio de Estudios Islámicos en Madrid*, 3, 1 (1955), 97-140 ár.

Estudios biográficos y bibliográficos

J. D. al-ᶜAlawī, *al-Matn al-rušdī,* Casablanca, 1986.
M. Alonso, «La cronología en las obras de Averroes», *Teología de Averroes*, Madrid-Granada, 1947, 51-98.
M. Cruz Hernández, *Abū l-Walīd Ibn Rušd (Averroes), Vida, obra, influencia*, Córdoba, 1986.
H. A. Davidson, «The Relation between Averroes' Middle and Long Commentaries on the *De Anima*», *Arabic Sciences and Philosophy*, 7, 1, marzo (1997), 139-152.
S. Gómez Nogales, «Obras de Averroes», *Multiple Averroès*, París, 1978, 353-387.
A. L. Yvry, «Averroes' Middle and Long Commentaries on the *De Anima*», *Arabic Sciences and Philosophy*, 5, 1 (1995), 75-92.

—, «Averroes' *Short Commentary* on Aristotle's *De Anima*», *Documenti e Studi sulla tradizione filosofica medievale*, 8 (1997), 511-549.

—, «Réponse» (à H. A. Davidson), *Arabic Sciences and Philosophy*, 7, 1, marzo (1997), 153-155.

J. Lay, «*L'Abrégé de l'Almageste*, un inédit d'Averroès en version hébraïque», *Arabic Sciences and Philosophy*, 6, 1 (1996), 23-61.

N. Morata, «Los opúsculos de Averroes en la biblioteca escurialense», *La Ciudad de Dios* (1923), 137-147.

—, «La presentación de Averroes en la corte almohade», *La Ciudad de Dios*, 153, 1 (1941), 101-122.

S. Munk, *Mélanges de philosophie juive et arabe*, París, 1859; reed. 1927.

J. Puig Montada, «El pensamiento de Averroes en su contexto personal y social», *Miscelánea de Estudios Árabes y Hebraicos*, 38, 1 (1989-1990), 307-324.

—, «Materials on Averroes' Circle», *Journal of Near Eastern Studies*, 51, 4 (1992), 241-260.

E. Renan, *Averroès et l'averroïsme. Essai historique*, París, 1867[3] (ed. ampliada).

Estudios complementarios

L. F. Aguirre de Cárcer, «Sobre el ejercicio de la medicina en al-Ándalus, una fetua de Ibn Sahl», *Anaquel de Estudios Árabes*, 2 (1991), 147-162.

M. Allard, «Le rationalisme d'Averroès d'après une étude sur la création», *Bulletin d'Études Orientales*, 14 (1952-1954), 7-59.

ᶜA. Badawī, «Averroès face au texte qu'il commente dans une étude sur la création», *Multiple Averroès*, París, 1978, 59-91.

L. Baeck, «La pensée économique de l'Islam classique», *Diogène*, 154, abril-junio (1991), 95-107.

N. Barbour, «La guerra psicológica de los almohades contra los almorávides», *Boletín de la Asociación Española de Orientalistas* (1966), 117-130.

H. Benali, *Les Formes d'argumentation d'Ibn Rushd dans la «Bidāya»*, Memoria de DEA, inédita, Universidad de Burdeos III, 1995.

R. Brunschvig, «Sur la doctrine du *mahdī* Ibn Tūmart», *Arabica* (1955), 137-149.

—, «Averroes juriste», *Études d'orientalisme dediées a la mémoire de Lévi-Provençal*, I, París, 1962, 35-68.

Ch. Butterworth, «À propos du traité *Al-Darūrī fī al-Mantiq* d'Averroès et les termes *tasdiq* et *tasawwur* qui y sont développés», *Colloque international d'histoire des sciences et de la philosophie arabes*, París, 22-25 noviembre 1989.

D. Cabanelas, «Notas para la historia de Algazel en España», *al-Ándalus*, 17, 1 (1952), 223-232.

G. Colin, *Avenzoar, sa vie et ses écrits*, París, 1911.

L. I. Conrad, «An andalusian Physician at the Court of the Muwahhids, some Notes on the public Career of Ibn Tufayl», *Al-Qanṭara*, 16, 1 (1995), 3-13.

—, (ed.), *The World of Ibn Tufayl. Interdisciplinary Perspectives on «Hayy ibn Yaqzān»*, Leiden-Nueva York-Colonia, 1996.

A. Elamrani-Jamal, «Compte rendu du *Mukhtasar al-Mustasfā* d'Ibn Rushd», *Bulletin critique des Annales Islamologiques*, 12 (1996), 118-120.

M. Fierro, «Mahdisme et eschatologie en al-Ándalus» en A. Kaddouri (dir.), *Mahdisme, crise et changement dans l'histoire du Maroc*, Rabat, 1994, 47-69.

L. Gauthier, *Ibn Thofaïl. Sa vie, ses oeuvres*, París, 1909.

D. Gutas, «Ibn Tufayl on Avicenna's Eastern Philosophy», *Oriens*, 34, 1994, 222-241.

V. Lagardère, «Abū Bakr b. al-ᶜArabī, grand cadi de Séville», *Revue de l'Occident Musulman et de la Méditerranée*, 40, 2 (1985), 91-102.

—, «La haute judicature à l'époque almoravide en al-Ándalus», *Al-Qanṭara*, 6, 1-2 (1986), 135-228.

—, «Une théologie dogmatique de frontière en al-Ándalus aux XIᵉ et XIIᵉ siècles, l'ashᶜarisme», *Anaquel de Estudios Árabes*, 5 (1994), 71-98.

—, *Histoire et société en Occident musulman au Moyen Âge. Analyse du «Miᶜyār» d'al-Wansharīsī,* Madrid, 1995.

H. Laoust, *La Politique de Ghazālī,* París, 1970.

R. Le Tourneau, «Sur la disparition de la doctrine almohade», *Studia Islamica*, 32 (1970), 193-201.

O. Leaman, «Ghazālī and the Ashᶜarites», *Asian Philosophy*, 6, 1 (1996), 17-27.

El legado científico andalusí, Museo Arqueológico Nacional de Madrid, abril-junio 1992.

P. Lettinck, *Aristotle's «Physics» and its Reception in the Arabic World*, Leiden, 1994.

F. Lucchetta, «Avicenna, *al-Risāla al-addhawiyya* e Averroè, *Fasl al-maqāl* di fronte alle scritture», *Recueil d'articles offerts à Maurice Borrmans par ses collègues et amis*, Roma, 1996, 149-153.

M. Maroth, «Die Würzel der *Veritas duplex*-Lehre», *Actes del simposi internacional de Filosofia de l'Edat Mitjana*, Vich, 1996, 144-151.

A. Martínez Lorca, «Ibn Rushd historiador de la filosofía», *La Ciudad de Dios*, 206, 3 (1993), 847-857.

F. Niewöhner, «Zur Ursprung der Lehre der doppelten Wahrheit, eine Koran-Interpretation des Averroes», en F. Niewöhner y L. Sturlese (dirs.), *Averroismus im Mittelalter und in der Renaissance*, Zurich, 1994, 23-41.

J. Puig Montada, «Aristotelismo en al-Ándalus. En torno a la ciencia de la naturaleza y sus principios», *La Ciudad de Dios*, 208, 2-3 (1995), 39-50.

J. Ribera, «La enseñanza entre los musulmanes españoles», *Disertaciones y opúsculos*, I, Madrid, 1928, 229-235.

D. Urvoy, *Le Monde des ulémas andalous du* V^e^/XIe *au* VIIe/XIIIe *siècle. Étude sociologique*, Ginebra, 1978.

—, «Le manuscrit ar. 1483 de l'Escurial et la polémique contre Ghazālī dans al-Ándalus», *Arabica,* 40 (1993), 114-119.

—, «Les divergences théologiques entre Ibn Tūmart et Ghazālī», *Mélanges offerts à Mohammed Talbi à l'occasion de son 70e anniversaire*, Túnez, 1993, 203-212.

—, «Effets pervers du hajj d'après le cas d'al-Ándalus», en I. Netton (ed.), *Golden Roads. Migration, Pilgrimage and Travel in Mediaeval Islam*, Richmond, 1993, 44-53.

D. et M.-Th. Urvoy, «Ibn Rushd et la dhimma», *Recueil d'articles offerts à Maurice Borrmans par ses collègues et amis*, Roma, 1996, 245-253.

A. A. Yate, *Ibn Rushd as Jurist*, tesis inédita, Cambridge, 1991.

Marco histórico

P. Guichard, *L'Espagne et la Sicile musulmanes aux* XIe *et* XIIe *siècles*, Lyon, 1990.

—, «Les Almoravides» y «Les Almohades» en J. Garcin *et al.*, *États, société et cultures du monde musulman médiéval.* x^{e}-xve *siècle*, I, París, 1995, 151-170 y 205-232.

A. Huici Miranda, *Historia política del Imperio almohade*, Tetuán, 1956, 2 vols.

M. Makki, «The political history of al-Ándalus», en Ș K. Jayyusi (ed.), *The Legacy of Muslim Spain*, Leiden-Nueva York-Colonia, 1992, 3-87.

A. Sidarus, «Novas perspectivas sobre o Gharb al-Ândalus no tempo de D. Afonso Henriques», *Actas do III Congresso de Guimarães*, Évora, febrero 1997.

Índice de los principales personajes mencionados

ᶜAbd al-Kabīr, 209, 227
ᶜAbd Allāh b. Rušd, 22
ᶜAbd al-Malik b. Zuhr, 78
ᶜAbd al-Mu'min (Muḥammad b. ᶜAbd al-Mu'min), 39, 42, 62, 108, 113-114, 124, 129, 132, 135, 139, 151, 156, 197, 225, 275, 287
Abū ᶜAbd Allāh Ibn Ḥamdīn, 27, 29, 36, 50, 58, 60
Abū Bakr Bundūd, 209
Abū Bakr Ibn al-ᶜArabī, 25, 33, 46, 50, 58, 69, 170, 230
Abū Bakr al-Maŷūrqī, 39-40
Abū Bakr al Rāzī, 261-262
Abū Bakr Ibn al-ᶜArabī, 25, 33, 46, 50, 58-59, 61, 69, 170, 230
Abū Bakr Ibn Zuhr, 236
Abū Dāwūd, 36, 224, 227
Abū Ḥafṣ al-Hintātī, 225
Abū Ḥafṣ ᶜUmar, 151
Abū Ḥanīfa, 28, 265
Abū Madyan, 57
Abū Marwān b. Ŷurīŷul, 88
Abū Marwān Ibn Masarra, 50, 287
Abū Marwān Ibn Zuhr (Avenzoar), 78, 84, 113, 131, 133-134
Abū Muḥammad ᶜAbd al-Wāḥid, 225
Abū Saᶜīd ᶜUṯmān, 139, 152
Abū Tammām, 48
Abū Ŷaᶜfar al-Ḏahabī, 257
Abū Ŷaᶜfar Ibn Ḥamdīn, 24, 36
Abū Ŷaᶜfar Ibn Rizq, 24
Abū Yaḥyà Zakariyyā', 221
Abū Yaᶜqūb Yūsuf, 62, 110-115, 124, 135, 139, 151-153, 155-156, 163-164
Abū Yūsuf Yaᶜqūb (al-Manšūr), 110, 187, 192, 194-195, 197-198, 208, 214-215, 219, 221-225, 228-229, 231-232, 236-238, 240, 242-243
Abū l-ᶜAbbās de Ceuta, 211-212
Abū l-ᶜAlā' Ibn Zuhr, 78
Abū l-Huḏayl al-ᶜAllāf, 265

Abū l-Qāsim Aḥmad, 36, 98, 215
Abū l-Qāsim b. Rušd, 37, 120
Abū l-Qāsim Ibn Ḥamdīn, 29, 36
Abū l-Rabī^{c} al-Kafīf, 232
Abū l-Ṣalt, 79, 81, 86, 125
Abū l-Walīd Muḥammad b. Aḥmad b. Rušd, 23-24, 26, 28-30, 33, 36, 45, 99, 112, 135, 225, 286
Abulcasis, 84
Aḥmad b. Aḥmad b. Rušd, 22
al-Anṣārī, 36, 99, 157, 209, 216, 221, 224, 227, 229-230, 236, 240, 245
al-Aščarī (Abū l-Ḥasan al-Aščari), 257, 264
al-Bāŷī (Abū Marwān al-Bāŷī), 34, 76, 78, 99, 119, 227
al-Biṭrawŷī, 110, 205
al-Ḏahabī (Abū Ŷa^{c}far al-Ḏahabī), 232, 237, 240
al-Fārābī (Abū Naṣr al-Fārābī; Alfarabi), 79, 90-91, 93, 120, 124, 126-127, 158, 182, 187, 189, 203, 208, 241, 253-255, 258-259, 262
al-Gāfiqī (^{c}Abd al-Kabīr al-Gāfiqī), 209-210
al-Gassānī, 24, 34
al-Gazālī (Abū Ḥāmid al-Gazālī; Algacel), 38, 50-52, 54-70, 75, 91-92, 115-119, 127, 143-144, 167-169, 171-173, 177, 180, 184, 187, 191, 200, 205, 216, 231, 255-256, 258
al-Ḥakam II, 125
al-Kindī (Ya^{c}qūb b. Isḥāq al-Kindī), 79, 253-254, 260-261
al-Mahrī (al-Uṣūlī), 229-232, 237, 290-291
al-Manṣūr, *véase* Abū Yūsuf Ya^{c}qūb
al-Marrākušī, 108, 110-111, 113-114, 155
al-Māzarī, 51, 57, 61, 149-150
al-Mu^{c}tamid, 23
al-Mutanabbī, 48
al-Nāṣir, 208, 223, 238
al-Nubāhī, 239, 246
al-Qarrābī (Abū l-^{c}Abbās al-Qarrābī), 232
al-Rāzī (Abū Bakr al-Rāzī), 261-262
al-Šāfi^{c}ī, 266
al-Ṭurṭūšī, 54, 56, 59, 61, 75
al-cUtbī, 31
al-Zahrawī (Abū l-Qāsim al-Zahrawī; Abulcasis), 80, 84
Alejandro de Afrodisia, 203
^{c}Alī b. Yūsuf b. Tāšufīn, 26
Alfonso I el Batallador, rey de Aragón, 29
Alfonso VII, rey de Castilla, 42
Alfonso VIII de Castilla, 43
Andrónico de Rodas, 157, 159, 254, 274
Aristóteles, 13-15, 48, 80, 90, 92-93, 100, 111-114, 125-128, 138, 141, 151, 157, 159, 161, 164-165, 167, 175, 177, 181-182, 184, 187, 189, 199-206, 209, 212, 236, 240-241, 245, 253-254, 259, 261, 266, 275

Avenzoar, *véase* Abū Marwān Ibn Zuhr
Avicena (Abū ᶜAlī Ibn Sīnā), 74, 79, 123-127, 133, 157-158, 166-167, 183, 200-201, 208-209, 241, 253, 255, 258-260
Azarquiel, 131

Bayle, Pierre, 247-249
Bordeu, Teófilo de, 123
Bundūd, Abū Bakr, 209
Buridan, Jean, 165, 203

Columela, 103

Demócrito, 203

Federico II de Sicilia, 208

Galeno, 80, 85, 122-123, 133, 138, 212, 240, 290
Gil de Roma, 208

Hermann de Carintia, 21

Ibn al-Abbār, 52, 99, 125, 239, 245-246
Ibn ᶜAbd al-Barr (Abū ᶜUmar Ibn ᶜAbd al-Barr), 227
Ibn ᶜAbdūn, 104, 186
Ibn Abī Zamanīn, 56
Ibn Abū ᶜUṣaybiᶜa, 90, 99, 122, 133, 137, 208, 225, 232, 237, 239, 245, 247
Ibn al-ᶜArabī, 212-214, 242, 245
Ibn al-cArīf, 39
Ibn al-Faras, 211
Ibn al-Hayṯam, 130-131
Ibn al-Muᶜtazz, 48
Ibn al-Muŷāhid, 170-171
Ibn al-Qāsim, 68
Ibn al-Ṣaffār, *véase* Ibn Mugīṯ
Ibn al-Ṭaylasān, 216, 224
Ibn ᶜAšākīr, 73, 104
Ibn ᶜAyyāš, 229, 235
Ibn Barraŷān, 39, 58
Ibn Baškuwāl, 50, 149, 170, 289
Ibn Bāŷŷa, 53-54, 75, 79, 89-94, 126, 128, 130, 166, 168, 187, 199
Ibn Gāniya, 54, 190, 223
Ibn Hamušk, 72, 154, 288
Ibn Hārūn de Trujillo (Abū Ŷaᶜfar b. Hārūn), 90-91, 93, 113, 131, 227
Ibn Ḥawṭ Allāh (Abū Muḥammad Ibn Ḥawṭ Allāh), 215
Ibn Ḥazm (Abū Muḥammad Ibn Ḥazm), 103, 125, 196-197, 210, 223, 227
Ibn Isḥāq (Ḥunayn b. Isḥāq), 202
Ibn Jaldūn, 105
Ibn Jāqān, 94
Ibn Maḍā', 189, 196-198, 226, 232, 288
Ibn Mardanīš, 42, 72, 114, 129, 152-154, 163, 287-289
Ibn Mugīṯ (Ibn al-Ṣaffār), 188, 190, 197, 232, 288
Ibn Qabburāt, 88
Ibn Qasī, 39-41, 43, 58, 153, 272
Ibn Quzmān, 48, 96, 99
Ibn Rabīᶜ (Abū l-Rabīᶜ), 216, 230

Ibn Rīwandī, 210
Ibn Sabᶜīn, 74, 100, 201, 214, 245
Ibn Sābiq, 208, 211
Ibn Saᶜīd al-Magribī, 49
Ibn Ṣāḥib al-Ṣalāt, 72
Ibn Samaŷūn (o Samaḥūn), 88, 169, 288
Ibn Sīnā, *véase* Avicena
Ibn Sirāŷ, 24
Ibn Ṭahālus, 211
Ibn Taymiyya, 74-75, 213, 269
Ibn Ṭufayl (Abū Bakr Ibn Ṭufayl), 108-113, 122, 131, 135, 140, 155, 166-168, 171-172, 193, 209, 287-290
Ibn Ṭulūn, 218
Ibn Tūmart, 37-38, 40, 50, 60-62, 64-66, 69-70, 73-74, 116, 119, 144, 151, 175-177, 180, 185, 187, 192, 243
Ibn Ṭumlūs, 69, 70, 187
Ibn Wāfid, 88-89
Ibn Ŷubayr, 217-219, 233, 242
Ibn Ŷulŷul, 101
Ibn Ŷurīyūl (Ibn Qabburāt), 88
Ibn Zarqūn, 227, 230, 239
Isidoro de Sevilla, 101, 103
Ismāᶜīl b. ᶜAbd al-Mu'min, 153
León el Africano, 246-249

Maimónides, 213
Mālik b. Wuhayb, 50, 61, 68, 126, 143
Masᶜūdī, 103
Muḥammad b. Jalaf de Elvira, 59
Oresme, 165
Orosio, 103
Platón, 54, 97, 111, 128, 151, 189-192, 203, 253-254, 261-262, 280, 289
Plotino, 203, 254
Porfirio, 126, 254
Ptolomeo, 128, 130, 204-205, 287

Renan, Ernest, 15, 185, 195, 200, 206, 208, 233, 245

Sahl al-Azdī, 216
Ṣācid de Toledo, 102, 104-105
Saladino, 217-218, 222
Samaŷūn, 88
Siger de Brabante, 18
Sydenham, Thomas, 123

Tirmīḏī, 227
Tomás de Aquino, 96

Umm ᶜAmr b. Zuhr, 84
ᶜUṯmān, 110

Ŷābir b. Aflāḥ, 130-131
Yaḥyà b. ᶜAdī, 259
Yaḥyà b. Rušd, 208
Yūsuf b. Tāšufīn, 26
Ŷuwaynī, 60, 257

Ziryāb, 96